英検最短合格シリーズ

Grade 1

英検1級

出る順で最短合格！

語彙問題
完全制覇

[◆ 暗記用フィルターつき]

ジャパンタイムズ＆ロゴポート 編

はじめに

　英検の最上位級である1級の試験問題の中でも、筆記大問1の語彙問題の選択肢にはとりわけ難易度の高い語句が並んでいます。そして過去10年ほどの過去問を調べると、問題の英文が若干長くなってきている、副詞を問う問題が減ってきているといった傾向が見られる一方、選択肢の語句には比較的高い再現性が見られます。

　本書『出る順で最短合格！英検1級 語彙問題完全制覇』では、特に最新7年分の過去問をデータベース化し、出題された語句、英文の構成などを一問一問「徹底分析」することで、最新の出題傾向を踏まえた問題を作成し、1級で狙われる語句を1語でも多く身につけられるよう、解説などに工夫を凝らしました。

　Part 1では出題頻度の高かった語句を問う問題415問を品詞別・重要度順に取り上げ、Part 2では今後出題される可能性の高い語句を問う問題125問を5回分の模試の形でまとめました。そして540問全問題に丁寧な解説をつけ、問題の解き方や派生語、関連語についても説明しています。また「語彙チェック」欄を設け、問題を解いたらすぐに、そこで登場した選択肢の語句の意味も覚えられるようになっています。

　本書を隅から隅まで学習すれば、類義語、対義語、派生語などを含め、英検1級の筆記大問1で出題される2700を超える語句を習得することができます。

　本書を活用してみなさんが合格の栄冠を手にされることを、心よりお祈りしています！

編者

Contents 目次

はじめに 003
本書の構成 005

語彙問題を極める 1
接辞・語根による語彙習得（1）................................... 007

Part 1　品詞別対策

第1章 **動詞** 012
第2章 **名詞** 066
第3章 **形容詞・副詞** 116
第4章 **熟語** 154

語彙問題を極める 2
接辞・語根による語彙習得（2）／
つづりの短い単語を覚える 182

Part 2　実践模試

Test 1 186
Test 2 200
Test 3 214
Test 4 228
Test 5 242

カバー・本文デザイン	清水裕久 (Pesco Paint)
組版	株式会社創樹

本書の構成

本書は、英検1級で出題された筆記大問1の分析結果をもとに、今後狙われる可能性の高い語句を厳選し、オリジナル問題を作成・収録した問題集です。「Part 1 品詞別対策」と「Part 2 実践模試」の2部構成になっています。

Part 1　品詞別対策

「動詞」「名詞」「形容詞・副詞」「熟語」の4章構成です。問題は全品詞で415問収録しています。豊富な数の練習問題を解くことで、筆記大問1の問題にしっかり慣れ、また選択肢として出題される語句を覚えていきましょう。

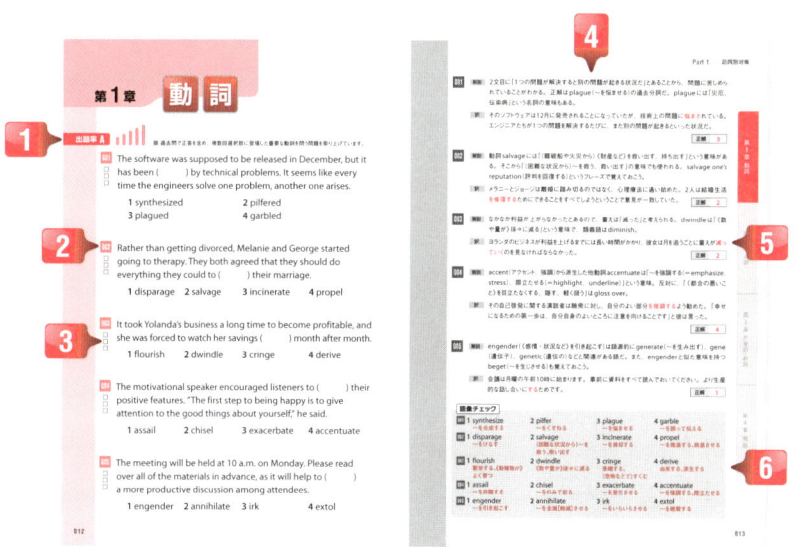

1. 出題率	過去問の分析からA（過去に正答を含め複数回選択肢に登場した重要語句）、B（過去に正答として登場した重要語句）の2段階に分けています。
2. 練習問題	本番の試験に近い語句、文の構成で作られた練習問題が、出題率ごとに並んでいます。
3. チェックボックス	間違えた問題は何度も解き、誤答選択肢を含めて完全に理

4. 解説	それぞれの問題に丁寧な解説がついています。問題を解くときの考え方や派生語、関連語の情報もしっかり読んで頭に入れましょう。
5. 訳	すべての問題には訳がついています。単に正解できるだけでなく、英文全体の意味も正しく理解できるようにしましょう。
6. 語彙チェック	全問題の全選択肢をまとめてあります。訳を暗記用フィルターで隠せるようになっているので、選択肢の単語の意味をすべて覚えるようにしましょう。

Part 2　実践問題

本番と同じように1回25問のTestが5回分（全125問）用意されています。

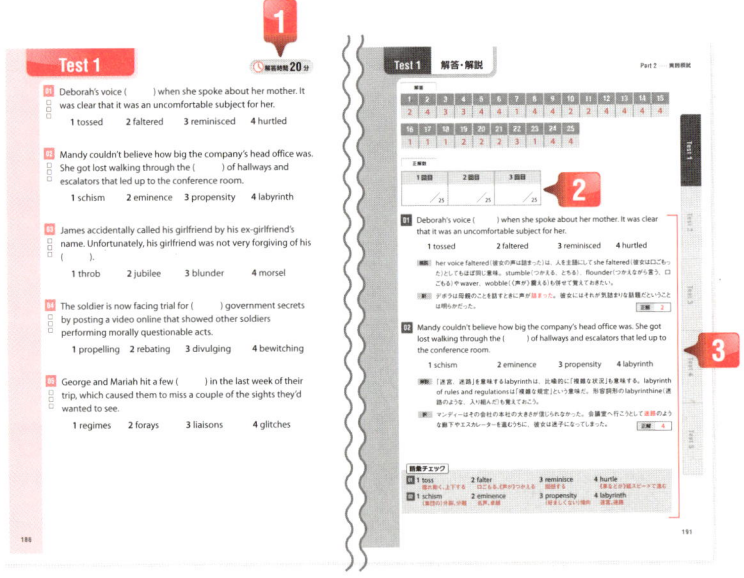

1. 制限時間	1回20分で解くようにしましょう。
2. 正解数	何度もトライして、全問正解を目指しましょう。
3. 解説・訳・語彙チェック	Part1と同様、解説を読みこんで内容や語句をしっかり頭に入れましょう。

語彙問題を極める 1

接辞・語根による語彙習得 (1)

英検1級で出題される語彙にはラテン語源の抽象語が多く、**接辞（接頭辞、接尾辞）や語根を知っていると、単語を覚える際に大きな助けになる**。つづりから意味の見当がつくようになるし、一見関連がないように見える単語間のつながりが感じられるようになるからだ。本文の解説中でも数多く接辞・語根による説明を紹介しているが、以下の接辞・語根も頭に入れておこう。（覚えるときの手がかりとして、一部、比較的やさしい単語も取り上げている。）

[接頭辞]

接頭辞とは、単独では用いられず、ほかの語の前について意味を添えるもの。接頭辞を覚える際、日本語の「かき回す」「かき消す」に含まれる「かき」が、後ろにくる音によって「かいくぐる」「かっさらう」のように変化するのと同じように、例えば、exit（出口）に含まれる接頭辞 ex-（外に）が、eject（←e＋ject＝外に投げ出す、放出する）のeやeccentric（←ec＋centr＋ic＝中心を外れた、風変わりな）のecのように変化することがあることを知っておくと、応用範囲が広がる。

- ▶ bene- / bon- … 「よい」
  - benefactor（恩人）
  - beneficial（有益な）
  - bonus（ボーナス）
  - beneficent（慈悲深い）
  - benevolent（慈悲深い）
  - boon（恩恵）

- ▶ en- … 「〜にする」
  - enlighten（〜を啓発する）
  - enact（《法律など》を制定する）
  - entrust（〜を委ねる、任せる）
  - embody（〜を具現化する）
  - enamor（〜を魅了する）
  - enliven（〜を活気づける）
  - embitter（〜につらい思いをさせる）

- ▶ epi- … 「〜の上に、〜の間に」
  - epigram（警句）
  - epitaph（墓銘碑、碑文）
  - epidemic（流行病）
  - epilogue（結語）
  - episode（挿話）

- ▶ circum- … 「周囲を」
  - circumstance（環境）
  - circumvent（〜を回避する、迂回する←周りを来る）
  - circumspect（用心深い←周りをよく見る）

- ▶ dia- … 「2つのものの間」
  - diagnosis（診断）
  - diameter（直径）
  - diagonal（対角線）

- **dis-** … 「離れた」
  - disband（《組織など》を解散する）
  - dispatch（〜を派遣する）
  - discreet（分別のある←別々に分ける）
  - discriminate（無差別の、見境のない）
  - dissipate（消えてなくなる）
- **mis-** … 「誤った、悪い」
  - misdeed（悪事、悪行）
  - misnomer（誤った呼び方）
  - mishap（災難、不運な事故）

[語根]

　語根とは、単語を構成する要素のうち、意味の上でそれ以上分解できない最小単位のことをいう。語根を覚える際には、それを含む基本的な単語を1つ覚えておくと手がかりになる。例えば「足」を意味するpedという語根はpedal（ペダル）という語を手がかりにすれば容易に思い出すことができるだろう。

- **scend** … 「のぼる」
  - ascend（のぼる）
  - descendant（子孫）
  - descend（おりる、伝わる）
  - transcend（〜を超越する）
- **apt** … 「適当な」
  - aptitude（適性、素質）
  - inapt（不適当な）
  - adaptation（適応）
- **spir** … 「呼吸する」
  - aspire（熱望する）
  - expire（息を引き取る、期限が切れる）
  - perspire（発汗する）
  - conspire（共謀する）
  - inspire（〜に霊感を与える）
  - respire（呼吸する）
- **auc / aug** … 「増加する」
  - auction（競売←値を増していく）
  - authority（権威←物事を生じさせる根源）
  - augment（〜を増加させる）
- **clam / claim** … 「叫ぶ」
  - clamor（叫び、騒々しい音）
  - exclaim（叫ぶ）
  - reclaim（〜を再要求する、取り戻す）
  - declaim（演説する、非難する）
  - proclaim（〜を宣言する）
- **cognis / gnos** … 「知る」
  - cognitive（認識の）
  - recognition（認知、承認）
  - ignore（〜を無視する）
  - agnostic（不可知論(者)の）

▶ **log / loqu** … 「話す」
- monologue (独白)
- eulogy (賛辞)
- pathology (病理学)
- colloquial (口語の)
- analogy (類推)
- meteorology (気象学)
- genealogy (家系、系譜)
- elocution (演説法)

▶ **pel / puls** … 「駆り立てる」
- compel (〜を強制する)
- propel (〜を推進する、前進させる)
- impel (〜を駆り立てる、強いる)
- pulsation (鼓動)
- impulsive (衝動的な)
- dispel (〜を払いのける)
- repel (〜を追い払う、拒絶する)
- pulse (脈拍)
- impulse (衝動)
- compulsory (強制の)

▶ **sign** … 「印をつける」
- signature (署名)
- consignment (委託品)
- resign (辞職する)
- assignment (割り当て)
- designate (〜を指定する)

▶ **string / strict / strain** … 「締める、ぴんと張る」
- string (ひも←締めつけるもの)
- constriction (締めつけ、抑圧)
- restraint (抑止)
- stringent (厳重な)
- constrained (強制された)

▶ **brev** … 「短い」
- brevity (簡潔さ)
- abbreviate (〜を短縮する)
- briefly (手短に)

▶ **vi / voy / vey** … 「道」
- via (〜経由で)
- devious (正道を外れた)
- envoy (使節)
- convey (〜を運搬する)
- deviate (それる)
- voyage (旅、航海)
- invoice (送り状)

▶ **fid / fy** … 「信用する」
- fidelity (忠実)
- confident (自信のある)
- infidel (信仰心のない)
- defy (〜を無視する、〜に反抗する)
- confide (信頼する)
- diffident (自信のない)
- defiance ((権威などに対する) 反抗的態度)

▶ **sol** … 「唯一の」
- sole (唯一の)
- solitude (孤独)
- consolidate (〜を固める、強化する)
- solitary (孤独の)
- solid (硬い、固体の←完全に一つに固まった)
- desolate (〜を荒廃させる；人けのない)

▶ **sal / sult** …「跳ぶ」
- as**sail**（〜を非難する←攻撃する）
- re**sult**（結果←跳ね返ってくる）
- re**sil**ient（元気が回復する）
- **sal**mon（サケ←跳ぶ魚）
- de**sult**ory（飛び飛びの、散漫な）

▶ **test** …「証拠」
- **test**ify（〜を証言する）
- at**test**（証明する）
- pro**test**（抗議する←公衆の前に反対の証拠を出す）
- **test**imony（証拠）
- con**test**（〜と争う←証拠を出し合って争う）
- de**test**（〜を憎む←神という証人を呼び出して悪を呪う）

▶ **fuse** …「注ぐ」
- **fus**ion（溶解）
- dif**fuse**（〜を拡散する、放散する）
- re**fute**（〜の誤りを証明する←注ぎ返す）
- con**fuse**（〜を混乱させる）
- in**fuse**（《思想など》を吹き込む）
- pro**fuse**（物惜しみしない、豊富な←前に注ぎ出す）

▶ **grad / gress** …「歩く、進む」
- **grad**ient（（道などの）勾配）
- retro**grade**（逆行する、後退する）
- ag**gress**（〜を攻撃する←〜に向かっていく）
- pro**gress**（進む）
- trans**gress**ion（違反、犯罪←限度を超えていく）
- de**grade**（〜を低下させる）
- in**gred**ient（原料←中に入っていくもの）
- di**gress**ion（それること）
- re**gress**（退行する、逆行する）

▶ **late** …「持ってくる」
- di**late**（《体の器官が》拡張する）
- de**lay**（〜を遅らせる）
- trans**late**（〜を翻訳する）

▶ **cord** …「心」
- ac**cord**（一致する；一致）
- dis**cord**（不一致、不和）
- **cord**ial（心からの）

▶ **dign / dain** …「価値のある」
- **dign**ity（威厳、尊厳）
- **dain**ty（上品な、優美な）
- dis**dain**ful（尊大な）
- in**dign**ity（軽蔑）
- dis**dain**（〜を軽蔑する；軽蔑）

▶ **dem** …「民衆」
- **dem**agogue（扇動政治家）
- en**dem**ic（地域特有の、風土の）
- **dem**ocratize（〜を民主化する）

▶ **sequ / su** …「続く」
- **sequ**el（なりゆき、続編）
- exe**cu**te（〜を実施する）
- pur**sue**（〜を追跡する、追求する）
- con**sequ**ence（結果）
- perse**cu**te（〜を迫害する←絶えずつきまとう）
- en**sue**（続いて起こる）

Part 1
品詞別対策

このPartでは、筆記大問1でよく出題される語句を問う問題415問を、品詞別・頻度順に収録した。問題を解いて解答・解説を確認し、誤答選択肢も含めて1語でも多くの語彙を身につけよう。

第1章 動詞

出題率 A

■ 過去問で正答を含め、複数回選択肢に登場した重要な動詞を問う問題を取り上げています。

001 The software was supposed to be released in December, but it has been ( ) by technical problems. It seems like every time the engineers solve one problem, another one arises.

1 synthesized　　2 pilfered
3 plagued　　　　4 garbled

002 Rather than getting divorced, Melanie and George started going to therapy. They both agreed that they should do everything they could to ( ) their marriage.

1 disparage　2 salvage　3 incinerate　4 propel

003 It took Yolanda's business a long time to become profitable, and she was forced to watch her savings ( ) month after month.

1 flourish　2 dwindle　3 cringe　4 derive

004 The motivational speaker encouraged listeners to ( ) their positive features. "The first step to being happy is to give attention to the good things about yourself," he said.

1 assail　2 chisel　3 exacerbate　4 accentuate

005 The meeting will be held at 10 a.m. on Monday. Please read over all of the materials in advance, as it will help to ( ) a more productive discussion among attendees.

1 engender　2 annihilate　3 irk　4 extol

Part 1 — 品詞別対策

001 解説　2文目に「1つの問題が解決すると別の問題が起きる状況だ」とあることから、問題に苦しめられていることがわかる。正解はplague(〜を悩ませる)の過去分詞だ。plagueには「災厄、伝染病」という名詞の意味もある。

訳　そのソフトウェアは12月に発売されることになっていたが、技術上の問題に**悩まされ**ている。エンジニアたちが1つの問題を解決するたびに、また別の問題が起きるといった状況だ。

正解　**3**

002 解説　動詞salvageには「(難破船や火災から)《財産など》を救い出す、持ち出す」という意味がある。そこから「(困難な状況から)〜を救う、救い出す」の意味でも使われる。salvage one's reputation(評判を回復する)というフレーズで覚えておこう。

訳　メラニーとジョージは離婚に踏み切るのではなく、心理療法に通い始めた。2人は結婚生活**を修復する**ためにできることをすべてしようということで意見が一致していた。

正解　**2**

003 解説　なかなか利益が上がらなかったとあるので、蓄えは「減った」と考えられる。dwindleは「《数や量が》徐々に減る」という意味で、類義語はdiminish。

訳　ヨランダのビジネスが利益を上げるまでには長い時間がかかり、彼女は月を追うごとに蓄えが**減っていく**のを見なければならなかった。

正解　**2**

004 解説　accent(アクセント、強調)から派生した他動詞accentuateは「〜を強調する(＝emphasize、stress)、際立たせる(＝highlight、underline)」という意味。反対に、「《都合の悪いこと》を目立たなくする、隠す、軽く扱う」はgloss over。

訳　その自己啓発に関する演説者は聴衆に対し、自分のよい部分**を強調する**よう勧めた。「幸せになるための第一歩は、自分自身のよいところに注意を向けることです」と彼は言った。

正解　**4**

005 解説　engender(《感情・状況など》を引き起こす)は語源的にgenerate(〜を生み出す)、gene(遺伝子)、genetic(遺伝の)などと関連がある語だ。また、engenderと似た意味を持つbeget(〜を生じさせる)も覚えておこう。

訳　会議は月曜の午前10時に始まります。事前に資料をすべて読んでおいてください。より生産的な話し合いに**する**ためです。

正解　**1**

語彙チェック

001
1 synthesize 〜を合成する
2 pilfer 〜をくすねる
3 plague 〜を悩ませる
4 garble 〜を誤って伝える

002
1 disparage 〜をけなす
2 salvage (困難な状況から)〜を救う、救い出す
3 incinerate 〜を焼却する
4 propel 〜を推進する、前進させる

003
1 flourish 繁栄する、《動植物が》よく育つ
2 dwindle 《数や量が》徐々に減る
3 cringe 委縮する、(恐怖などで)すくむ
4 derive 由来する、派生する

004
1 assail 〜を非難する
2 chisel 〜をのみで彫る
3 exacerbate 〜を悪化させる
4 accentuate 〜を強調する、際立たせる

005
1 engender 〜を引き起こす
2 annihilate 〜を全滅[絶滅]させる
3 irk 〜をいらいらさせる
4 extol 〜を絶賛する

出題率 A

006 Oscar was extremely nervous about his job interview. His girlfriend tried to (　　) his concerns by reminding him of his long list of qualifications, but he still couldn't relax at all.

 1 concoct **2** allay **3** scuff **4** mock

007 The market is changing, and we need to act fast if our company is going to survive. There's no time to (　　).

 1 wrangle **2** dawdle **3** hobble **4** demur

008 Ernie claimed that he was at work when the crime took place, and after two of his coworkers (　　) his alibi, the police concluded that he could not have been responsible.

 1 corroborated **2** encumbered
 3 orchestrated **4** demeaned

009 The teacher listened calmly as one of his students' parents complained about his teaching methods, but he (　　) at the suggestion that he didn't take his job seriously and asked her to leave the room.

 1 flinched **2** squirmed
 3 bridled **4** rendezvoused

010 Jonah had always wanted to (　　) his aunt, who had started her own successful business right out of high school, and he opened his own business while he was still in his teens.

 1 induce **2** alleviate **3** emulate **4** perforate

006

解説 by 以下に「彼の数多くの能力を思い出させて」と具体的な方策が示されている。そのあとに still couldn't relax とあることからも、不安をなだめようとしているとわかる。allay は「《感情など》を和らげる、静める」という意味の他動詞。類義語の alleviate（〜を軽減する）も覚えておこう。

訳 オスカーは就職面接のことでとても緊張していた。恋人は彼の数多くの能力を思い出させて不安を和らげようとしたが、それでもまったくリラックスできなかった。　　**正解 2**

007

解説 1文目の「素早く行動しなければならない」から、空欄には「無駄に過ごす、だらだらする」といった意味の語が入ると推測できる。ふさわしい選択肢は dawdle だ。類義の表現に loaf や sit around があるので覚えておこう。

訳 市場は変化している。だからわが社が生き延びるためには素早く行動しなければならない。ぐずぐずしている暇はない。　　**正解 2**

008

解説 corroborate（〜を確証する）の -roborate の部分は「強くする」の意味で、語源的に robust（がっしりした）と関連がある。類義語の validate（〜を確証する）も重要だ。名詞形は corroboration（確証）、形容詞形は corroborative（裏付けとなる、支持する）。

訳 アーニーはその事件が起きた時刻には職場にいたと主張した。そして同僚2人が彼のアリバイを裏付けると、警察はアーニーには責がないと結論を下した。　　**正解 1**

009

解説 bridle は自動詞で「(怒りや軽蔑を示すために)頭を上げてつんとする、憤慨する」という意味を表す。他動詞では「《人や感情など》を抑える」という逆に近い意味になるので注意が必要。また「拘束物」という意味の名詞の使い方もある。

訳 その教師は、彼の生徒の両親の一人が、彼の教え方について不満を述べるのを穏やかに聞いていたが、彼が真剣に仕事に取り組んでいないという示唆に憤慨して、彼女に部屋を出て行くように言った。　　**正解 3**

010

解説 emulate は「《素晴らしい人・物》に負けまいと努力する」場合に用いる。vie with、contend with（いずれも「〜と張り合う、競う」）という表現も覚えておこう。名詞形は emulation（競争、見習うこと）。

訳 ジョーナはいつもおばに負けないようにしたいと思っていた。おばは高校を卒業するとすぐに事業を始めて成功したのだ。それで彼はまだ10代のうちに事業を始めた。　　**正解 3**

語彙チェック

006
1. concoct 〜を考え出す、でっち上げる
2. allay 《感情など》を和らげる
3. scuff 〜をこする
4. mock 〜をあざける

007
1. wrangle 言い争う、口げんかをする
2. dawdle 時間を無駄に過ごす
3. hobble 足を引きずって歩く
4. demur 異議を唱える

008
1. corroborate 〜を確証する
2. encumber 〜を妨げる
3. orchestrate 〜を画策する
4. demean 〜の品位を落とす

009
1. flinch たじろぐ、尻込みする
2. squirm 身をよじる
3. bridle （頭を上げて）つんとする、憤慨する
4. rendezvous 集合する

010
1. induce 〜を誘発する
2. alleviate 《苦痛など》を軽減する
3. emulate 〜に負けまいと努力する
4. perforate 〜に穴を開ける

011 Hayden was thrilled about his new job at first, but his enthusiasm began to (　　) after a few weeks of working long hours every day.

1 equivocate　　2 drill
3 scrimp　　　 4 ebb

012 The company is doing much better now, and they have (　　) many of the employees that they had to lay off during the recession.

1 reinstated　2 adjourned　3 enticed　　4 ambushed

013 Helen (　　) her son for coming home past midnight. He quickly apologized, explaining that he'd lost track of time playing video games at a friend's house.

1 drenched　　　 2 admonished
3 decimated　　 4 rankled

014 Good table manners were (　　) in Lloyd from a young age. His parents were always stressing how important it was to eat properly.

1 extricated　　　2 encompassed
3 inculcated　　　4 confiscated

015 When Harry was 18, he crashed his motorcycle and seriously hurt himself. He was in the hospital for weeks (　　) from his injuries.

1 emanating　2 opting　　3 recuperating　4 deviating

Part 1 ── 品詞別対策

011 **解説** ebbは「《潮が》引く」が第一義。そこから、「衰退する」の意味でも使われる。類義語にdwindle（徐々に減る）やwane（衰える）があるので、併せて覚えておこう。

訳 ヘイデンは最初のうち新しい仕事にわくわくしていたが、数週間、毎日長時間働くと、彼の熱意は冷め始めた。　　**正解 4**

012 **解説** reinstateはre（再び）＋in（中に）＋state（状態）からできた語で、「〜を元の状態に戻す、復職［復帰］させる」という意味。「〜を再雇用する」という意味ではrehireと言い換えることもできる。名詞形はreinstatement（回復、復権）。

訳 その会社は現在、かなり業績が改善しており、不況の時期に一時解雇しなければならなかった従業員の多くを復職させている。　　**正解 1**

013 **解説** 2文目に「彼はすぐに謝った」とあるので、空欄には「叱る」に類する語が入ると考えられる。正解はadmonished（〜を叱った）。語根monには「忠告する、思い出させる」という意味があり、monition（警告）、monument（記念碑）なども同語源語。類義語のrebukeも覚えておこう。

訳 ヘレンは午前零時を過ぎて帰宅したことで息子を叱った。彼はすぐに謝り、友だちの家でテレビゲームをしていて時間を忘れたのだと説明した。　　**正解 2**

014 **解説** 空欄のある文は受け身の文。good table mannersを目的語にとるような語を考えてみよう。正解はinculcate（《思想・知識など》を教え込む）だ。類似した意味を持つ表現に次のようなものがあるので、覚えておこう。instill ... in＋〈人〉（《人》に〜を植え付ける）、hammer ... into＋〈人〉（《人》に〜をたたき込む）、drill ... into＋〈人〉（《人》に〜を教え込む）。

訳 ロイドは子供のころからテーブルマナーを教え込まれた。両親は行儀よく食事をすることがいかに大切かいつも強調していた。　　**正解 3**

015 **解説** バイクの事故で重傷を負い、（　　）のに数週間かかったという文脈から、正解はrecuperate（回復する）の現在分詞。類義語でもあるrecoverと同語源語で、名詞形はrecuperation（回復）。

訳 ハリーは18歳のとき、バイクで衝突事故を起こし、重傷を負った。彼はけがから回復するのに何週間も入院した。　　**正解 3**

語彙チェック

011
1 equivocate 言葉を濁す
2 drill 訓練する
3 scrimp 切り詰める
4 ebb 衰退する

012
1 reinstate 〜を復帰［復職］させる
2 adjourn 《会議など》を延期する
3 entice 〜を誘惑する
4 ambush 〜を待ち伏せして襲う

013
1 drench 〜をびしょぬれにする
2 admonish 〜を叱る、訓告する
3 decimate 〜の多くの人を殺す
4 rankle 〜の心を苦しめる

014
1 extricate 〜を救出する
2 encompass 〜を取り囲む
3 inculcate 〜を教え込む
4 confiscate 〜を押収する

015
1 emanate 《考え・うわさなどが》生じる
2 opt 選ぶ
3 recuperate 回復する
4 deviate それる

出題率 A

016 The teacher promised her class that they could take a field trip to the national museum. However, the principal (　　) her decision, saying that the trip would be too expensive.

    1 belittled   **2** rejuvenated
    3 exterminated   **4** overrode

017 Luckily for Jesse, evidence was found that completely (　　) him of the crime, and he was able to leave the courthouse as a free man.

    1 invoked   **2** satirized   **3** exonerated   **4** consecrated

018 Irene was so busy that she forgot to eat lunch. She didn't even realize it until her stomach started (　　) later that afternoon.

    1 hallucinating   **2** rumbling
    3 defaulting   **4** predominating

019 Lena said that she liked Phil's present, but her true feelings could be (　　) from the disappointed look on her face.

    1 propagated   **2** appeased
    3 suffocated   **4** inferred

020 Ryan wanted to file a lawsuit against his employer for unsafe working conditions, but ultimately he decided that it would be too expensive and time-consuming to (　　) the case.

    1 append   **2** expunge   **3** diffuse   **4** litigate

Part 1 — 品詞別対策

016 **解説** override には文字通り「～を乗り越える」という意味のほかに、「～を無効にする、覆す」という意味がある。veto（拒否権を発動する）も似た意味の語。

訳 その教師は自分のクラスの生徒に、国立博物館に社会見学に行けると約束した。しかし、校長はその社会見学は費用がかかりすぎると言って、彼女の決定を**覆した**。　**正解　4**

017 **解説** exonerate の ex- は「外す」を表し、onerate の部分は名詞 onus（重荷、負担）と関連がある。exonerate の原義は「重荷を下ろす」で、そこから「《人》を（罪などから）解放する、《人》の無実の罪を晴らす」の意味になる。名詞形は exoneration（免罪、赦免）。関連語として absolve（《人》を赦免する）も覚えておきたい。

訳 幸いなことに、その犯罪に関してジェシー**の容疑を晴らす**証拠が見つかり、彼は自由の身となって裁判所をあとにすることができた。　**正解　3**

018 **解説** 「昼食を食べていない」→「おなかが（　）」の空欄にふさわしい選択肢は、rumble（グーグー鳴る）に限定できる。rumble は「《雷が》ゴロゴロ鳴る」、「《機械などが》ガタガタ音を立てる」など、おなかの音以外にも広く使える。

訳 アイリーンはとても忙しくて、昼食を食べるのを忘れていた。午後におなかが**グーグー鳴り**始めて、ようやくそのことに気づいた。　**正解　2**

019 **解説** infer は in（中に）＋ fer（運ぶ）という構造で、そこから「～を推論する、推測する」を意味する。類義語の deduce、surmise も覚えておこう。名詞形は inference（推論、推測）。

訳 レーナはフィルのプレゼントが気に入ったと言ったが、がっかりした顔つきから本当の気持ちが**推し量られ**た。　**正解　4**

020 **解説** file には「《訴えなど》を提出する」という意味があり、file a lawsuit で「訴訟を起こす、告訴する」という意味。文脈から空欄にはこれと近い意味の語が入る。正解は litigate（～について訴訟を起こす）。名詞形は litigation（訴訟）。

訳 ライアンは、職場環境が危険だとして雇用主を告訴したかったが、最終的には、**訴訟を起こす**には費用と時間がかかりすぎると判断した。　**正解　4**

語彙チェック

	1	2	3	4
016	belittle ～を軽視する	rejuvenate ～を若返らせる	exterminate ～を絶滅させる	override ～を覆す
017	invoke 《法・権力など》を行使する	satirize ～を風刺する	exonerate 《人》の無実の罪を晴らす	consecrate 《土地など》を聖別する
018	hallucinate 幻覚を起こす	rumble グーグー[ゴロゴロ]鳴る	default 履行を怠る	predominate （数・力などで）優位を占める
019	propagate ～を広める、増やす	appease ～をなだめる	suffocate ～を窒息(死)させる	infer ～を推論する
020	append ～を付加する	expunge ～を消し去る	diffuse ～を拡散する、放散する	litigate ～について訴訟を起こす

第1章　動詞
第2章　名詞
第3章　形容詞・副詞
第4章　熟語

出題率 A

021 Gina was raised as a vegetarian. Her parents have (　　) meat and dairy from the time she was born. She didn't try her first hamburger until she was in high school.

　　1 derided　　2 eschewed　　3 resuscitated　　4 guzzled

022 The restaurant manager tried to (　　) the angry customer by offering him free dessert. It didn't work, though, and the customer refused to pay for the entire meal.

　　1 placate　　2 fabricate　　3 splice　　4 agitate

023 Emmitt Vaughn had long been respected for his athletic skill. However, his reputation was (　　) when he was accused of taking performance-enhancing drugs.

　　1 girded　　2 tarnished　　3 repelled　　4 heaved

024 In the summer, Steve enjoyed going running in the park across the street from his house. When he got home, he always (　　) his thirst by drinking a bottle of water.

　　1 quenched　　2 denounced　　3 harnessed　　4 cajoled

025 Ernie was working in California that month, so he wrote PST after each online meeting time that he scheduled, in order to (　　) that he was in the Pacific Time Zone.

　　1 subdue　　2 denote　　3 bombard　　4 afflict

021
解説 菜食主義者として育てられたという文脈から、肉や乳製品は食べてこなかったと考えられる。正解は eschew（～を避ける、慎む）。特に「何かを正しくないと考えて避ける」という意味で使う。

訳 ジーナは菜食主義者として育てられた。両親は、彼女が生まれたときから肉と乳製品**を避け**てきた。彼女がはじめてハンバーガーを食べたのは、高校生になってからだ。

正解 2

022
解説 placate は please（～を喜ばせる）と同語源語で、「～をなだめる、懐柔する」という意味。類義語の appease、対義語の aggravate（～を怒らせる、いら立たせる）、名詞形の placation（なだめること、懐柔）も併せて覚えておこう。

訳 そのレストランの店長は、デザートをサービスで出すことによって怒った客**をなだめ**ようとした。だが、それはうまく行かず、客は食事代をまるまる払いたくないと言った。

正解 1

023
解説 空欄に tarnish を入れると、ドーピングの疑いで評判が傷ついたとなり、文意が通る。tarnish は「《金属など》を曇らせる、変色させる」という意味から「《評判・名声など》を傷つける」という意味でも使われる。また「変色、汚点」という名詞の意味もある。

訳 エミット・ヴォーンはその運動能力で長い間尊敬されてきた。しかし、運動能力向上薬を使っていたとして非難され、評判が**傷ついた**。

正解 2

024
解説 quench は渇きや欲望などを目的語にとって「～をいやす」という意味。quench one's thirst with beer（ビールで渇きをいやす）のように with ＋〈飲み物〉を伴うこともある。ほかに「《火や灯り》を消す」、「《熱いもの》を（水などに入れて）急冷する」という意味もある。

訳 夏にスティーヴは自宅から通りを挟んで向かいにある公園へランニングに出かけるのを楽しんだ。帰宅すると、彼はいつもボトル1本の水を飲んでのどの渇き**をいやした**。

正解 1

025
解説 「太平洋標準時地域にいること（　　）ために」PSTと書いたとあるので、空欄には denote が適切。denote は「～を示す、意味する（＝ indicate）」。対義語には connote（～を暗に示す）、imply（～をほのめかす）がある。名詞形の denotation は「（文字通りの）明示的意味」（⇔ connotation）。

訳 アーニーはその月、カリフォルニアで働いていたので、太平洋標準時地域にいること**を示す**ために、予定したオンライン会議それぞれの時間のあとに PST（Pacific Standard Time の略：太平洋標準時）と書いた。

正解 2

語彙チェック

021	1 deride ～をあざ笑う	2 eschew ～を避ける	3 resuscitate ～を蘇生させる	4 guzzle ～をがぶがぶ飲む
022	1 placate ～をなだめる	2 fabricate ～をねつ造する	3 splice 《ロープなど》をつなぐ	4 agitate ～を扇動する
023	1 gird ～をくるむ	2 tarnish 《評判・名声など》を傷つける	3 repel ～を追い払う、拒絶する	4 heave ～を持ち上げる
024	1 quench 《渇きなど》をいやす	2 denounce ～を非難する、弾劾する	3 harness ～を利用する	4 cajole ～を甘い言葉でだます
025	1 subdue ～を押さえつける	2 denote ～を示す、意味する	3 bombard ～を砲撃する	4 afflict ～を苦しめる

026 After forgetting their anniversary, Tom bought his wife flowers, but she was still not (　　), and she refused to talk to him.

　　1 intercepted　　　　2 mollified
　　3 augmented　　　　4 hatched

027 By comparing Clint's testimony with reports from witnesses, the police detective was able to (　　) that he had lied about his whereabouts on the night of the crime.

　　1 resuscitate　2 deduce　　3 intimidate　　4 enthrall

028 The principal fired the chemistry teacher, saying that he had (　　) school rules by giving preferential treatment to only a handful of students.

　　1 adorned　　2 flouted　　3 embedded　　4 assuaged

029 Walter was (　　) of any responsibility for the car crash after it was discovered that his car's manufacturer had installed faulty brake pads.

　　1 absolved　　　　　　2 contemplated
　　3 fomented　　　　　　4 nurtured

030 After making false claims about her research, Dr. Kelley was (　　) by the scientific community, making it difficult for her to move forward in her career.

　　1 scoured　　2 fortified　　3 forfeited　　4 ostracized

026
解説 文脈から、空欄の前後は「妻が腹を立てていた」という内容になると推測できる。空欄に適切なのはmollifiedだ。mollifyのほかに「〜をなだめる」を意味する語にはappease、pacifyなどがある。対義語のaggravate、provoke（〜を怒らせる）も重要だ。

訳 トムは夫婦の記念日を忘れていて、あとで妻に花を買った。しかしまだ妻の気は収まらず、夫と話をするのを拒んだ。

正解 2

027
解説 deduceは「〜を推論する、推測する」と訳されるが、「既知の事実などをもとに理論的に結論を導く」という意味を表し、「（根拠に基づかずに）推測する」という意味のguessなどとはまったく意味が異なるので注意しよう。名詞形はdeduction（推論）。

訳 刑事は、クリントの供述と目撃者の報告を比較することで、彼が事件の夜どこにいたかについて嘘をついていると推測することができた。

正解 2

028
解説 floutは「《規則・法律など》を（ばかにして）無視する」の意味で、school rulesを目的語にとる語としてぴったりだ。類義語のdefy（〜を無視する、侮る）も覚えておこう。

訳 校長は、ごく一部の生徒だけを優遇して学校の規則を無視したとして、化学の教師を解雇した。

正解 2

029
解説 after以下で事故は自動車メーカーの責任であると書かれているので、前半は「事故の責任を免れた」とするのが自然だ。absolve（〜を赦免する）の類義語にはexonerate（〜を免除する）やacquit（〜を放免する）がある。名詞形はabsolution（赦免、許し）。

訳 ウォルターはその衝突事故の責任をすべて免れた。車の製造会社が、欠陥品のブレーキパッドを取りつけていたことがわかったからだ。

正解 1

030
解説 ostracizeは古代ギリシャの陶片追放に使われた「陶片、オストラコン」に由来する語で、「〜を（社会的に）追放する」の意味。類義語にexcludeやalienateがある。

訳 ケリー博士は自身の研究について虚偽の主張をしたため、科学界から追放され、科学者として歩を進めることが困難になった。

正解 4

語彙チェック

026
1. intercept 〜を途中で捕える、傍受する
2. mollify 《人》をなだめる
3. augment 〜を増加させる
4. hatch 《ひな・卵》をふ化させる

027
1. resuscitate 〜を蘇生させる
2. deduce 〜を推論する
3. intimidate 〜を脅迫する、おどす
4. enthrall 〜を魅了する、夢中にさせる

028
1. adorn 〜を飾る
2. flout 〜を（ばかにして）無視する
3. embed 〜を埋め込む、はめ込む
4. assuage 《苦痛・不安など》を和らげる

029
1. absolve 〜を赦免する
2. contemplate 〜を熟考する
3. foment 《反乱・不和など》を助長する
4. nurture 〜を養育する

030
1. scour 〜を探し回る
2. fortify 〜を強化する
3. forfeit 〜を（罰として）没収される
4. ostracize 〜を仲間外れにする

031 When Freddy got home, he found that his apartment had been ( ). After looking at the mess, it only took him a few moments to realize that burglars had broken into his home.

　1 weathered　**2** ransacked　**3** enlivened　**4** perturbed

032 Mario ( ) most of his coworkers with his constant negative attitude. Quite a few of them stopped talking to him entirely.

　1 usurped　**2** anointed　**3** goaded　**4** alienated

033 The owners of the business were forced to ( ) all of the company's assets in order to pay off their debts. They sold everything they had, even the office equipment.

　1 liquidate　**2** taunt　**3** mangle　**4** exempt

034 The police managed to ( ) the riot by shooting tear gas into the crowds, but many are now complaining that they could have stopped rioters using a more peaceful tactic.

　1 snub　**2** engender　**3** quell　**4** galvanize

035 It started out as an ideal vacation, featuring sunny beaches, a luxurious hotel, and delicious food. To his disappointment, however, it was ( ) by Tina's constant complaining.

　1 mesmerized　　　**2** clenched
　3 marred　　　　　**4** chastened

Part 1 — 品詞別対策

031 **解説** 2文目に泥棒に入られたことが書いてあるので、正解はransacked。ransackは「〜を荒らし回る、〜から略奪する」の意味で、「場所」が目的語になることに注意しよう。類義語にplunder（〜を荒らす）がある。

訳 フレディーがアパートに帰ると、部屋が荒らされていた。その散らかりようを見て、泥棒が侵入したのだとすぐにわかった。　　**正解 2**

032 **解説** aliは「ほかの」を意味する語根で、alienateは「〜を遠ざける」という意味。alien（外国人）、alibi（アリバイ＝ほかの場所にいた証明）などは同語源語だ。名詞形のalienation（疎遠、遠ざけること）も併せて覚えておこう。

訳 マリオはいつも否定的な態度で、ほとんどの同僚を遠ざけていた。かなり多くの同僚が彼にまったく話しかけなくなった。　　**正解 4**

033 **解説** liquid（液体；液体の）には「《資産などが》流動性の、現金化しやすい」の意味がある（liquid assetsは「流動資産」）。liquidate（《資産など》を換金する）はその動詞形だ。名詞形はliquidation（弁済、破産）。

訳 その事業主たちは、借金を完済するためにやむなく会社の資産すべてを換金した。会社の備品まで、あるものすべてを売り払った。　　**正解 1**

034 **解説** 「警察は催涙ガスを放ってなんとか暴動（　　）」という文脈。but以下にもstopped riotersとあり、空欄には「鎮圧する」に類する語が入ると考えられる。正解はquell（〜を鎮圧する）。類義語のsuppressも覚えておこう。

訳 警察は群衆に催涙ガスを放ってなんとか暴動を鎮圧したが、今では多くの人が、もっと平和的な手段で暴徒を止められる可能性があったと不満を述べている。　　**正解 3**

035 **解説** 2文目のhoweverから、空欄には理想的な休暇の滑り出しだったという1文目の内容を打ち消す語が入ると考えられる。marは「《いい状態のもの》を台無しにする」という意味の語。類義語のtarnishも覚えておこう。

訳 太陽が降り注ぐビーチに高級ホテル、そしておいしい食事と、休暇は理想的な滑り出しだった。しかし残念なことに、ティナが文句を言い続けたせいで、彼の休暇は台無しになった。　　**正解 3**

語彙チェック

031
1. weather 〜を乗り切る
2. ransack 〜を荒らし回る
3. enliven 〜を活気づける
4. perturb 《人》を不安にさせる

032
1. usurp 《権力・地位など》を強奪する
2. anoint 〜に(軟膏などを)塗る
3. goad 〜をあおり立てる
4. alienate 〜を遠ざける

033
1. liquidate 《資産など》を換金する
2. taunt 〜をののしる
3. mangle 〜をめちゃくちゃにする
4. exempt 〜を免除する

034
1. snub 〜を冷たくあしらう
2. engender 《感情・状況など》を引き起こす
3. quell 〜を鎮圧する
4. galvanize 〜を刺激する

035
1. mesmerize 〜をとりこにする
2. clench 《歯》を食いしばる
3. mar 〜を台無しにする
4. chasten 〜を懲らしめる、反省させる

第1章 動詞／第2章 名詞／第3章 形容詞・副詞／第4章 熟語

出題率 B

■ 過去問で正答として登場した動詞を問う問題を取り上げています。

036 For many, the word "Iceland" (　　) an image of ice and snow everywhere, but the country also features green hills and flowing rivers in summer.

 1 conjures **2** blanches **3** subjugates **4** exorcises

037 Everyone at the meeting felt very uncomfortable. Luckily, Charlie's joke helped to (　　) the tension in the room.

 1 depict **2** defuse **3** conflate **4** articulate

038 Marcus opened up a savings account. However, he didn't have enough money in it for any substantial amount of interest to (　　).

 1 scrimp **2** encroach **3** accrue **4** drool

039 This beach is famous for being a place where sea lions (　　) in winter. Tourists come from all over the country to see the large groups of wild animals up close.

 1 percolate **2** erode **3** amble **4** congregate

040 Many employees were worried about their jobs, but the CEO (　　) their fears when he announced that nobody would be fired.

 1 accentuated **2** rejuvenated
 3 dispelled **4** sequestered

036
解説 conjure（〜を思い起こさせる）は conjure up の形でも同じ意味になる。類義語のevoke（〜を呼び起こす）も覚えておこう。conjure up は「（魔法のように）〜を素早く作る［出す］」の意味にもなる。

訳 多くの人にとって「アイスランド」という言葉は一面の氷と雪のイメージを想起させるが、この国はまた、夏場は緑の丘や川の流れが特徴的だ。

正解 1

037
解説 defuseのfuseは「（爆弾などの）信管」のこと。defuseは「《爆弾など》から信管を除去する」が第一義だ。そこから「《危険・緊張など》を和らげる」の意味でも使う。類義語のalleviate（〜を緩和する）、soothe（〜を和らげる）も覚えておきたい。なお、語形の似たdiffuseも「〜を散らす」のほか「〜を和らげる」の意味になる。

訳 その会議に出席していた人たちはみな、ひどく気詰まりに感じていた。幸いなことに、チャーリーの言った冗談がその場の緊張感を和らげるのに役立った。

正解 2

038
解説 accrueはaccumulate（たまる、積もる）に近い意味の語だ。名詞形はaccrual（（利子などの）発生、増加）。語源的に関連のある名詞accretion（増大）も併せて覚えておこう。

訳 マーカスは普通預金口座を開いた。だが、まとまった利息がたまるほどのお金は入れていなかった。

正解 3

039
解説 1文目のsea lionsが2文目でwild animalsに言い換えられていて、その前にthe large groups ofとあるので、アシカがたくさん集まると考えられる。congregateは自動詞で「集まる」、他動詞で「〜を集める」という意味。名詞形のcongregationは「集まり、（宗教的な）集会」、congressは「議会」。対義語はdisperseで「分散する」。

訳 このビーチは冬にアシカが集まる場所として有名だ。観光客が、その野生動物の大群を近くで見ようと、全国からやってくる。

正解 4

040
解説 dispelはdis-(離れて)＋pel(駆り立てる)→「〜を払いのける」という構造だ。同じ-pelの形の以下の語をセットで覚えておこう。pro-(前に)＋pel→propel(〜を推進する)、ex-(外に)＋pel→expel(〜を追い出す)、re-(後ろに)＋pel→repel(〜を追い払う)。

訳 多くの従業員は自分の仕事のことを心配していたが、CEOは誰も解雇することはないと発表して彼らの不安を払拭した。

正解 3

語彙チェック

036
1 conjure 〜を思い起こさせる
2 blanch 〜を熱湯に通す、湯がく
3 subjugate 〜を征服する
4 exorcise 《悪霊など》を追い払う

037
1 depict 〜を描く
2 defuse 〜を和らげる
3 conflate 〜を合成する、まとめる
4 articulate 〜をはっきりと述べる

038
1 scrimp 切り詰める
2 encroach 侵入する
3 accrue 《利子などが》たまる
4 drool よだれを垂らす

039
1 percolate しみ通る
2 erode 浸食される
3 amble ぶらぶら歩く、ゆっくり歩く
4 congregate 集まる

040
1 accentuate 〜を強調する、際立たせる
2 rejuvenate 〜を若返らせる
3 dispel 《恐怖など》を払いのける
4 sequester 《陪審員など》を隔離する

出題率 B

041 A number of scandals regarding Clarence Wilkinson's personal life have (　　) his political career, but he still hasn't given up on becoming a state senator.

    1 ingested　　**2** stifled　　**3** disparaged　　**4** inflamed

042 Tommy went and visited his friend Daniel to (　　) with him after hearing that he'd lost his job.

    1 revert　　**2** cogitate　　**3** commiserate　　**4** squabble

043 The professor reminded his class that even a well-written paper would not get a good grade unless it included extensive references and evidence to (　　) its claims.

    1 substantiate　　　　**2** ameliorate
    3 upend　　　　　　　**4** lament

044 Since it was already past seven o'clock, the board members decided to (　　) the budget meeting. They planned to resume their discussions at 9 a.m. the next day.

    1 arbitrate　　**2** debase　　**3** incarcerate　　**4** adjourn

045 The mood in the office was (　　) in the days following news reports that the company was under investigation for fraud. Most people didn't know if they could trust their coworkers anymore.

    1 admonished　　　　**2** disbanded
    3 lubricated　　　　　**4** subdued

Part 1 — 品詞別対策

041 　解説　stifleは「〜を窒息させる」が元の意味で、そこから「〜を抑制する、阻害する」といった意味が出てきた。この問題の文脈ではdamage、hinderなどと言い換えることができる。stifling heat(息詰まるような暑さ)というフレーズも覚えておこう。

　訳　私生活をめぐる数々のスキャンダルのせいで、クラレンス・ウィルキンソンの政治生命は苦しくなったが、彼はまだ上院議員になることをあきらめていない。　　正解　**2**

042 　解説　commiserateは「同情する、哀れむ」(＝sympathize)という意味の自動詞で、「《人》を〜のことで気の毒に思う」と言うときは、commiserate with〈人〉over/onの形で用いる。「哀悼の意を示す」という意味もある。名詞形はcommiserationで「同情(の言葉)」。

　訳　トミーは友人のダニエルが失業したと聞いたあとで、慰めるために彼のところを訪れた。　　正解　**3**

043 　解説　substantiateは「〜にsubstance(実体)を与える」が原義で、「〜を具体化する」→「〜を実証する」という意味を表す。類義語のvalidateも併せて覚えておこう。

　訳　教授は、たとえよく書けた論文であっても、その主張を実証する広範な典拠と証拠が含まれていなければ、よい評価は得られないと学生に念押しした。　　正解　**1**

044 　解説　「翌日の午前9時から再開する」という流れに自然につなげるには、空欄に入る語はadjourn(〜を中断する)だと判断できる。類義語にsuspend(〜を一時中止する、延期する)がある。名詞形はadjournment(延期、休会)。

　訳　すでに7時を過ぎていたので、役員たちは予算会議を中断することに決めた。翌日の午前9時に討議を再開することにした。　　正解　**4**

045 　解説　捜査を受けている会社の雰囲気を表すのにふさわしいのはsubduedだ。これは動詞subdue(〜を押さえつける、抑圧する)の過去分詞で「押さえつけられたような」という意味。形容詞化したsubduedは「地味な」という意味で、少しニュアンスが異なる。

　訳　会社が詐欺容疑で捜査を受けていると報道されてから、オフィスの雰囲気は重苦しくなった。ほとんどの人は、もはや同僚を信用していいのかどうかわからなかった。　　正解　**4**

語彙チェック

041 1 ingest 《食べ物など》を摂取する	2 stifle 〜を抑制する、阻害する	3 disparage 〜をけなす	4 inflame 〜に火をつける
042 1 revert 戻る	2 cogitate 考える、熟慮する	3 commiserate 同情する、哀れむ	4 squabble 言い争う
043 1 substantiate 〜を実証する	2 ameliorate 〜を改善する	3 upend 〜をさかさまに置く、ひっくり返す	4 lament 〜を嘆く
044 1 arbitrate 〜を仲裁する、調停する	2 debase 〜の価値[評判]などを落とす	3 incarcerate 〜を投獄する	4 adjourn 《会議など》を中断する
045 1 admonish 〜を叱る、訓告する	2 disband 《組織など》を解散する	3 lubricate 〜に潤滑油を差す	4 subdue 〜を押さえつける

046 Will's parents ( ) on their promise to pay his college tuition, so he had to take out loans and work part-time to support himself through school.

　　1 babbled　　**2** foraged　　**3** huddled　　**4** reneged

047 In 1971, the island ( ) from the nation, and its residents established their own independent government.

　　1 acclaimed　　**2** coveted　　**3** seceded　　**4** loitered

048 Martin tried dieting again and again, but he always ( ) to his temptation to eat fatty foods. "I just don't have enough self-control," he said.

　　1 resonated　　　　**2** compounded
　　3 succumbed　　　**4** abated

049 A: You're not seriously thinking about quitting your job, are you?
B: Yeah, I am. My career is completely ( ). I've been in the same position at the same company for over ten years now.

　　1 stagnating　**2** dilating　**3** perishing　**4** regressing

050 The famous actress did not have any family when she died, and she ( ) her entire fortune to a children's charity in her hometown.

　　1 sanctified　　　**2** enlightened
　　3 detracted　　　**4** bequeathed

046 **解説** renege（(約束などを)破る）は自動詞なので、「〜を」と目的語をとる場合には、目的語の名詞の前にonを置いてrenege onとする。類義語のgo back on (*one's*) word、対義語のmake good on (*one's*) word/promise/pledge（〜を履行する）も一緒に覚えよう。renegadeは名詞で「脱党者、反逆者」、形容詞で「裏切りの」。

訳 ウィルの両親は、大学の授業料を支払うという約束を破ったので、彼は借金をして、在学中に自活していくためにアルバイトをしなければならなかった。　　　正解　**4**

047 **解説** cede、ceedは「行く」を表す語根で、secedeはse-(=away)+cedeで「離れて行く」→「分離する、離脱する」という意味を表す。同じ語根を含む語はexceed（超える）、proceed（進む）、recede（後退する）、succeed（継承する、成功する）など多数ある。

訳 1971年に、その島は国から分離独立し、住民たちは独自の独立政府を樹立した。　　　正解　**3**

048 **解説** 自制心が足りないという発言から、temptation（誘惑）に負けてしまうとわかる。succumbは「（誘惑などに）屈する、負ける」「（病などに）倒れる」という意味の自動詞で、目的語の前にはtoを置く。類義語はgive in to、give intoで「《感情・誘惑など》に屈する、流される」。

訳 マーティンは何度も何度もダイエットをしようとしたが、いつも脂肪たっぷりの食べ物を食べたい誘惑に屈した。「僕は単に十分な自制心がないだけなんだ」と彼は言った。　　　正解　**3**

049 **解説** stagnate（行き詰まる）は、水のよどみを表すラテン語から派生した語で、「よどむ」も意味する。形容詞形のstagnant（行き詰まった、よどんだ）もよく使われる語。

訳 A: 本気で仕事を辞めようと思っているんじゃないよね？
B: いや、本気で考えてるよ。僕のキャリアは完全に行き詰まってる。もう10年以上、同じ会社で同じポジションにいるんだから。　　　正解　**1**

050 **解説** fortuneは、ここでは「財産」（=property）という意味で使われている。bequeathは遺言（will、testament）によって「《動産》を遺贈する」という意味。厳密には「《不動産》を遺贈する」にはdeviceが用いられ、法律文書ではdevice and bequeathとセットで用いられることが多い。

訳 その有名な女優は、亡くなるときに家族がおらず、故郷の子供のための慈善団体に彼女の全財産を遺贈した。　　　正解　**4**

語彙チェック

	1	2	3	4
046	babble わめく	forage （食糧を）あさる	huddle 群れる、身を寄せ合う	renege （約束などを）破る
047	acclaim 称賛する	covet 切望する	secede （国などから）分離する	loiter ぶらつく
048	resonate 反響する、共鳴する	compound 組み合わせる	succumb 屈する	abate 弱まる、和らぐ
049	stagnate 停滞する、沈滞する	dilate 《体の器官が》拡張する	perish 死ぬ、滅びる	regress 退行する、逆行する
050	sanctify 〜を神聖にする	enlighten 〜を啓発する、啓蒙する	detract 《価値など》を損なう	bequeath 《動産》を遺言で譲る

第1章 動詞
第2章 名詞
第3章 形容詞・副詞
第4章 熟語

051 Opposing views about the war have ( ) citizens. Many believe that it's time to bring the soldiers home, but others say that pulling out now would make all of the efforts up until now meaningless.

 1 polarized   **2** epitomized
 3 dodged   **4** expiated

052 Disagreements among committee members have ( ) the progression of the project. If they don't come to an understanding soon, the project may be canceled completely.

 1 revitalized   **2** relegated   **3** revered   **4** retarded

053 A: What made you decide to start studying accounting?
B: Honestly, I was hoping that it might ( ) my career. I've been stuck in the same spot for a long time now.

 1 gnaw   **2** shove   **3** promulgate   **4** bolster

054 When Vanessa was in high school, she was ( ) with her first boyfriend. She wrote him love letters every day, and she spent all of her time thinking about him.

 1 invigorated   **2** dredged
 3 saturated   **4** infatuated

055 Since she was trying to lose weight, Sarah decided to ( ) dessert, and it was very difficult for her to watch everyone enjoying their cake and ice cream.

 1 forgo   **2** pulverize   **3** malign   **4** hamper

051
解説 pole は「極」、polar は「極の」という意味で、polar bear は「ホッキョクグマ」。その動詞形が polarize（～を二極化する）だ。ここの文脈では separate（～を分ける）を使ってもほとんど同じ意味。名詞形は polarization（二極化）。

訳 戦争についての対立する意見が国民を二分している。兵士を帰国させる時期だと考える人も多くいれば、今撤退すればこれまでの努力が無意味になってしまうと言う人もいる。

正解　1

052
解説 retard は「～を遅らせる」という意味の動詞。形容詞形 retardant（遅らせる）、名詞形 retardation（遅延、妨害）とセットで覚えておこう。語源的に関連のある形容詞 tardy（遅れた、のろい）も重要だ。

訳 委員の間に意見の対立があり、計画は進行が遅れている。委員たちがすぐに合意に達しなければ、この計画は完全に中止になるかもしれない。

正解　4

053
解説 bolster はさまざまな事物を「強化する」場合に使える。代表例として bolster the economy（経済を強化する、景気のてこ入れをする）というフレーズを覚えておこう。類義語に boost（～をあと押しする、高める）がある。対義語 hinder（～を妨げる）も覚えておきたい。

訳 A: どうして会計の勉強を始めることにしたの？
B: 正直なところ、自分のキャリアのあと押しになるといいなと思ったのよ。もう長いこと同じ仕事から離れられずにいるものだから。

正解　4

054
解説 infatuate は「～を夢中にさせる、（恋などで）迷わす」という意味の他動詞だが、受動態の be infatuated with の形で使われることがほとんど。類義語には be captivated/smitten by（～に心を奪われる）がある。名詞形 infatuation は、可算扱いだと「夢中にさせるもの（人）」、不可算扱いだと「夢中、心酔」。

訳 ヴァネッサは高校生のとき、初めて交際した恋人に夢中になっていた。彼女は彼に毎日ラブレターを書き、いつも彼のことを考えてばかりいた。

正解　4

055
解説 文脈から、サラはデザートを食べなかったと推測できる。そこから空欄に適切な語は forgo（～を差し控える）に限定できる。対義語の indulge（《欲望など》を満足させる）も覚えておこう。

訳 サラは減量に取り組んでいたので、デザートを控えることにした。みんながケーキやアイスクリームを食べているのを見るのはとてもつらいことだった。

正解　1

語彙チェック

	1	2	3	4
051	polarize ～を二極化させる	epitomize ～の典型となる	dodge ～を（巧みに）かわす	expiate 《罪など》を償う
052	revitalize ～を再興する	relegate ～を格下げにする	revere ～をあがめる	retard ～を遅らせる、妨げる
053	gnaw ～をかじる、かじり取る	shove ～を押す	promulgate 《考えなど》を広める	bolster ～を強化する
054	invigorate ～を活気づける	dredge 《川・港など》を浚渫する	saturate ～をぐっしょり濡らす	infatuate ～を夢中にさせる
055	forgo 《楽しみ》を慎む	pulverize ～をひいて粉にする	malign ～を中傷する、けなす	hamper ～を阻止する

056 A: Mrs. Jones told Emilio that she was going to fire him if he came in late again.
B: She's just (   ). She can't afford to fire Emilio. He's our best salesman.

1 wincing 2 grappling 3 dawdling 4 bluffing

057 Alexis (   ) the fact that it rained during her trip to Los Angeles. "It ruined the whole trip," she said.

1 taunted 2 instigated 3 fettered 4 bemoaned

058 A: How do you plan to spend your summer vacation?
B: Relaxing. I just want to sit outside all day, (   ) in the warm sun.

1 procrastinating 2 vetoing
3 basking 4 prowling

059 The mayor's popularity has (   ) throughout the year, as he has experienced times of both widespread admiration and considerable criticism.

1 fluctuated 2 bolted 3 deteriorated 4 chuckled

060 A: I'm not sure that I'm going to have enough money to pay my bills this month.
B: Do you want me to lend you some money? That way you won't (   ) any late fees.

1 edify 2 incur 3 repudiate 4 regale

056 **解説** bluff（はったりをかける）は「はったり」の意味の名詞としても用いる。また、別語源だが同形の語のbluffは名詞として「絶壁、断崖」、および形容詞として「ぶっきらぼうな」の意味がある。

訳 A: ジョーンズさんはエミリオに、今度また遅刻したらくびにすると言ったんだ。
B: それはただのはったりだよ。エミリオをくびにするなんてできないさ。いちばん成績がいい営業マンなのだから。

正解 4

057 **解説** It ruined the whole tripという発言から、旅行中に雨が降ったことを残念に思っていることがわかる。bemoanはbe＋moan(悲嘆)から成り、「〜を嘆く、不満に思う」。派生元のmoanには「(苦痛や悲しみからの)うめき声」という意味もあり、groan(うめき声)よりも程度が軽い。

訳 アレクシスはロサンゼルスへの旅行中雨が降っていたという事実を嘆いた。「旅行が台無しよ」と彼女は言った。

正解 4

058 **解説** baskは「(日光、熱などを)浴びる」。「(注目や称賛を)浴びる、(恩恵などに)浴する」という意味もあり、She basked in the praise of her coworkers.(彼女は同僚から称賛を浴びた)のように用いられる。類義語にはsoak in(〜に浸る)、対義語にはabhor(〜を嫌う、遠ざける)、shun(〜を避ける、遠ざける)がある。

訳 A: 夏休みはどんなふうに過ごす予定？
B: ゆっくりするよ。一日中ただ外に座って、暖かい太陽を浴びたいんだ。

正解 3

059 **解説** 広く称賛されるときと批判されるときの両方があったとあるので、市長の人気は一定でなかったことがわかる。fluctuateは自動詞で「変動する、上下する」という意味。名詞形はfluctuationで「変動、絶えることのない変化」。

訳 市長の人気は年間を通じて変動しており、広く称賛されるときもあれば、激しく批判されることもあった。

正解 1

060 **解説** 月の支払いがおぼつかないAに対し、Bがお金を貸すと申し出ている。late fee(s)は「遅延料」なので、空欄にはincur(《損害など》を招く、被る)を入れる。incurは好ましくない結果を招くという意味の動詞で、loss、debt、fine(罰金)など望まない費用を目的語にとることが多い。

訳 A: 今月は請求書の支払いをするのに十分なお金があるかわからないんだ。
B: いくらかお金を貸しましょうか？ そうすれば遅延料がかからなくて済むわよ。

正解 2

語彙チェック

	1	2	3	4
056	wince 顔をしかめる	grapple (問題に)取り組む	dawdle 時間を無駄に過ごす	bluff はったりをかける
057	taunt 〜をののしる	instigate 《暴動など》を起こさせる	fetter 〜を束縛する	bemoan 〜を嘆く
058	procrastinate (やるべきことを)先に延ばす	veto 拒否権を行使する	bask (注目などを)浴びる	prowl (獲物を求めて)うろつく
059	fluctuate 変動する、上下する	bolt 急に駆け出す	deteriorate 悪化する	chuckle くすくす笑う、ほくそ笑む
060	edify 〜を啓発する	incur 《損害など》を招く、被る	repudiate 〜を拒絶する	regale 〜を(話などで)楽しませる

出題率 B

061 A: Susan, I heard that you're planning to quit and move to Australia. Is there anything I can do to (　　) you?
B: I'm sorry, Mrs. Williams. Going to Australia has been a dream of mine for a long time.

　　1 dissuade　　2 straddle　　3 contravene　　4 infiltrate

062 With their win on Friday, the basketball team has (　　) their spot in the playoffs. Their first playoff game will be the second week of February.

　　1 diced　　2 fazed　　3 clinched　　4 condensed

063 A: I don't mean to (　　), but how did you manage to buy such an expensive house?
B: I'd rather not talk about my personal finances.

　　1 pry　　2 cogitate　　3 stampede　　4 consort

064 Oliver Daniels' early novels were not well-received, and he spent many years (　　) at a low-paying office job until he finally managed to write a bestseller.

　　1 stuttering　　2 fumbling　　3 bickering　　4 languishing

065 The professor reminded students that (　　) the work of someone else was strictly forbidden, warning that any student caught presenting someone else's work as their own would immediately fail the course.

　　1 enacting　　　　　　2 plagiarizing
　　3 jilting　　　　　　　4 surmising

Part 1 ── 品詞別対策

061 解説　dissuade（〜に断念させる）は persuade（〜を説得する）の対義語。名詞形は dissuasion（思いとどまらせること）。

訳　A: スーザン、あなたが退職してオーストラリアに移り住む予定だと聞いたわ。どうしたらあなたを引き止めることができるかしら。
B: ごめんなさい、ウィリアムズさん。オーストラリアへ行くことは私の長年の夢だったんです。

正解　**1**

062 解説　初戦の日程が決まっていることから、チームはプレーオフに進出するとわかる。clinch は「〜に決着をつける、〜をまとめる」という意味で、clinch their spot で「スポットを決める」→「出場を決める」となる。secure a place at、book a spot to も類義表現。

訳　金曜日の勝利で、そのバスケットボールチームはプレーオフへの出場を決めた。彼らのプレーオフ初戦は、2月の第2週に行われる。

正解　**3**

063 解説　pry は「詮索する、のぞき見する」。「詮索、詮索好きな人」という名詞の意味もある。形容詞形の prying は prying eyes（詮索するような目）のように限定用法で用いられることが多い。類義語は poke (one's) nose into（〜に口を出す）、intrude（私事に立ち入る）。

訳　A: 詮索するつもりはないんだが、あんな高価な家をどうやって買えたんだい?
B: 個人的な資産のことは話したくないんだ。

正解　**1**

064 解説　空欄に languishing を入れると、ベストセラーを出すまでは日の目を見ることなく過ごしたという意味になり、自然な文になる。自動詞の languish（無視される）は、議案などが長い間放置される、棚上げにされるという意味でも用いられる。ほかに「衰弱する、しおれる」（= waste away）、「苦しむ」（= suffer）という意味もある。

訳　オリヴァー・ダニエルの初期の小説はあまり受け入れられず、最終的にどうにかベストセラーを書くまで、賃金の安いオフィスワークで何年も誰にも顧みられずに過ごした。

正解　**4**

065 解説　後半にある他者の作品を自分の作品として提出するとは、盗作のこと。plagiarize は動詞で「〜を盗用する」（= copy、steal）。名詞形の plagiarism は「盗用、盗作（行為）」。

訳　その教授は学生たちに、誰かの作品を盗用することは厳しく禁じられていることを思い出させ、誰かの作品を自分の作品として提出しているのが発覚した学生は、そのコースで直ちに落第となると警告した。

正解　**2**

語彙チェック

	1	2	3	4
061	dissuade 〜に断念させる	straddle 〜にまたがる	contravene 《法律など》に違反する	infiltrate 〜に潜入する
062	dice 〜をさいの目に切る	faze 〜を困惑させる	clinch 〜に決着をつける	condense 〜を濃縮する
063	pry 詮索する	cogitate 考える、熟慮する	stampede どっと押し寄せる	consort （悪い人間と）付き合う
064	stutter どもる	fumble （不器用に）手探りする	bicker （ささいなことで）口論する	languish 無視される
065	enact 《法律など》を制定する	plagiarize 〜を盗用する	jilt 《恋人》を捨てる	surmise 〜を推測する

出題率 B

066 The diplomat was quick to organize a peaceful dialogue between the two countries' leaders, and many say that his efforts were key to (　　) a war.

　　1 dispelling　2 clobbering　3 vindicating　4 averting

067 Amy did not want to participate when her biology class was (　　) frogs. She said that looking at the frogs' internal organs made her feel sick.

　　1 surmising　2 dissecting　3 swilling　4 muddling

068 Many people complained that the government's newly proposed identification system, which includes fingerprinting every citizen, would be (　　) upon people's privacy.

　　1 commiserating　　　　2 acquiescing
　　3 delving　　　　　　　4 infringing

069 Running for office is not cheap, which is why the governor has spent much of the last year (　　) financial support for his upcoming election campaign.

　　1 entailing　2 sniping　3 garnering　4 denigrating

070 The company offers free IT classes for any employees that are interested in (　　) their computer skills.

　　1 streaking　2 canvassing　3 impelling　4 honing

Part 1 — 品詞別対策

066 解説　avert（〜を避ける、回避する）のa-は「離れて」、vertは「曲がる、回る」を意味する。di-(分離する)＋vert→divert（そらす）、sub-(下)＋vert→subvert（転覆させる）、re-(元へ)＋vert→revert（戻る）も覚えておこう。名詞形はaversion（避けたい気持ち、嫌悪）、形容詞形はaverse（嫌って、反対して）。

訳　その外交官は、両国の指導者間の平和会談を直ちに準備した。彼の努力が戦争**を回避する**鍵になったと、多くの人が言っている。　　正解　**4**

067 解説　2文目にfrog's internal organs（カエルの内臓）とあるので、空欄にdissectingを入れると文意が通る。dissectは接頭辞dis-(離れて)に「切る」を意味する語根sectがついて「細かく切る」→「解剖する、分析する」という意味。名詞形はdissection（解剖、詳細な分析）。

訳　エイミーは、生物の授業でカエル**を解剖する**ときに参加したくなかった。カエルの内臓を見ると気分が悪くなると言った。　　正解　**2**

068 解説　infringeは他動詞にも自動詞にもなる。infringe copyright（著作権を侵害する）、infringe (up)on his privacy（彼のプライバシーを侵害する）のように使う。名詞形はinfringement（違反、侵害）。

訳　政府が新たに提案した身分証明システムには全国民の指紋押捺が含まれており、多くの人がそれは国民のプライバシーを**侵害する**ものだと不満を言った。　　正解　**4**

069 解説　running for office（公職に立候補すること）が、後半ではelection campaign（選挙活動）と言い換えられている。空欄の直後のfinancial supportを目的語にとるのに適切なのは、他動詞garnerで「〜を(努力して)獲得する、集める」。類義語のamassは「〜を(大量に)集める、《財産など》を蓄積する」。

訳　公職選挙への出馬は安くはない。だからこそ、知事は昨年の多くの時間を来たるべき選挙活動のための経済的支援**を獲得する**のに費やした。　　正解　**3**

070 解説　名詞honeは刃物を磨く「砥石（といし）」のことだ。そこからこの語は動詞として「《技術》を磨く」の意味でも用いられる。hone one's skills（技術を磨く）というフレーズで覚えておこう。

訳　その会社は、コンピューターの技能**に磨きをかけ**たいと思っている従業員向けに、無料のIT講習会を開いている。　　正解　**4**

語彙チェック

066	1 dispel《恐怖など》を払いのける	2 clobber〜をぶん殴る	3 vindicate〜の正しさを立証する	4 avert〜を避ける、回避する
067	1 surmise〜を推測する	2 dissect〜を解剖する	3 swill〜をがぶがぶ飲む	4 muddle〜をごちゃまぜにする
068	1 commiserate同情する、哀れむ	2 acquiesce黙認する、しぶしぶ同意する	3 delve(徹底的に)調査する	4 infringe(〜を)侵害する
069	1 entail〜を伴う、引き起こす	2 snip〜をはさみで切る	3 garner〜を獲得する、集める	4 denigrate《人など》を中傷する
070	1 streak〜に筋をつける	2 canvass《地域》を訪ね回る	3 impel〜を駆り立てる、強いる	4 hone《技術》を磨く

第1章　動詞
第2章　名詞
第3章　形容詞・副詞
第4章　熟語

071 The parents hoped to (　　) their children's creativity by taking them to art and music lessons every week.

　　1 hush　　**2** manifest　　**3** foster　　**4** abolish

072 Trying to avoid hitting the deer, Beverly accidentally (　　) her car off of the road, and she came within inches of crashing into a tree.

　　1 scoffed　　**2** litigated　　**3** veered　　**4** fumed

073 Most critics agree that it is a very good translation. However, many readers would like to see an (　　) version so that they can better understand the obscure cultural references.

　　1 incapacitated　　**2** encapsulated
　　3 excavated　　**4** annotated

074 The small religious group had a bad reputation for trying to (　　) members to believe in only the teachings of their leader and nothing else.

　　1 eradicate　　**2** conjugate　　**3** petrify　　**4** indoctrinate

075 A: How much does it cost to apply?
　　B: Usually it costs $80. However, the school will (　　) the application fee for any low-income students.

　　1 exude　　**2** debilitate　　**3** waive　　**4** diversify

071
解説 foster は promote や encourage と同じく「〜を育成する、促進する」を意味する。似た意味を持つ語として nurture（〜を促進する、はぐくむ）、foment（《悪いこと》を助長する）も覚えておこう。

訳 両親は絵画や音楽の教室に毎週連れて行くことで、子供たちの創造力を伸ばしたいと思った。

正解 3

072
解説 veer は自動詞で「（急に）向きを変える、進行方向を変える」。ほかに「《考え・方針・政策などが》変わる、《話題が》脱線する」という意味もあり、「方向転換」という意味の名詞としても用いられる。類義語は swerve で「急にそれる、逸脱する」。

訳 鹿をはねないように、ビヴァリーは不意に道路を外れて車の向きを変え、あとわずかで木に衝突するところだった。

正解 3

073
解説 異文化に関する記述の理解を助けてくれるのは、annotated（注釈のついた）バージョンの翻訳だ。接頭辞 an- は ad-（「〜に」）の異形で、an- ＋ note（注）でできた語。footnote（〜に脚注をつける）も併せて覚えておこう。

訳 ほとんどの批評家はそれがとてもいい翻訳だという意見で一致している。しかし、読者の中には、理解の難しい文化に関する記述がもっとわかるように、注釈のついたバージョンを読みたがっている人も多い。

正解 4

074
解説 名詞 doctrine は「教義、主義」。動詞 indoctrinate は「《人》に（思想などを）教え込む、吹き込む」という意味になる。名詞形は indoctrination（教化）。関連する語として doctrinal（教義上の）、doctrinaire（空理空論の）も覚えておこう。

訳 その小さな宗教団体は、団体の指導者の教えだけを信じ、そのほかは一切信じないように会員に教え込もうとしていると悪評が立っていた。

正解 4

075
解説 文脈から、低収入の学生からは登録料をとらないという流れになると推測できる。正解は waive（《権利など》を放棄する、断念する）。名詞形は waiver（権利放棄）。

訳 A: 申し込みにはいくらかかりますか。
B: 通常は80ドルです。しかし、収入の少ない学生には登録料を免除します。

正解 3

語彙チェック

071	1 hush 〜を黙らせる	2 manifest 〜を明らかにする	3 foster 〜を育成する、促進する	4 abolish 《法律など》を無効にする
072	1 scoff あざ笑う	2 litigate 訴訟を起こす	3 veer （急に）向きを変える	4 fume 煙を出す
073	1 incapacitate （病気・事故などが）《人》から能力を奪う	2 encapsulate 〜をカプセルに包む	3 excavate 〜を掘る、発掘する	4 annotate 《本など》に注釈をつける
074	1 eradicate 〜を根絶する	2 conjugate 《動詞》を活用させる	3 petrify 《人》をすくませる	4 indoctrinate 《人》に（思想などを）吹き込む
075	1 exude 《自信など》をあふれ出させる	2 debilitate 〜を衰弱させる	3 waive 《権利など》を放棄する	4 diversify 〜を多様化する

出題率 B

076 The bank manager called the police after discovering that one of his employees had (　　) with over $20,000 in cash.

　　1 absconded　2 tingled　3 diminished　4 wilted

077 Molly was one of the prettiest, most popular girls in her school, and she always had a number of boys (　　) for her attention.

　　1 vying
　　3 soaring
　　2 proliferating
　　4 pandering

078 The detective tried to get the little girl to tell him what had happened the night of the murder, but he couldn't (　　) a response from her. The event had been extremely traumatic, and she was in shock.

　　1 revile　2 elicit　3 dribble　4 hoard

079 After they invaded, the soldiers (　　) the entire city. Aside from their valuables, most residents even had their food and clothing stolen.

　　1 debased　2 recouped　3 plundered　4 amassed

080 At karaoke, Masami (　　) all of her friends with her incredible singing voice. No one knew that she was such a skilled singer.

　　1 lamented　2 dazzled　3 defamed　4 pacified

Part 1 — 品詞別対策

076 解説　警察を呼んだとあるので、従業員がお金を盗んだと考えられる。abscondは「(悪いことをして)逃げる、失踪する」という意味。abscond withは「《お金など》を持って逃げる」で、類義表現にはmake off with、make away withなどがある。

訳　その銀行の支店長は、従業員の一人が現金2万ドル以上を持って**逃げた**ことを知って、警察を呼んだ。

正解　**1**

077 解説　空欄にvyingを入れると、学校で人気のあるモリーには、気を引こうと競い合う男子がたくさんいたとなり、文意が通る。原形のvieは「競う、争う」という意味で、vie forは「〜を得るために争う」(＝compete for)。

訳　モリーは学校でいちばんかわいくて人気のある女の子の一人で、彼女にはいつも彼女の気を引こうと**競う**たくさんの男の子たちがいた。

正解　**1**

078 解説　elicitは「《返事など》を引き出す」(＝draw out)。隠れていた情報などを引き出す、取り出すという意味で用いられる。「《感情・反応など》を引き起こす」(＝evoke)という意味もある。

訳　探偵は、少女に殺人事件があった夜、何が起こったのかを話させようとしたが、少女から返事**を引き出す**ことはできなかった。その出来事は極めて衝撃的で、彼女はショックを受けていた。

正解　**2**

079 解説　1文目のinvaded(侵略した)と、2文目の住民は貴重品、食料、衣類を奪われたという内容がヒント。正解はplundered(〜を略奪した)だ。類義語のpillage、ransackも覚えておこう。

訳　侵略してきた兵士たちは、街中で**略奪を行った**。ほとんどの住民は貴重品のみならず、食べ物や衣類までも奪われた。

正解　**3**

080 解説　dazzleは「〜の目をくらませる」が第一義。そこから「〜を感嘆させる」の意味でも用いる。形容詞dazzlingは「目もくらむほどの、魅力的な」の意味だ。語源的に関連のあるdaze(〜をぼうっとさせる)も覚えておこう。

訳　カラオケでマサミの抜群の歌唱力に友人たちはみな**驚嘆した**。彼女がこんなに歌がうまいとは誰も知らなかった。

正解　**2**

語彙チェック

	1	2	3	4
076	abscond 逃げる	tingle 《体などが》ひりひりする	diminish 減少する	wilt しおれる、ぐったりする
077	vie 競う	proliferate 急増する	soar 急上昇する	pander 迎合する
078	revile 〜をののしる、罵倒する	elicit 《返事など》を引き出す	dribble 《液体・よだれ》を垂らす	hoard 〜を貯蔵する、ため込む
079	debase 〜の価値[評判]などを落とす	recoup 《金》を取り戻す	plunder 〜を略奪する	amass 〜を蓄積する、収集する
080	lament 〜を嘆く	dazzle 〜を感嘆させる	defame 〜を中傷する、けなす	pacify 〜をなだめる、静める

出題率 B

081 After a bloody shootout, the police managed to arrest the three men that had (　　) the attack on the president.

   1 recanted   2 perpetrated
   3 bungled   4 trounced

082 The university's well-known literature program is often (　　) as being the best in the country.

   1 dispatched   2 trampled
   3 touted   4 toppled

083 Angry citizens (　　) on the capitol today in order to protest the government's plan to go to war.

   1 nudged   2 jiggled   3 converged   4 clumped

084 An investigation revealed that Amy had intentionally set her house on fire, and she was arrested for trying to (　　) her insurance company.

   1 impoverish   2 defraud
   3 revoke   4 venerate

085 Johnny had his house (　　), because he was planning to sell it. However, it was worth much less than he'd expected, so he decided to wait until the market improved more.

   1 triggered   2 appraised   3 delineated   4 sequestered

Part 1 — 品詞別対策

081 **解説** perpetrateは「《犯罪など》を犯す」の意味で、perpetrate a crimeはcommit a crimeと同じ意味だ。名詞形のperpetration(悪事(をはたらくこと))とperpetrator(犯人)も覚えておこう。

訳 血なまぐさい銃撃戦の末、警察は大統領を襲撃した3人の男をやっとのことで逮捕した。

正解 2

082 **解説** tout(〜を絶賛する)はbe touted as the best movie ever(今までで最高の映画だと喧伝[推奨]される)のように使う。類義語にlaud(〜をほめたたえる)がある。形容詞形laudatory(称賛の)とともに覚えておこう。

訳 その大学の文学講座は有名で、しばしば国内最良と絶賛される。

正解 3

083 **解説** convergeは「集まる、集中する」という意味の自動詞。類義語にはgather(集まる)、flock to(〜に群がる、押し寄せる)、対義語にはdisperse(分散する)、move away from(〜から離れる)がある。名詞形のconvergenceは「一点に集まること、収束」という意味。

訳 戦争をするという政府の計画に抗議するために、怒れる市民が今日、国会議事堂に集まった。

正解 3

084 **解説** defraudは「《人》から(金などを)だまし取る」の意味で、目的語は「もの」でない点に注意しよう。関連語として名詞fraud(詐欺、詐欺師)、形容詞fraudulent(詐欺の、詐欺で手に入れた)も覚えておきたい。

訳 捜査の結果、エイミーは故意に自宅に火をつけたことが判明した。それで彼女は保険金を保険会社からだまし取ろうとした疑いで逮捕された。

正解 2

085 **解説** 家を売ろうと考えて、してもらったことと考えると、appraisedが適切。appraiseは「《土地・財産など》を評価する」という意味で、estimate(〜を見積もる)を使ってもほとんど同じ意味になる。名詞形はappraisal(評価)。

訳 ジョニーは自宅を売却する予定だったので、家の価格を評価してもらった。しかし、その価格は予想していたよりかなり低かったので、市場がもっと回復するまで待つことにした。

正解 2

語彙チェック

081
1 recant 〜を撤回する
2 perpetrate 《犯罪など》を犯す
3 bungle 〜をしくじる
4 trounce 〜を完全に負かす

082
1 dispatch 〜を派遣する
2 trample 〜を踏みつける、踏みにじる
3 tout 〜を絶賛する
4 topple 《政府など》を転覆させる

083
1 nudge ひじで軽くつつく
2 jiggle 細かく動く
3 converge 集まる、集中する
4 clump どしんどしん歩く

084
1 impoverish 〜を貧乏にする
2 defraud 《人》から(金などを)だまし取る
3 revoke 〜を撤回する、無効にする
4 venerate 〜に敬意を払う、〜をあがめる

085
1 trigger 〜の引き金になる
2 appraise 《土地・財産など》を評価する
3 delineate 〜を詳述する
4 sequester 《陪審員など》を隔離する

086 A: Could I see the full report by Monday, Thomas? And please don't ( ) any details.
B: Yes, of course, Mr. Dawson. I'll be sure to include everything we know so far.

    1 omit   **2** berate   **3** thrust   **4** entwine

087 Gregory Craftsman ( ) the revolution, so many thought that he was the best person to lead the newly established government.

    1 debarred   **2** spearheaded
    3 beckoned   **4** reciprocated

088 Chuck had to sell his restaurant when the government ( ) the land that it sat on in order to establish a nature preserve.

    1 expropriated   **2** modulated
    3 bestowed   **4** enumerated

089 As a child, Chris had to take speech classes, because he often ( ), making it difficult for teachers to understand what he was saying.

    1 acceded   **2** stammered
    3 capitulated   **4** resonated

090 Mariah ( ) about the negative effects of alcohol every time she went out with her coworkers. After a while, they just stopped inviting her so that they could drink in peace.

    1 ranted   **2** strutted   **3** poached   **4** shuffled

086 **解説** Aの依頼に対して、Bが「これまでにわかっていることはすべて含めるようにする」と請け合っているので、空欄にはomit（〜を省略する）を入れるのが適切だ。類義表現leave out、対義語include（〜を含める）、名詞形omission（省略）も併せて覚えておこう。

訳 A: 月曜日までに完全な報告書をもらえますか、トーマス。それから、どんな小さなことも省略しないでください。
B: はい、もちろんです、ドーソンさん。これまでにわかっていることは、すべて含めるようにします。

正解 1

087 **解説** spearは「槍」で、spearheadは文字通り「槍の先」のことだが、動詞で「〜の先頭に立つ、〜を指揮する」という意味も表す。簡単に言い換えればleadだ。

訳 グレゴリー・クラフツマンは革命を率いたので、多くの人は、新政府の長には彼が最も適任だと考えた。

正解 2

088 **解説** expropriate（(政府などが)〜を没収する)のpropriateの部分は語源的にproperty（財産）と関連がある。「財産を取る」がこの語の原義だ。同じ語源からきているappropriateは形容詞「適切な」のほか、動詞として「《金》を(〜に)充当する、〜を盗む」の意味にもなる。expropriateの名詞形はexpropriation（没収、収用）。

訳 チャックのレストランがある土地を政府が自然保護区にするために収用したので、彼はレストランを売らなければならなかった。

正解 1

089 **解説** クリスの話していることを理解するのが難しいとあるので、話し方に何か問題があると予想できる。stammerは「口ごもる、どもる」。「〜をどもって言う」という他動詞の意味と、「口ごもり」という名詞の意味もある。stammerが興奮や恐怖など心理的な原因でどもることを指すのに対し、習慣的にどもることはstutterと言う。

訳 クリスは子供のころ、よくどもったので、何を言っているのか先生たちが理解しづらく、彼はスピーチの授業を受けなければならなかった。

正解 2

090 **解説** rantは「わめき散らす、(不満などを)ぶちまける」という意味の自動詞。類義語はrave at/against、complain（不平を言う）。やや意味の似ているdroneは低く単調に「だらだら語る」で、drone on aboutは「〜についてだらだら長話をする」。

訳 マライアは、同僚と出かけるといつもアルコールの悪影響についてわめき散らした。しばらくすると、彼女の同僚たちは、平穏に酒が飲めるように、彼女を呼ばなくなった。

正解 1

語彙チェック

	1	2	3	4
086	omit 〜を抜かす、省略する	berate 〜を叱りつける	thrust 〜をぐいと押す、突っ込む	entwine 〜を絡ませる
087	debar 《人》に禁じる	spearhead 〜の先頭に立つ	beckon 〜に手招きする、合図する	reciprocate 〜に報いる
088	expropriate (政府などが)〜を没収する	modulate 〜を調節する、加減する	bestow 〜を授ける	enumerate 〜を列挙する
089	accede 受け入れる、応じる	stammer 口ごもる、どもる	capitulate 降伏する	resonate 反響する、共鳴する
090	rant わめき散らす	strut 誇らしげに歩く	poach 密猟[漁]する	shuffle 足を引きずって歩く

091 The plant (　　) a sticky type of fluid. When insects touch this fluid, they often get stuck, which usually means getting eaten by the plant.

　　1 secretes　　**2** parries　　**3** gleans　　**4** pesters

092 Helen had a carefully planned speech for the engagement dinner, but the guests kept on (　　), which made it hard for her to concentrate.

　　1 detracting　　　　**2** interjecting
　　3 paring　　　　　　**4** besieging

093 The CEO tried to (　　) his employees with confidence during the company's difficult times. "We will get through this," he assured them.

　　1 banish　　**2** reiterate　　**3** improvise　　**4** infuse

094 Paulina didn't used to like reading novels, but her interest in fiction was (　　) by an interview that she read of a famous contemporary writer.

　　1 piqued　　**2** beguiled　　**3** reaped　　**4** evicted

095 A: Do you really think your company will hire me?
　　B: I'm pretty sure they will. After all, I'm (　　) for you personally, and they value my opinion.

　　1 agonizing　　　　**2** wallowing
　　3 tangling　　　　　**4** vouching

091

解説 cret は「分離」を表す語根。se- も「別に」を意味し、secrete は「別に分離する」→「分泌する」の意味を表す。また、「別に分離する」から「秘密にする」という意味も表す。secret（秘密）、secretion（分泌、秘匿）も同語源語である。

訳 その植物は粘着性の液を分泌する。昆虫がこの液に触れると、たいていは動けなくなり、それはほとんどの場合、その植物に食べられることを意味する。

正解 1

092

解説 空欄の直後の which は the guests kept on（　　）を指す。「《言葉》を不意に差し挟む」という意味の interject の ing 形を入れると、「口を挟み続けた」せいで集中できなかったとなり、文意が通る。類義語は interrupt で「邪魔をする、遮る」。名詞形の interjection は「（言葉などを）不意に差し挟むこと」のほかに、「間投詞」という意味もある。

訳 ヘレンは、婚約祝いの夕食会でのスピーチを入念に計画していたが、来客たちが口を挟み続けて、集中するのが難しかった。

正解 2

093

解説 fuse は「注ぐ」を意味する語根。infuse は in-（中に）＋ fuse（注ぐ）で「～を吹き込む」という意味を表す。confuse（共に注ぐ→～を混乱させる）、diffuse（あちこちに離して注ぐ→～を拡散する）、profuse（前に注ぎ出す→物惜しみしない、豊富な）なども同語源語。

訳 会社が難局にあったとき、CEO は従業員たちに自信を吹き込むべく努めた。彼は従業員たちに「我々はこの困難を切り抜ける」と約束した。

正解 4

094

解説 pique は、pick（つつく）という意味のフランス語から派生した動詞で、「《興味など》をそそる」という意味。この意味では、interest、curiosity を目的語にとることが多い。「（自尊心を傷つけて）憤慨させる」という意味の他動詞でも用いられる。

訳 パウリナはかつて小説を読むのが好きではなかったが、有名な現代作家のインタビューを読んで小説への興味が刺激された。

正解 1

095

解説 vouch は for を伴って「《人が》～を保証する、請け合う」という意味になる自動詞。事物が主語になると、「（～の）正しさ、確実さの証拠となる」という意味になる。「～する人・もの」という意味の接尾辞 -er がついた voucher は「証明書、証拠物件」、「領収証、料金預り証」、「割引券、商品引換券」。

訳
A: 君の会社が僕を雇うと本当に思う?
B: きっとそうよ。結局、私があなたの人柄を保証していて、会社は私の意見を尊重するのだから。

正解 4

語彙チェック

091	1 secrete《器官が》～を分泌する	2 parry《攻撃など》を受け流す	3 glean ～を少しずつ集める	4 pester ～を悩ませる
092	1 detract《価値など》を損なう	2 interject《言葉》を不意に差し挟む	3 pare（刃物で）～の皮をむく	4 besiege ～を包囲する
093	1 banish《人》を追放する	2 reiterate ～を繰り返して言う	3 improvise ～を即興で作る	4 infuse ～を吹き込む
094	1 pique《興味など》をそそる	2 beguile ～を巧みにだます	3 reap《報いなど》を受ける	4 evict ～を立ち退かせる
095	1 agonize 苦悶する	2 wallow《動物などが》転げ回る	3 tangle もつれる	4 vouch 保証する、請け合う

096 Frida got (　　) into buying a fake purse online. She thought that she was getting a great deal on a rare, brand-name bag, but actually it wasn't worth anything.

 1 duped   **2** conjured   **3** burnished   **4** segregated

097 The baseball team, although skilled, has been (　　) without the guidance of a good leader. The new coach says that he hopes to change that.

 1 submerging   **2** waning
 3 floundering   **4** alluding

098 After years of fighting, the two states finally managed to (　　) a peaceful relationship, thus ending the long and bloody war.

 1 pester   **2** forge   **3** garnish   **4** deplete

099 Some music critics have claimed that Andy Wells is the greatest guitar player alive today. His unique guitar solos are nearly impossible to (　　), even for experienced musicians.

 1 replicate   **2** dangle   **3** placate   **4** flout

100 The large number of workplace injuries that occurred this year (　　) the need for improved safety regulations at the factory.

 1 embodies   **2** extorts   **3** underscores   **4** retracts

096
解説 偽物をつかまされたことが書かれているので、空欄の前後は「だまされた」となるのが自然だ。dupe はしばしば be duped into *doing*（だまされて～する）の形で使う。fool も「～をだます」の意味で使うので、覚えておこう。

訳 フリーダは**だまさ**れてネットで偽物のハンドバッグを買ってしまった。めったにないブランド物のバッグを買い得の価格で手に入れたと思ったのだが、実のところそれは何の価値もなかった。

正解 1

097
解説 flounder（まごつく）は、flounder helplessly（なすすべがなくまごつく）というフレーズで覚えておこう。なお、語形が似ている founder にも「失敗する」という否定的な意味がある。

訳 その野球チームは高い技術を持っているのだが、よい指導者の導きがなくて**苦労**していた。新任のコーチはその状況を打開したいと言っている。

正解 3

098
解説 「～を鍛造（たんぞう）する」という意味の他動詞 forge が、ここでは「《関係など》を（努力して）構築する、築く」という意味で使われている。熱を加えて鉄などの金属を叩いて「鍛える」という意味はあるが、日本語のように体を「鍛える」という意味では使われないので注意が必要だ。forge にはほかに「～を偽造する、でっち上げる」という意味もある。

訳 何年も戦ったあと、両国はついにどうにか平和的な関係**を築く**ことができ、こうして長く血にまみれた戦争が終わった。

正解 2

099
解説 replicate は「～を再現する、複写（複製）する」という意味の他動詞。「模造品、レプリカ」という意味の名詞 replica は、replicate から派生した名詞。類義語の duplicate（複製する、複写する）も併せて覚えておこう。

訳 音楽評論家の中には、アンディ・ウェルズが今日に生きている最も偉大なギタリストだと主張する人もいる。彼の独特のギター・ソロ**を再現する**のは熟練したミュージシャンであってもほとんど不可能だ。

正解 1

100
解説 underscore はもともと「～に下線を引く」という意味で、何かが重要であるという事実について「～を強調する」という意味でも用いられる。類義語は underline、highlight（～を浮き彫りにする）、対義語は disregard（～を無視する、軽視する）、overlook（～を見過ごす）。

訳 今年、多数の労働災害が発生したことは、工場の安全規制の改善が必要であること**を強調**している。

正解 3

語彙チェック

096
1 dupe ～をだます
2 conjure ～を思い起こさせる
3 burnish 《金属》を磨く、つやを出す
4 segregate ～を分離する

097
1 submerge 沈む、沈没する
2 wane 弱まる、衰える
3 flounder まごつく、苦労する
4 allude 遠回しに言う

098
1 pester ～を悩ませる
2 forge 《関係など》を築く
3 garnish ～を装飾する
4 deplete ～を枯渇させる

099
1 replicate ～を再現する、複製する
2 dangle ～をぶら下げる
3 placate ～をなだめる
4 flout ～を（ばかにして）無視する

100
1 embody ～を具現化する、体現する
2 extort 《金銭など》を強要する
3 underscore ～を強調する
4 retract ～を引っ込める

101 When Marissa found herself alone with the famous author, she (　　) on the opportunity to ask him questions about how to write good stories.

    1 splashed　**2** meddled　**3** capitalized　**4** waned

102 The company (　　) all of the employees that were found to have been involved in the scandal, creating a large number of job openings.

    1 manipulated　　　　**2** snubbed
    3 purged　　　　　　**4** incensed

103 Whenever Joe's wife made curry, the smell (　　) the entire house. So he knew that she was making curry the moment he opened the front door.

    1 professed　**2** waylaid　**3** permeated　**4** dissuaded

104 In the end, there simply wasn't enough evidence, and the murder case went unsolved. It seems that we may never know what truly (　　) that night.

    1 exulted　**2** swirled　**3** ebbed　**4** transpired

105 After stealing all of the money from his workplace, Everett tried to leave the country, but the police (　　) him at the airport.

    1 vanquished　　　　**2** foreboded
    3 ingratiated　　　　**4** apprehended

101 解説　capitalize は「〜を大文字で書く」、「〜を資本化する」だが、capitalize on で「〜を利用する、〜につけ込む」の意味になる。take advantage of に近い意味だ。動詞 milk に「〜から(金などを)搾り取る」という意味があることも覚えておこう。

訳　マリッサはその著名な作家と2人きりでいるとわかると、その機会を利用してよい物語の書き方について質問した。

正解　3

102 解説　purge は「《不純分子など》を追放する、粛清する」という意味の他動詞。日本語でも「(特に公職などから)追放する」という意味で使われるカタカナ語「パージする」はこの purge に由来している。類義語には exterminate(〜を一掃する、根絶やしにする)、clear out(《不要なもの》を取り除く)がある。

訳　その会社は、不祥事に関わっていたことが発覚した従業員全員を追放したので、仕事の空きがたくさんできた。

正解　3

103 解説　permeate は「〜に充満する、しみ込む」を表し、比喩的に「《思想などが》〜に広がる、普及する」の意味でも使う。名詞形は permeation(浸透)。per- は「〜を通して」の意味で、percolate(浸透する)、perpetual(永続的な)などに見られる。

訳　ジョーの妻がカレーを作ると、いつでもにおいが家中に広がった。だからジョーが玄関のドアを開けた瞬間、妻がカレーを作っているとわかるのだった。

正解　3

104 解説　transpire は「《事件などが》起こる」を意味し、happen や occur と同義だ。また、transpire は It transpired that ... の形で「〜ということが明るみに出た」のようにも使う。

訳　結局十分な証拠がなく、その殺人事件は未解決に終わった。その夜実際に何が起こったのかは、わからないままになりそうだ。

正解　4

105 解説　apprehend には「《意味など》をつかまえる」→「〜を理解する」という意味もあるが、ここでは「《人》をつかまえる」→「〜を逮捕する(＝arrest)」という意味で使われている。apprehend には「《危険性など》をつかむ」→「〜を懸念する」という意味もあり、名詞形の apprehension は「不安」、形容詞形の apprehensive は「不安な」という意味になる。

訳　職場からすべての金を盗んだあと、エヴェレットは国外へ去ろうとしたが、警察が空港で彼を逮捕した。

正解　4

語彙チェック

101
1 splash 《液体が》はねる
2 meddle 干渉する
3 capitalize 利用する
4 wane 弱まる、衰える

102
1 manipulate 〜を操作する、巧みに仕向ける
2 snub 〜を冷たくあしらう
3 purge 《不純分子など》を追放する
4 incense 〜に香をたきこめる

103
1 profess 〜を告白する、公言する
2 waylay 《人》を呼び止める
3 permeate 〜に充満する、しみ込む
4 dissuade 《人》に断念させる

104
1 exult 非常に喜ぶ
2 swirl 《話などが》飛び交う
3 ebb 《潮》が引く
4 transpire 起こる、発生する

105
1 vanquish 〜を破る、負かす
2 forebode 〜の前兆となる
3 ingratiate 〜を気に入られるようにする
4 apprehend 〜を逮捕する

106 After William failed at yet another job interview, he (   ) his frustration by kicking the tire of his car.

　　1 oppressed　2 edified　　3 vented　　　4 interred

107 Next month, the company is planning to launch an entirely new marketing campaign. Managers are hoping to (   ) the company, which has been struggling this past year.

　　1 saturate　　2 regenerate　3 nourish　　4 astound

108 The hotel was in the red for most of the year. Luckily, it was able to (   ) its losses during the busy holiday season.

　　1 distend　　2 recoup　　3 brandish　　4 foment

109 The investment banker later went to prison for (   ) his clients' money. He had been reporting smaller gains and transferring excess profits to his overseas bank account.

　　1 embezzling　　　　2 auditing
　　3 surmounting　　　4 emboldening

110 Ernest (   ) at his wife's suggestion to go to an expensive restaurant downtown. "It's a waste of money," he said.

　　1 quivered　2 dissented　3 bulged　　4 balked

106 **解説** by以降の具体的な動作と、就職面接で失敗したあとという状況から、正解は「《感情など》を発散する」という意味の他動詞ventの過去形vented。ventには「通気口(穴)、ガス抜き」という名詞の意味もある。類義語にはblow/let/work off steam(憂さを晴らす)、unleash(《怒りなど》を解き放つ)、対義語にはcontain(〜をこらえる)がある。

訳 ウィリアムはまた一つ仕事の面接が駄目だったあと、自分の車のタイヤを蹴っていらだちを発散した。

正解 3

107 **解説** 「〜を生み出す」という意味のgenerateに、「再び」という意味の接頭辞re-がついたregenerateは、「〜を再建する、再生させる」という意味の他動詞。「《人》を(道徳面、精神面で)更生させる」という意味もある。「《物が》刷新された」「《人が》改心した、更生した」という意味の形容詞としても用いられる。

訳 来月、その会社はまったく新しいマーケティングキャンペーンを開始する予定だ。部長たちは、過去1年間不振だった会社を再建することを期待している。

正解 2

108 **解説** Luckilyから、赤字だったホテルが損失を取り戻すことができたとすると自然な文になる。recoupは「《損失など》を取り戻す、《損害など》を埋め合わせる」という意味。「《健康・活力など》を回復する、取り戻す」という意味もある。類義語はrecover(〜を取り戻す)、make up for(〜を埋め合わせる)。

訳 そのホテルはその年のほとんどが赤字だった。幸運なことに、繁忙期のホリデーシーズンに損失を取り戻すことができた。

正解 2

109 **解説** 2文目が、1文目の(　) his clients' moneyの具体的な内容となっている。投資の収益を過小報告して差額を着服する行為をembezzle(〜を横領する)という。単純に言えばsteal(〜を盗む)だ。名詞形embezzlement(横領)も併せて覚えておこう。

訳 その投資銀行の職員はのちに、顧客の金を横領した罪で投獄された。彼は収益を過少報告し、それを超えた分を自分の海外の銀行口座に移していた。

正解 1

110 **解説** 2文目から、アーネストが妻の提案に対して否定的だったことがわかる。その内容に合致する選択肢はbalk(ためらう)だと判断できる。balk at(〜に躊躇する)という形で覚えておこう。

訳 アーネストは、妻がダウンタウンの高級レストランへ行こうと言うのに難色を示した。「お金の無駄だよ」と彼は言った。

正解 4

語彙チェック

#	1	2	3	4
106	oppress 〜を虐げる	edify 〜を啓発する	vent 《感情など》を発散する	inter 〜を埋葬する
107	saturate 〜をぐっしょり濡らす	regenerate 〜を再建する、再生させる	nourish 〜を育てる、養う	astound 〜を仰天させる
108	distend 〜を膨張させる	recoup 《金》を取り戻す	brandish 《武器など》を振り回す	foment 《反乱・不和など》を助長する
109	embezzle 《金など》を横領する	audit 《会計簿》を検査する	surmount 《困難など》を克服する	embolden 〜を勇気づける
110	quiver 震える、けいれんする	dissent 異議を唱える	bulge 膨れる、膨らむ	balk ためらう

111 Barbara (　　) her professor, because he was always rude to students, but there was no denying that he was remarkably intelligent.

 1 clipped **2** smothered **3** detested **4** engulfed

112 This new car-sharing app (　　) the recently popular sharing economy. It is a great example of how people are using technology to come together and help one another.

 1 exhorts **2** typifies **3** lambastes **4** tortures

113 Robson Tech claimed that they had no responsibility to finish the contract, as it had already been (　　) when their client broke the Terms of Agreement.

 1 flapped **2** nullified **3** solicited **4** pawned

114 A: Is it safe to send private information using this software?
B: Yes, it's totally safe. The software automatically (　　) the message to prevent outside sources from being able to read it.

 1 encrypts **2** affixes **3** decrees **4** relegates

115 A: Diane, you have such good posture.
B: Thank you. It's probably because my mom was always telling me to stop (　　) as a child.

 1 darting **2** slouching **3** wedging **4** defecting

111
解説 detest（〜を憎む、ひどく嫌う）は hate の強い意味。ほぼ同じ意味の loathe、およびその形容詞形 loath（嫌いで、気が進まないで）、loathsome（嫌でたまらない）も覚えておきたい。また動詞 abhor は「（道徳的な見地から）〜をひどく嫌う」の意味だ。

訳 バーバラは担当教授が大嫌いだった。というのも、学生に対していつも失礼な態度をとっていたからだ。ただ、彼が際立って頭のいい人物であることは否定できないことだった。

正解 3

112
解説 type（タイプ、類型）に接尾辞 -ify がついたのが動詞 typify で、「〜の典型である」という意味。personify（〜を体現する）、embody（〜を具体化する）もほぼ同じ意味の語。

訳 この新しいカーシェアリングアプリは、最近人気のシェアリングエコノミー（共有型経済）の代表例だ。それは人々が技術を使って、協力し、助け合っている好例となっている。

正解 2

113
解説 他動詞 nullify（〜を無効にする、破棄する）は、形容詞 null（無効の）に接尾辞 -ify がついたもの。類義語は void（〜を無効にする、無効の）。null and void は叙述用法の形容詞としてセットで使われることも多く、「（法的に）無効の」という意味になる。

訳 ロブソン・テックは、顧客が契約条件に違反した時点ですでに契約は無効になっているため、同社が契約を果たす責任はないと主張した。

正解 2

114
解説 encrypt（〜を暗号化する）の対義語は decrypt（《暗号》を解読する）。名詞形は encryption（暗号化）。暗号に関連する以下の語もまとめて覚えておこう。encode（〜を暗号化する）⇔ decode（〜を解読する）、cipher（暗号；〜を暗号で記す）⇔ decipher（〜を解読する）。

訳 A: このソフトで個人情報を送っても安全ですか。
B: ええ、まったく問題ありません。このソフトは自動的にメッセージを暗号化して、外部から読めないようにしますから。

正解 1

115
解説 姿勢をほめられたダイアンは、母が（　　）のをやめるよう言ってくれたおかげだと答えている。slouch は「前かがみになる、だらけた姿勢をとる」という意味。反対に「背筋を伸ばして座る［立つ］」は sit [stand] up straight。形容詞形は slouchy（前かがみの、だらしない姿勢の）。

訳 A: ダイアンは姿勢がいいね。
B: ありがとう。きっと、子供のころ、母がいつも前かがみになるのをやめるように言っていたおかげだわ。

正解 2

語彙チェック

	1	2	3	4
111	clip 〜を刈り取る	smother 〜を覆い尽くす	detest 〜を憎む、ひどく嫌う	engulf 《波・炎などが》〜をのみ込む
112	exhort 〜に強く勧める	typify 〜の典型である	lambaste 〜を酷評する	torture 〜を拷問にかける
113	flap 〜をはためかす	nullify 〜を無効にする	solicit 〜を請い求める	pawn 〜を質に入れる
114	encrypt 〜を暗号化する	affix 〜を添付する	decree 〜を（法令で）命じる	relegate 〜を格下げにする
115	dart （矢のように）動く、進む	slouch 前かがみになる	wedge くさびで留める	defect 逃亡する、亡命する

116 Miles made a habit of going to the gym. However, he usually ( ) the effects of his exercise by overeating and drinking lots of beer every night at dinner.

    1 persecuted   **2** revamped
    3 negated   **4** assuaged

117 Although he studied French every day, Freddy had no chances to use it in daily life. So when a group of French tourists came into his shop, he ( ) in the opportunity to test his skills.

    1 reveled   **2** bellowed   **3** rumbled   **4** trickled

118 Dennis covered the walls of his office with a special type of foam to ( ) it from outside sounds, because he often had to make audio recordings for his work.

    1 evade   **2** reclaim   **3** pinpoint   **4** insulate

119 One of the safety technicians noticed a problem just as the rocket was about to take off, and the launch was ( ) at the last minute.

    1 aborted   **2** implored   **3** extrapolated   **4** peddled

120 A: Yes! I win! I'm the best. I'm so much better than you at ping-pong.
B: OK, I get it. You won. There's no need to ( ) about it.

    1 empathize   **2** ensue   **3** droop   **4** gloat

Part 1 — 品詞別対策

116 解説　毎晩食べすぎと飲みすぎを繰り返しているという文脈から、ジム通いの効果を台無しにしていることが予想できる。negate は「〜を無効にする、〜の効果をなくす」という意味の他動詞で、類義語は undo（〜を元に戻す、取り消す）、invalidate（〜を無効にする、無価値にする）。同じ語根の語には negative（否定的な、負の）、negation（否定）がある。

訳　マイルスはジムに通うことを習慣にしていた。しかし彼は、毎晩夕食で食べすぎ、ビールをたくさん飲んで、運動の効果**をなくしていた**。　　正解　**3**

117 解説　revel は revel in の形で使い、「〜を大いに楽しむ」の意味になる。名詞形は revelry（どんちゃん騒ぎ）だ。語形が似ている rebel（反逆者；〜に反対する）と混同しないようにしよう。

訳　フレディーは毎日フランス語を勉強していたが、日常生活でそれを使う機会がまったくなかった。だからフランス人観光客の一団が彼の店に来たとき、フランス語の腕前を試す好機だと**大いに喜んだ**。　　正解　**1**

118 解説　insulate（（熱・音などから）〜を遮断する）は語源的に insular（島の、島国根性の）と関連がある。島のように孤立させるイメージで「遮断する」の意味を覚えよう。また、insulate は比喩的に「《人》を（不快なものから）引き離す」の意味でも用いる。

訳　デニスは外の騒音を**遮断する**ため事務所の壁を特殊な発泡体で覆った。仕事でよく音声の収録をしなければならないからだった。　　正解　**4**

119 解説　abort は「《すでに始まっていること》を中止する」の意味（開始前に中止するのは cancel）。名詞形 abortion は「(計画などの) 失敗、失敗した計画」の意味だ。

訳　ロケットの発射の直前に安全技術者の一人が問題に気づき、発射はどたん場で**中止**された。　　正解　**1**

120 解説　A が卓球で勝ったことをしつこく自慢している。gloat は、自分の成功や他人の失敗を「満足げに眺める、ほくそ笑む」という意味の自動詞で、「満足げに眺めること、意地の悪い満足感」という名詞の意味もある。類義表現は rub it in one's face で「(勝者などが) 優越的な立場を〜に思い知らせる、見せつける」。

訳　A: やった！　私の勝ち！　私が一番よ。卓球ではあなたよりも私のほうがずっとうまいわ。
B: はいはい、わかったよ。君の勝ちだ。そんなに**勝ち誇ら**なくてもいいだろう。　　正解　**4**

語彙チェック

	1	2	3	4
116	persecute 〜を迫害する	revamp 〜を改良する	negate 〜を無効にする	assuage 《苦痛・不安など》を和らげる
117	revel 大いに楽しむ、喜ぶ	bellow 怒鳴る	rumble ごろごろ音を立てる、とどろく	trickle 少しずつ流れる
118	evade 《義務・責任など》を逃れる	reclaim 〜を取り戻す	pinpoint 〜を特定する、正確に示す	insulate (熱・音などから) 〜を遮断する
119	abort 《計画など》を中止する	implore 〜を要請する	extrapolate 〜を推定する	peddle 〜を売り歩く、行商する
120	empathize (〜に) 共感する、感情移入する	ensue 続いて起こる	droop だらりと垂れる、うなだれる	gloat 満足げに眺める

121 James took his time ( ) the contract. He wanted to make sure that he was getting a fair deal.

1 delegating 2 ruffling 3 parching 4 perusing

122 A: I can't wait much longer to receive money for my medical bills.
B: I'm sorry for the delay. I'll try to see if we can ( ) your insurance claim's processing.

1 disdain 2 expedite 3 shackle 4 annex

123 Sheldon was too tired to swim any longer. Luckily, the water was shallow enough for him to ( ) back to shore.

1 wade 2 renege 3 vacillate 4 niggle

124 While driving on the highway, there was a major accident right in front of Wallace's car. He didn't have time to stop, so he had to ( ) off of the road to avoid it.

1 swerve 2 abate 3 snarl 4 fumble

125 Under pressure from a growing number of dog-loving citizens, the local government decided to ( ) the law against bringing dogs to public parks.

1 repeal 2 impound 3 chisel 4 ascend

121
解説 他動詞 peruse は「〜を熟読する」（= pore over）、「〜をよく調べる」（= scrutinize、examine）。対義語は skim/run through（〜を走り読みする）、glance at（〜をちらっと見る）。名詞形は perusal で「精読、精査」。

訳 ジェームズは時間をかけてその契約書をよく調べた。公正な取引になっていることを確かめたかった。

正解 4

122
解説 AはBに医療費の受け取りを催促しているので、空欄には expedite（〜を促進する、早める、《交渉・計画など》をはかどらせる）が入る。形容詞形は2つあり、expeditious は「迅速な」、expedient は「便宜主義の、（道徳的ではないが）好都合な」という意味。

訳 A: 医療費に対する給付金の受け取りをこれ以上待てないわ。
B: 遅くなってすみません。お客様の保険金請求処理を早めることができるかどうか確認してみます。

正解 2

123
解説 wade は「（あまり深くない水の中を）歩く」の意味。この例文の状況で空欄に入れるのにふさわしい動詞だ。wade across a stream（川を歩いて渡る）というフレーズで覚えておこう。

訳 シェルドンは疲れていて、もはや泳げなかった。幸い、水深は彼が歩いて岸に戻れる浅さだった。

正解 1

124
解説 目の前で事故があり、止まる余裕はなかったという状況が述べられている。swerve は、「（直進から急に）外れる、曲がる」という意味で、比喩的に「（正しい行為などから）逸脱する」という意味でも使われる。「〜を急にそれさせる」という他動詞の意味のほか、「（方向が）急に変わること、逸脱」という名詞の意味もある。

訳 幹線道路を運転していると、ウォレスの車の目の前で大きな事故が起こった。車を止める余裕はなかったので、事故を避けるために道路から外れて急に曲がるよりほかなかった。

正解 1

125
解説 犬好きの市民からの圧力で決定したという文脈から、公園への犬の同伴を禁止する法律は「廃止された」と考えられる。正解は repeal（《法律など》を廃止する）。類義語の abolish、対義語の enact（〜を制定する）も併せて覚えておこう。

訳 増加する犬好きの市民からの圧力を受け、地方自治体は公共公園への犬の同伴を禁止する法律を廃止する決定をした。

正解 1

語彙チェック

121	1 delegate 〜を委譲する、委任する	2 ruffle 〜をしわくちゃにする	3 parch 〜を干上がらせる	4 peruse 〜を熟読する、よく調べる
122	1 disdain 〜を見下す	2 expedite 〜を促進する、早める	3 shackle 〜を拘束する	4 annex 《領土・国》を併合する
123	1 wade （水の中を）歩いて渡る	2 renege （約束などを）破る	3 vacillate 《人が》心を決めかねる	4 niggle （ささいなことに）悩む
124	1 swerve 急に外れる、曲がる	2 abate 弱まる、和らぐ	3 snarl 《犬などが》うなる	4 fumble （不器用に）手探りする
125	1 repeal 《法律など》を廃止する	2 impound 〜を押収する	3 chisel 〜をのみで彫る	4 ascend 〜に登る

126 The rebels' attempt to overthrow the government was (   ) by the army, and most of the group's leaders were arrested.

  1 rectified   **2** deployed   **3** esteemed   **4** thwarted

127 A powerful tornado (   ) havoc on the small town, destroying 90% of the area's homes. Citizens of the town now face a long road to recovery.

  1 regaled   **2** wreaked   **3** stymied   **4** entangled

128 At that age, the baby birds are still not able to eat solid food, so the mother eats it first, then (   ) it for them to eat.

  1 regurgitates   **2** incarcerates
  3 truncates   **4** disseminates

129 The girl was able to (   ) a note on a cardboard box while the kidnappers weren't looking, and it was a key clue that the detectives used in rescuing her.

  1 scrawl   **2** defuse   **3** caricature   **4** allay

130 As Prince Evan got older and older, he began to get tired of waiting for his father to (   ) the throne. His father was clearly too old to rule effectively anymore.

  1 prune   **2** abdicate   **3** obfuscate   **4** eclipse

126
解説 thwartは「《人・計画など》を阻止する、妨害する」という意味。類義語はprevent、対義語はfacilitate（〜を容易にする、促進する）。

訳 反逆者たちは政府を倒そうとしたが、軍によってはばまれ、一味の首謀者の多くが逮捕された。

正解　4

127
解説 竜巻が9割の家屋を破壊したとあるので、空欄にはwreaked（《損害など》をもたらした）が入る。wreak havocの組み合わせで使われることが多く、onを伴ってwreak havoc onで「〜を破壊する」（＝play havoc with、make havoc of）。wreakにはほかに「《感情・怒りなど》を爆発させる」（＝unleash）という意味もある。

訳 強い竜巻が小さな町に大損害をもたらし、この地域の家屋の90%を破壊した。町民は今、復興への長い道のりに向き合っている。

正解　2

128
解説 regurgitateはgurgle（うがいをする）と同語源語で、ここでは「《飲み込んだ食べ物》を口に戻す」という意味。「《聞きかじったこと》の受け売りをする」という意味もある。名詞形はregurgitation（反すう、逆流）。

訳 そのくらいの年のひな鳥はまだ固形食を食べることができないので、母鳥はまず自分で飲み込んでから、それを吐き出してひな鳥に食べさせる。

正解　1

129
解説 誘拐犯たちが見ていないすきにメモ（　　）ことができたという文脈。空欄には「〜を書く」に類する語が入ると考えられる。正解はscrawl（〜を走り書きする、殴り書きする）。類義表現にscribble、jot downがある。ちなみに日本語のPC用語の「スクロール」はscrollだ。

訳 少女は誘拐犯たちが見ていないすきに段ボール箱にメモを走り書きすることができた。そしてそれは、刑事たちが彼女を救う際の重要な手がかりとなった。

正解　1

130
解説 統治ができないほどの年齢になっているという文脈から、正解はabdicate。「《王位など》を放棄する」という意味で、名詞形はabdication（退位、放棄）。類義語にはvacate（《職や位など》を明け渡す、退く）、renounce（〜を（公式に）放棄する、棄権する）、relinquish（《権利など》を放棄する、譲渡する）がある。

訳 エヴァン王子は年を取るにつれて、父親が王位を退くのを待つのにしびれを切らし始めた。彼の父は年を取りすぎていて、もう実質的に統治できないことは明らかだった。

正解　2

語彙チェック

	1	2	3	4
126	rectify 〜を正す	deploy 《部隊など》を配備する	esteem 〜を高く評価する	thwart 《人・計画など》を阻止する
127	regale 〜を(話などで)楽しませる	wreak 《損害など》をもたらす	stymie 〜を妨害する、邪魔する	entangle 〜をもつれさせる、からませる
128	regurgitate 《飲み込んだ食べ物》を口に戻す	incarcerate 〜を投獄する	truncate 《引用文など》を切り詰める	disseminate 〜を広める
129	scrawl 〜を殴り書きする	defuse 〜の緊張を和らげる	caricature 〜を風刺的に描く	allay 《感情など》を和らげる
130	prune 〜を剪定する	abdicate 《王位など》を放棄する	obfuscate 〜をわかりにくくする	eclipse 〜を上回る

131 A: Clint is such a great employee. He's sure to get the big promotion.
B: I wouldn't (　　) on it. He doesn't get along with the manager.

　　1 wager　　　　　　　2 congregate
　　3 deviate　　　　　　4 undulate

132 When the station attendant asked to see his ticket, Toby (　　) in his jacket pocket. He pulled out a chocolate bar wrapper and some coins before he finally found his ticket.

　　1 prevaricated　　　　2 rummaged
　　3 capitulated　　　　　4 hibernated

133 A: I don't know why it's so hard for Jim to stay at a job.
B: It's because he was (　　) so much when he was a child. He's never had to work for anything before.

　　1 pampered　　2 scattered　　3 denoted　　4 bartered

131 **解説** クリントは昇進すると思うと言うAに対し、Bはクリントが部長とうまくいっていないことを理由に反論している。wagerは「賭ける」という意味で、自動詞・他動詞両方の使い方があるが、ここではwager onと自動詞として使われている。bet、gambleと言い換えることができる。

訳 A: クリントは本当にすごい社員だね。大昇進は確実だよ。
B: 私ならそれには賭けないな。彼は部長とうまくいっていないもの。

正解 1

132 **解説** 切符の提示を求められて、上着のポケットを(　　)という文脈。2文目でポケットの中からいろいろなものが出てきたとあり、空欄にはrummage(くまなく捜す、かき回して捜す)を入れるのが適切。

訳 駅員が切符の提示を求めると、トビーは上着のポケットをくまなく捜した。彼はチョコレートの包み紙やコイン数枚を引っ張り出した挙句、やっとのことで切符を見つけた。

正解 2

133 **解説** 文脈から、pampered(～を甘やかした)を入れるのが適切だ。pamperの類義語にはindulge、spoilなどがある。基本語だが、babyにも同じ意味の動詞の用法があることも覚えておこう。

訳 A: ジムはなぜ仕事を続けるのがそんなに大変なんだろう。
B: 子供のころ、すごく甘やかされたからよ。これまで働く必要は一度もなかったんだもの。

正解 1

語彙チェック

131
1 wager 賭ける
2 congregate 集まる
3 deviate それる
4 undulate 波打つ、起伏する

132
1 prevaricate ごまかす、言い逃れる
2 rummage かき回して捜す
3 capitulate 降伏する
4 hibernate 冬眠する

133
1 pamper 《人・動物など》を甘やかす
2 scatter ～をばらまく、まき散らす
3 denote ～を示す、意味する
4 barter ～を物々交換する

第2章 名詞

出題率 A

■ 過去問で正答を含め、複数回選択肢に登場した重要な名詞を問う問題を取り上げています。

001 Harold had an extreme (　　　) to talking on the phone, but he didn't know how to tell his boss that he didn't want to make sales calls anymore.

 1 linkage　　**2** influx　　**3** aversion　　**4** amenity

002 The biology teacher gave his students a lot of (　　　) in writing their research papers. They were free to choose the topic, length, and type of research they wanted to do.

 1 dividend　　**2** abyss　　**3** affront　　**4** latitude

003 John's favorite thing about his new job was that there was no dress code. He'd always hated wearing business (　　　).

 1 ordeal　　**2** stalwart　　**3** attire　　**4** perseverance

004 To be honest, I had some (　　　) about giving you such a big project when you're still new at the company, but you've done an excellent job. Great work.

 1 misgivings　　**2** referendums
 3 connotations　　**4** configurations

005 The lawyer claimed that the trial was a complete (　　　). He said that his client's testimony was being ignored and that she was not being given a chance to defend herself.

 1 gist　　**2** sustenance　　**3** farce　　**4** luster

Part 1 —— 品詞別対策

001 解説　後半の「電話セールスをしたくない」の言い換えになるaversion（嫌悪、避けたい気持ち）が正解。類義語はdistasteだが、後ろにつく前置詞はforになる。対義語のfondness（好み）、形容詞形のaverse（嫌って）も覚えておこう。

訳　ハロルドは電話で話すのはどうしても嫌だったが、もう電話セールスはしたくないということをどう上司に伝えたらいいかわからなかった。　　正解　3

002 解説　「緯度」を意味するlatitudeは「自由、裁量」の意味にもなる。enjoy considerable latitude in doing（かなり自由に～する裁量がある）のように使う。「自由、裁量」を意味する語にはほかにleewayがあるので覚えておこう。

訳　その生物の教師は生徒にかなり自由に研究レポートを書かせた。テーマも長さもやりたい研究の種類も自由に選ぶことができた。　　正解　4

003 解説　ジョンは服装の決まりがないことを喜んでいるので、正解はattire。attireは「服装、衣装」という意味で、特に特定の場合に着る服装を指す名詞。類義語にはgarment（衣類、衣服）がある。attireには「～を正装させる」という他動詞の意味もあるが、be attired in（～を着て正装する）と受動態で使われることがほとんど。

訳　新しい仕事でジョンが気に入っていることは服装の決まりがないことだった。彼はビジネス用の服装をするのがいつも嫌だったのだ。　　正解　3

004 解説　misgivingsは「不安、疑念」。ふつう複数形で使う。類義語apprehension、対義語faith、confidence（信頼、信用）も覚えておこう。

訳　正直なところ、まだ会社に入ったばかりの君にこんなに大きなプロジェクトを任せるのは少し不安だったんだが、素晴らしい仕事をしてくれた。よくやったよ。　　正解　1

005 解説　farceには劇の種類としての「笑劇」の意味もあるが、ここでは「茶番（劇）」の意味。状況や出来事のばかげたさを指す。類義語mockery、sham、形容詞形のfarcical（茶番の、ばかげた）も覚えておこう。

訳　弁護士はその裁判はまったくの茶番だったと主張した。彼の依頼主の証言は無視され、彼女は弁明する機会を与えられなかったと言った。　　正解　3

語彙チェック

001
1 linkage　結合、つながり
2 influx　流入、殺到
3 aversion　嫌悪、避けたい気持ち
4 amenity　設備

002
1 dividend　（株式の）配当
2 abyss　深淵、どん底
3 affront　侮辱
4 latitude　自由、裁量

003
1 ordeal　厳しい試練
2 stalwart　（組織・政党の）熱心な支持者
3 attire　服装
4 perseverance　忍耐、根気強さ

004
1 misgiving　不安、疑念
2 referendum　国民投票
3 connotation　含意
4 configuration　配置、配列

005
1 gist　要点、趣旨
2 sustenance　食べ物、滋養物
3 farce　茶番劇
4 luster　光沢、つや

006 There is a lot of (　　) between these teams. Nearly every time they meet, a fight breaks out between players on the field.

　　1 charade　　**2** acrimony　　**3** angst　　**4** decorum

007 Harriet didn't like working at that office. Most of the employees had formed (　　), and they were cold and unfriendly towards everyone else.

　　1 auditoriums　　**2** penchants
　　3 tactics　　**4** cliques

008 Mr. Franke was told that his branch was going to be closed. However, he got a temporary (　　) for it when he promised to get sales figures back up.

　　1 innuendo　　**2** trance　　**3** reprieve　　**4** peril

009 As part of the terms of the surrender, the country was required to pay billions of dollars in (　　). However, such an amount was unrealistic given the state of their economy at the time.

　　1 predilections　　**2** reparations
　　3 premonitions　　**4** allusions

010 Renee didn't give up after getting second place in the big tennis match. Instead, she attacked her training with renewed (　　).

　　1 defiance　　**2** zeal　　**3** blemish　　**4** reverie

006 解説　試合で顔を合わせるたびにけんかが起こることから、仲の悪さがうかがえる。acrimony は性格や態度、言葉などの「とげとげしさ、辛らつさ」という意味の名詞で、形容詞形は acrimonious で「とげとげしい、辛らつな」。類義語の hostility は「敵意」、bitterness は「辛らつさ、嫌味」。

訳　これらのチームの間にはかなりのとげとげしさがある。会うとほぼ毎回、競技場にいる選手たちの間でけんかが勃発する。　　正解　**2**

007 解説　clique は「徒党、派閥」という意味で、form a clique で「派閥を作る、徒党を組む」という意味を表す。類義語 posse も覚えておこう。

訳　ハリエットはそのオフィスで仕事をするのが嫌だった。従業員の多くは派閥を作っていて、彼らはよそ者には冷淡でそっけなかった。　　正解　**4**

008 解説　reprieve は「一時的な救済、延期」を意味し、しばしば temporary reprieve の形で使われる。類義語の suspension（一時的な中止）、postponement（延期）と併せて覚えておこう。

訳　フランケ氏は、自分の支店が閉店になると告げられた。だが、売上高を回復させると約束し、閉店を一時的に猶予された。　　正解　**3**

009 解説　surrender は「降伏」。その条件として支払うものといえば、reparations（賠償金）だ。特に敗戦国が支払うものを指し、ふつう複数形で使う。単数形で使う場合は「償い、補償」という意味。

訳　降伏条件の一つとして、その国は数十億ドルの賠償金を支払うよう要求された。しかしながら、そのような金額は当時の経済状況を考えれば非現実的なものだった。　　正解　**2**

010 解説　zeal（熱意）は with zeal（熱心に）というフレーズで覚えておこう。類義語の enthusiasm（熱意、熱心）も重要だ。対義語の apathy（無関心、無感動）も覚えておきたい。zeal と派生関係にある名詞 zealot は「（特に宗教的・政治的な）狂信者、熱狂する人」を意味する。

訳　レニーはテニスの大きな試合で2位に終わったあとも、あきらめることはなかった。それどころか、熱意を新たにしてトレーニングに取りかかった。　　正解　**2**

語彙チェック

006
1 charade 見せかけ、見え透いたごまかし
2 acrimony とげとげしさ
3 angst （将来などに対する）不安
4 decorum 礼儀正しい行動、上品さ

007
1 auditorium 講堂、観客席
2 penchant 傾向、趣味、好み
3 tactic 策略、戦術
4 clique 徒党、派閥

008
1 innuendo 暗示、ほのめかし
2 trance 忘我
3 reprieve 一時的な救済
4 peril 危険、危機

009
1 predilection 強い好み
2 reparation 償い、補償
3 premonition 予感
4 allusion ほのめかすこと

010
1 defiance （権威などに対する）反抗的な態度
2 zeal 熱意
3 blemish 傷、欠点
4 reverie 空想、夢想

011 The human rights group's leader said that Vince Turner's unlawful arrest was an (   ) to the rights of all of the nation's citizens.

    1 affront   **2** allure   **3** opulence   **4** ultimatum

012 Billy's mom has a (   ) for assuming the worst. One time, he was late getting home, and she called the police saying that he might have been kidnapped.

    1 deliberation   **2** propensity
    3 slab   **4** quarantine

013 A recipe they created together in college was the (   ) for starting a restaurant together. One good dish led to another, and soon they had a whole menu of delicacies they could make together.

    1 prerogative   **2** din
    3 ember   **4** catalyst

014 Dr. C.M. Thompson reached the (   ) of his career at the age of 47, when his medical discoveries earned him the Nobel Prize for Physiology or Medicine. "There is no greater honor than this," he said in an interview.

    1 exhilaration   **2** zenith
    3 dissolution   **4** morale

015 Julie was certain that her phone had been ringing while she was in the shower, but the screen showed no missed calls. Apparently, it had just been a (   ) of her imagination.

    1 pigment   **2** consignment
    3 figment   **4** condiment

Part 1 — 品詞別対策

011 解説 affrontのfrontは「前面＝額、顔」の意味。語源的にaffrontは「frontへ」の意味で、「顔を打つ」ことから「侮辱」の意味になった語だ。類義語にinsult、offense、slightがある。対義語はcompliment(賛美、賛辞)。

訳 その人権団体のリーダーは、ヴィンス・ターナーの不当逮捕は全国民の権利に対する侮辱だと語った。　　正解 **1**

012 解説 propensity((好ましくない)傾向、性癖)はpropensity for violence(暴力を振るう悪い癖)、propensity to exaggerate(誇張する傾向)というフレーズで覚えておこう。「傾向」を意味する類義語としてinclination、predispositionも覚えておきたい。

訳 ビリーのお母さんは最悪のことを考える癖がある。あるとき、ビリーの帰宅が遅くなると、彼女は警察に電話し、子供が誘拐されたかもしれないと言った。　　正解 **2**

013 解説 一つのメニューから次々にメニューが生まれたとあるので、正解はcatalyst(触発するもの)。もともとは化学反応を促す「触媒」という意味の名詞で、問題文のように比喩的に「触発するもの、きっかけ」という意味でも用いられる。動詞形はcatalyzeで「～の触媒となる」。

訳 彼らが大学で一緒に作ったレシピは、一緒にレストランを始めることを触発するものだった。一つのおいしい料理がまた一つの料理につながり、一緒に作ることのできるおいしい料理の全メニューがすぐにできた。　　正解 **4**

014 解説 no greater honor than thisという発言から、空欄にはzenith(頂点、絶頂)が適切。zenithは天文学の用語で「天頂」(天球上で観測者の真上にある点のこと)、転じて「全盛、(地位・成功などの)頂点」(＝pinnacle)という意味でも用いられる。対義語はnadirで「天底」、「(運命などの)どん底」。

訳 C.M.トンプソン博士は47歳のときに、医学上の発見でノーベル医学生理学賞を受賞し、キャリアの頂点に達した。「これにまさる栄誉はありません」と彼はインタビューで述べた。　　正解 **2**

015 解説 前半で、着信があったように思ったが実際には履歴がなかったという状況が説明されている。空欄にfigment(作り事、絵空事)を入れたa figment of one's(ここではher) imaginationは「～の空想の産物」(＝product/creation of fantasy)という意味になる。

訳 ジュリーはシャワーを浴びていたときに電話が確かに鳴ったと思ったが、画面には不在時着信が表示されていなかった。どうやら、彼女の空想の産物に過ぎなかったようだ。　　正解 **3**

語彙チェック

011
1 affront 侮辱
2 allure 魅力
3 opulence 富裕、豊富
4 ultimatum 最後通告

012
1 deliberation 審議
2 propensity (好ましくない)傾向
3 slab (石・木などの)厚板、平板
4 quarantine 隔離

013
1 prerogative (役職上の)特権
2 din 騒音
3 ember 残り火、燃えさし
4 catalyst 触発するもの

014
1 exhilaration 陽気、興奮
2 zenith 頂点、絶頂
3 dissolution 分解、解体
4 morale 士気

015
1 pigment 色素、顔料
2 consignment 委託品、積み荷
3 figment 作り事、絵空事
4 condiment 薬味、香辛料

016 After three months of job searching, Bill suddenly got two excellent job offers at the same time, and he was in a (   ) about which job to choose.

   1 mystique **2** volition **3** novelty **4** quandary

017 Yesterday's cool weather provided a nice (   ) from this summer's record high temperatures. However, the rest of this week is expected to be as hot as ever.

   1 respite   **2** proviso
   3 morsel   **4** preoccupation

018 While most people acknowledge that Amelia Wentworth is a talented actress, her infamous bad attitude has made her a (   ) in the entertainment industry, and most directors refuse to work with her.

   1 pariah **2** mentor **3** conformist **4** snitch

019 A: Jim, I was hoping that you could use your (   ) with the community. We need some volunteers for a charity drive.
   B: No problem, Tom. I'll make an announcement at the next general meeting.

   1 clout **2** equilibrium **3** vestige **4** fortitude

020 A: Has Tommy finished writing the marketing plan yet?
   B: I don't think so. You should talk to him and give him a little (   ). Our business plan presentation is only two days from now.

   1 epiphany **2** gadget **3** abstinence **4** nudge

Part 1 — 品詞別対策

016
解説 quandary は「困惑、苦境（＝ predicament）、板挟みの状態（＝ dilemma）」という意味の名詞で、be in a quandary over/about で「〜のことで困惑する、途方に暮れる」という意味になる。

訳 3か月間仕事を探したあと、ビルは突然、素晴らしい仕事のオファーを2つ同時に受けて、どちらの仕事を選ぶべきか困惑した。

正解 4

017
解説 記録的な猛暑における涼しい陽気といえば、respite（小休止）だ。特に困難な状況などが一時的に途絶えることをいう。「〜に一息つかせる」という意味の動詞としても使われる。

訳 昨日の涼しい陽気はこの夏の記録的な猛暑のよい小休止となった。しかし、今週このあとはまた暑さが戻る見込みだ。

正解 1

018
解説 最後の部分で、彼女が業界で孤立していることが述べられている。そこから、空欄にふさわしいのは「のけ者」を意味する pariah だと判断できる。類義語に outcast（追放された人、のけ者）がある。

訳 アメリア・ウェントワースは才能豊かな女優だと多くの人が認めているものの、態度が悪いと悪評があり、娯楽業界でのけ者にされている。監督の多くは彼女と仕事をすることを拒否している。

正解 1

019
解説 Aの2文目の「慈善活動のボランティアが必要だ」というセリフに、Bは「総会で告知しておく」と引き受けている。その際に行使されるのにふさわしいのは clout（影響力）。簡単に言い換えれば influence。

訳 A: ジム、地域に顔が利くところを見込んで頼みがあるんだ。慈善募金活動に何人かのボランティアが必要なんだよ。
B: 構わないよ、トム。今度の総会で告知しておくよ。

正解 1

020
解説 nudge は「（ひじで）軽くつつく；（ひじで）軽くつつくこと」という意味。日本語でも急かすことを「つつく」というが、英語でも同じように比喩的な意味でも使う。

訳 A: トミーはマーケティングプランを書き終わったのかな。
B: そうは思わないな。トミーと話して少しつついたほうがいいよ。僕らの今度のビジネスプランのプレゼンはたった2日後なんだから。

正解 4

語彙チェック

016
1 mystique 神秘的な雰囲気
2 volition 意志、意欲
3 novelty 新規性
4 quandary 困惑、苦境

017
1 respite （困難などの）一時的休止
2 proviso ただし書き、条件
3 morsel （食べ物の）ひと口分、一片
4 preoccupation 没頭、執着

018
1 pariah のけ者
2 mentor よき指導者、助言者
3 conformist 順応主義者
4 snitch 告げ口する人、密告者

019
1 clout 影響力、政治力
2 equilibrium 均衡、釣り合い
3 vestige 痕跡
4 fortitude （精神的な）強さ

020
1 epiphany 啓示、ひらめき
2 gadget （便利な）道具、装置
3 abstinence 節制、自制
4 nudge 軽くつつくこと

021 Peace activists called for a (　　) of the violence between the two nations, but unfortunately, the conflict showed no signs of ending anytime soon.

 1 naturalization   **2** cessation
 3 depiction   **4** proportion

022 The Southwestern Observer published a story about the actress saying that she was fighting a drug addiction. She claims that the accusations are false, however, and is suing the newspaper for (　　).

 1 libel   **2** brunt   **3** swarm   **4** ardor

023 The electronics company's CEO said that their new smartphone was the (　　) of modern technology. "It is the most advanced electronic device that has ever been sold," he said.

 1 pinnacle   **2** creed   **3** facet   **4** lineage

024 After their team lost the soccer match, a number of drunk fans went on a (　　) through the downtown district, smashing windows and starting fires.

 1 stack   **2** lesion   **3** rampage   **4** debris

025 Irene Whitehall's excellent performance in the hit movie is what finally made her popular among viewers, but she had already been winning (　　) for her work in independent films from long before that.

 1 vetoes   **2** accolades   **3** crunches   **4** widgets

021 **解説** but unfortunately（しかし、残念ながら）のあとには、平和活動家たちの要望とは逆の結果が示されていると予想できる。cessationは「休止」という意味で、動詞のcease（〜を休止する）から派生した名詞形。類義語のcease-fireは「休戦」、truceは「休戦、（苦痛などの）一時休止」、対義語のcontinuationは「継続」。

訳 平和活動家たちは二国間の暴力の**休止**を求めたが、残念なことに、その紛争は当分終わる気配はなかった。　　**正解　2**

022 **解説** libelは「文書による名誉棄損」を意味する。関連語としてslander「口頭での中傷、悪口」も覚えておこう。形容詞形はlibelous（名誉棄損の、中傷の）。

訳 サウスウェスタンオブザーバー紙は、その女優が麻薬中毒を克服しようとしているという記事を出した。しかし彼女はこの非難は事実無根だと主張し、その新聞を**名誉棄損**で訴えている。　　**正解　1**

023 **解説** pinnacleは「とがった峰、尖塔(せんとう)」のほか、経歴や物事の「全盛、絶頂」の意味で使われる。類義語のzenith、apexも併せて覚えておきたい。

訳 その電子機器メーカーのCEOは、自身の会社の新しいスマートフォンは現代技術の**頂点**だと語った。「これは史上最も進化した電子機器だ」と彼は言った。　　**正解　1**

024 **解説** smashing windows、starting firesという酔ったサッカーファンたちの具体的な行動から、正解はrampage（凶暴な行動）。go[be] on a/the rampageは「荒れ狂う[荒れ狂っている]」という意味になる。rampageには「暴れ回る」という自動詞の意味もある。形容詞形はrampantで「凶暴な、《病気・犯罪などが》はびこる」。

訳 たくさんの酔っ払ったファンたちは、サッカーの試合で応援していたチームが負けたあと、繁華街のあちこちで**凶暴な行動**を取り始め、窓を割ったり、火をつけたりした。　　**正解　3**

025 **解説** accolade（称賛）はpraise（称賛）やapplause（拍手かっさい、称賛）、commendation（推奨、称賛）の類義語だ。applaud（〜に拍手を送る、〜をほめたたえる）、extol（〜を激賞する）という動詞や、laudable（称賛に値する）という形容詞も併せて覚えておこう。

訳 アイリーン・ホワイトホールはそのヒット映画で好演し、それで彼女は映画ファンの人気を獲得したのだが、彼女はそのずっと前からインディーズ映画で活躍して**称賛**を得ていた。　　**正解　2**

語彙チェック

	1	2	3	4
021	naturalization 帰化	cessation 休止	depiction 描写、叙述	proportion 割合、比率
022	libel 名誉棄損	brunt （攻撃の）矛先、矢面	swarm 群れ	ardor 情熱、熱意
023	pinnacle （権力・名声などの）頂点、絶頂	creed 信条、主義	facet （物事の）面	lineage 系統、血統
024	stack 積み重ね	lesion 損傷、病気	rampage 凶暴な行動	debris がれき、残がい
025	veto 拒否権	accolade 称賛	crunch 不足、逼迫(ひっぱく)	widget 小さな装置

出題率 B

■ 過去問で正答として登場した名詞を問う問題を取り上げています。

026 The TV station was heavily criticized for broadcasting news stories that were based on (   ). Many of their reports were found to have no evidence at all.

    1 conjecture   **2** ditch   **3** omen   **4** absurdity

027 A: What was Dana's (   ) for dropping out of law school?
B: She told me that, being honest with herself, law is not something she'd like to make a career out of, after all.

    1 lurch   **2** decimation
    3 rationale   **4** condolence

028 A: Why did you choose to go into this line of work?
B: I was still young, and at that time I only cared about making a lot of money. In (   ), though, I should have chosen a career that interested me.

    1 hindsight   **2** tinge   **3** rancor   **4** tirade

029 The invading army started by attacking multiple villages near the southern borders of the country, causing a mass (   ) of people to the north.

    1 exodus   **2** deterrent   **3** regimen   **4** flak

030 A: Doctor, what's my husband's (   )? Is he going to be all right?
B: I think that he should be able to recover from this injury, but it will take many months of rehabilitation.

    1 clot   **2** discrepancy
    3 prognosis   **4** craze

Part 1 — 品詞別対策

026 解説 conjectureは「推測、憶測」という意味の名詞。con（共に）＋ject（投げる）からできた語で、「共に投げる」→「2つのものを比較する」→「（不確実な情報を基に）推測する、憶測する」という意味になった。

訳 そのテレビ局は憶測に基づくニュースを放送して激しい批判を浴びた。多くのレポートにはまったく証拠がないことがわかった。

正解 **1**

027 解説 rationaleは「（理論的）根拠」という意味の名詞。つづりの似たratio（比率）、rational（理性的な、合理的な）も同語源語で、「数える、考える」を意味するラテン語reriから派生した語。

訳 A: ダナがロースクールをやめた理由は何だったの？
B: 彼女が言うには、まじめに考えてみると、結局法律は生涯の仕事にしたいものではなかったんだって。

正解 **3**

028 解説 hindsightは単独では「あとになっての判断、あと知恵」という意味で、in hindsightで「あとになって考えてみると」という成句。in retrospectも同じ意味。hindsightの対義語はforesight（先見の明）。

訳 A: なぜこの仕事を選んだの？
B: まだ若かったから、そのころはたくさん稼ぐことしか考えていなかったんだ。でもあとから考えてみると、自分に興味のある仕事を選ぶべきだったね。

正解 **1**

029 解説 exodus（（人の）大移動、大量流出）は語源的にexit（出口）と関連がある。語頭のex-は「外へ」の意味で、exotic（外来の、異国風の）やexile（国外追放、亡命）などに見られる。なお、大文字で書き始めるExodusは旧約聖書の「出エジプト記」のことだ。

訳 侵攻軍はまず、その国の南部国境付近の多数の村を攻撃した。その結果、住民の大集団が北へと移動した。

正解 **1**

030 解説 prognosisは「病気の経過、予後」を意味し、形容詞形はprognostic（予後の）。同じ-gnosisの形をした医療関係の語にdiagnosis（診断）があり、これも覚えておきたい。形容詞形はdiagnostic（診断の）。

訳 A: 先生、夫の予後はどうですか。治るでしょうか。
B: このけがが治って健康が回復すると思います。でも、何か月もリハビリが必要です。

正解 **3**

語彙チェック

026
1 conjecture 推測、憶測
2 ditch 溝、用水路
3 omen 前兆
4 absurdity ばかげたこと[もの]

027
1 lurch （車などの）突然の揺れ
2 decimation 全滅
3 rationale 根拠
4 condolence 哀悼、悔やみ

028
1 hindsight あと知恵
2 tinge 色、色合い
3 rancor 憎しみ、悪意
4 tirade 非難演説

029
1 exodus 大移動、大量流出
2 deterrent 抑止力
3 regimen （食事・投薬などの）計画
4 flak 激しい非難

030
1 clot 塊
2 discrepancy 食い違い、相違
3 prognosis 病後の経過、予後
4 craze （一時的な）熱狂、大流行

031 After the writer wrote an article revealing the crimes of his nation's government, he fled to a neighboring country. He asked for (　　), as he could no longer return to his home country safely.

  1 abstention **2** debacle **3** asylum **4** decor

032 Greg found himself in quite a (　　) when his boss demanded that he work on Saturday. He was supposed to attend his son's baseball game.

  1 decorum **2** coup **3** predicament **4** pittance

033 A: What's that book you're reading?
B: It's actually an (　　) of the famous Wendy Warlock series. It's about one of the minor characters in that book.

  1 allure **2** offshoot **3** overhaul **4** infraction

034 Although Sterling was laid off, he felt no (　　) towards his former manager. He understood that the company simply could not afford to employ him anymore and that his manager had no choice.

  1 jostle **2** animosity **3** surveillance **4** calamity

035 The baseball team's best player was injured in a car accident on Monday, which lowered the (　　) of the team. Their chances of winning the championship game have dropped quite a bit.

  1 morale **2** elocution **3** trepidation **4** escapade

031

解説 asylumは「避難、亡命」のこと。political asylum（政治亡命）やbe granted asylum（亡命を認められる）というフレーズでよく使う。take sanctuary in（～に逃げ込む）という表現も覚えておこう。

訳 その文筆家は自国の政府の犯罪を暴露する記事を書いたあと、隣国に逃れた。彼は**亡命**を求めた。もはや祖国に無事に戻ることは不可能だったからだ。

正解 3

032

解説 息子の野球の試合に付き添う予定の土曜日に出社を命じられた状況は、英語ではpredicament（苦境、困った状況）と呼ばれる。類義語はdilemma。成句between a rock and a hard place（どうしようもなくて）も似た意味で使われるので覚えておこう。

訳 グレッグは上司から土曜日に働くように言われて非常に**困った**。彼は息子の野球の試合に付き添うことになっていたのだ。

正解 3

033

解説 shootに「《植物が》発芽する、伸びる」という意味があることを知っていると、offshootが「横枝、側枝」を表すことはイメージしやすいだろう。offshootにはさらに「派生したもの、副産物」という意味もあり、ここではその意味で使われている。

訳 A: 何の本、読んでるの？
B: 実は有名なウェンディ・ワーロックシリーズの**派生作品**なんだ。シリーズでは端役だった登場人物について書かれたものなんだ。

正解 2

034

解説 「解雇されたが（　）を感じていない」という文脈から、animosity（敵意、恨み）が正解だ。類義語hostility、grudge、対義語amicability（友好）も覚えておこう。

訳 解雇されたが、スターリングは以前の部長を**恨み**に思ってはいなかった。彼には、会社がこれ以上彼を雇用する余裕がなかったこと、部長に選択の余地はなかったことがわかっていた。

正解 2

035

解説 「（　）を下げた」の主語になっている関係代名詞のwhichは、コンマの前の文全体を指している。後半の文で、結果的に勝つ見込みが低くなったとあるので、正解はmorale（士気）。類義語のspirit(s)は「気概、気力」。ちなみに「モラルの低下」などという場合の「モラル（＝道徳、倫理性）」は英語ではmoralityという。

訳 その野球チームでいちばん上手な選手が月曜日に自動車事故でけがをし、そのせいでチームの**士気**が下がった。決勝戦で勝つ見込みはかなり低くなった。

正解 1

語彙チェック

031	1 abstention （投票を）棄権すること	2 debacle 総崩れ、崩壊	3 asylum 避難、亡命	4 decor 装飾（品）
032	1 decorum 礼儀正しい行動、上品さ	2 coup クーデター	3 predicament 苦境、困った状況	4 pittance 少量、少数
033	1 allure 魅力	2 offshoot 派生したもの	3 overhaul 分解修理、総点検	4 infraction （規則・法律の）違反、侵害
034	1 jostle 押し合い	2 animosity 敵意、恨み	3 surveillance 監視	4 calamity 不幸、災難
035	1 morale 士気	2 elocution 演説法、発声法	3 trepidation 恐怖、不安	4 escapade とっぴな行動、無茶な冒険

036 Takeshi's boss gave him an (　　), saying that he could either accept the transfer abroad or lose his job.

1 erudition　**2** entreaty　**3** ultimatum　**4** ambiguity

037 This Wednesday, the local school district will hold a (　　) on school uniform requirements. If it passes, then a new dress code will be introduced early next year.

1 governance　　　　**2** veracity
3 referendum　　　　**4** siphon

038 A: This morning I told Paula to clean her room, but she refused. I don't know what to do about that girl.
B: I think that it's common for teenagers to exhibit that sort of (　　). I'm sure that she'll grow out of it in time.

1 mutation　**2** felicity　**3** gimmick　**4** defiance

039 Hiking along the Cerulean River is popular among nature enthusiasts, particularly the 10-mile stretch that passes through the (　　).

1 gorge　　　　**2** premonition
3 inertia　　　　**4** catalyst

040 A: I saw a bunch of crows flying over my house this morning. I think it could be a bad (　　).
B: I doubt it. It's probably meaningless. Hey, it might even be good luck.

1 collation　**2** omen　**3** homage　**4** adjunct

036 **解説** タケシは上司に、海外転勤を承諾するか、会社を辞めるかの究極の二者選択を突きつけられている。ultimatum は「最後通告、最後通牒」（＝final offer/warning/chance）という意味の名詞で、複数形は ultimatums もしくは ultimata となる。同じ語根から派生した ultimate は「最後の、究極の」という意味の形容詞。

訳 タケシの上司は、海外転勤を受け入れるか、さもなければ失業するかのどちらかだと言って、彼に**最後通告**を与えた。

正解 3

037 **解説** 文脈から、服装規定を決めるための何かが行われることがわかる。正解は referendum（住民投票）だ。簡単に general vote と言い換えることもできる。

訳 今週水曜日、地元の学区では学校の制服の要件に関する**住民投票**が行われる。もし議案が通過すれば、来年初めに新しい服装規定が導入される。

正解 3

038 **解説** defiance（反抗的態度）は動詞 defy（〜を無視する、〜に反抗する）の名詞形だ。形容詞形は defiant（反抗的な）。意味的に関連性のある rebellion（反逆、反抗）と、その形容詞形 rebellious（反逆の、反抗的な）も併せて覚えておこう。

訳
A: けさ、ポーラに部屋を掃除するよう言ったのだけれど、やろうとしないのよ。あの子の扱いにはほとほと困っているの。
B: そんなふうに**反抗**してみせるのは10代の子にはよくあることだよ。もっと大きくなればきっとそういうことをしなくなるよ。

正解 4

039 **解説** gorge は両側が絶壁になっている「渓谷、峡谷」のことで、ravine も同じ意味。また、gorge は動詞として「《食べ物》を腹いっぱいに詰め込む」の意味でも用いる。

訳 セルーリアン川沿いのハイキングは自然愛好家に人気が高い。特に**渓谷**を通る10マイルのコースが人気だ。

正解 1

040 **解説** omen は good omen（よい前兆）、bad omen（悪い前兆）のようによい意味でも悪い意味でも使える。類義語に portent があるが、こちらはふつう悪いことの「前兆」を意味する。また、形容詞形の ominous は「不吉な」の意味だ。

訳
A: けさ、うちの上をカラスの群れが飛んでいたのよ。悪い**前兆**じゃないかしら。
B: そんなことないさ。なんの意味もないことだよ。ねえ、もしかしたら吉兆かもしれないよ。

正解 2

語彙チェック

036	1 erudition 博識	2 entreaty 懇願	3 ultimatum 最後通告	4 ambiguity 多義性、あいまいさ
037	1 governance 支配、統治	2 veracity 正直さ、真実性	3 referendum 住民投票	4 siphon サイフォン
038	1 mutation 突然変異	2 felicity 至福、幸運	3 gimmick 仕掛け、からくり	4 defiance （権威などに対する）反抗的態度
039	1 gorge 渓谷、峡谷	2 premonition 予感	3 inertia 不活発、緩慢	4 catalyst 触媒
040	1 collation 照合、対照（調査）	2 omen 前兆	3 homage 敬意	4 adjunct 非常勤職員

041 The international community warned the nation's leaders that there would be heavy economic (　　) for failure to withdraw from the military conflict.

　　1 reprisals　2 provisos　3 apexes　4 fringes

042 Liam has started being extra careful about his belongings, because of the (　　) of thefts that have occurred on the subway over the last few months.

　　1 dissonance　2 onus　3 spate　4 conveyance

043 Officials panicked last Thursday when a gorilla escaped from the zoo. Luckily, he hadn't gone too far, and they were able to find and capture him in the (　　) of the parking lot.

　　1 complacency　2 echelon
　　3 vicinity　4 rupture

044 The writing workshop had students from a wide variety of ages and professions, which made for an interesting (　　) of different viewpoints when discussing literature.

　　1 mosaic　2 scarcity　3 felicity　4 stigma

045 Melissa didn't like getting a lot of attention, so she wrote her novels under a (　　). None of her friends knew that she was a famous author.

　　1 pseudonym　2 pasture
　　3 repose　4 mirage

041 解説 reprisalは「(政治・軍事・経済上などの)報復」、また戦争にまでは至らない国際法上の「実力行使」という意味もある。類義語のretributionは悪事に対して公的な立場から与えられる「罰、報い」、revengeは個人的な恨みを晴らすための「復讐、報復」。

訳 国際社会は、軍事的衝突から撤退しなければ、重い経済的**報復**があると、その国の指導者たちに警告した。

正解 **1**

042 解説 spateは単独では「大量、多量」を意味するが、spate ofで「(短期間における)〜の多発」という意味になる。string ofと言っても同じ意味。

訳 この数か月、地下鉄で窃盗事件が**多発**したため、リアムは持ち物に特に注意するようになった。

正解 **3**

043 解説 he hadn't gone too farとあるので、空欄にはvicinity(付近、周辺)が入る。問題文のようにin the vicinity of(〜の付近で)の形で用いられることが多い。類義語はproximityで、場所、時間、関係などが「近いこと、接近」という意味。

訳 先週の木曜日、動物園からゴリラが逃げ出して職員たちはパニックになった。運よく、ゴリラはあまり遠くには行っていなかったので、職員たちはゴリラを発見し、駐車場の**付近**で捕獲することができた。

正解 **3**

044 解説 mosaicは「モザイク」のことだが、比喩的に「寄せ集め」の意味にもなる。mosaic of different culturesは「さまざまな文化が入り混じった状態」のことだ。smorgasbord(バイキング料理)も比喩的に「寄せ集め」の意味になる。smorgasbord of different languagesは「さまざまな言語が飛び交う状態」だ。

訳 その文芸創作研究会には幅広い年代や職業の受講者が集まっていて、文学について討論すると興味深い**さまざま**な異なる見解が出た。

正解 **1**

045 解説 pseudonymはpseudo(偽の)＋onym(名前)からできた語。pseudoは、pseudo-scientist(偽科学者)のように後ろに名詞をつければ「偽の〜」という意味を作ることができる。初めのpは発音しない。synonym(同義語)、anonymous(匿名の)のように語根onymを使った語も多い。

訳 メリッサは注目を集めるのが好きではなかった。そこで彼女は小説を**ペンネーム**で書いた。友人の誰一人として、彼女が有名な作家であることを知らなかった。

正解 **1**

語彙チェック

041 1 reprisal 報復 / 2 proviso ただし書き、条件 / 3 apex 頂点、絶頂 / 4 fringe へり、ふち

042 1 dissonance (言行の)不一致 / 2 onus 重荷、責任 / 3 spate 多数、続発 / 4 conveyance 輸送

043 1 complacency 自己満足、ひとりよがり / 2 echelon (組織の)段階、階層 / 3 vicinity 付近 / 4 rupture 破裂

044 1 mosaic 寄せ集め / 2 scarcity 不足、欠乏 / 3 felicity 至福、幸運 / 4 stigma 汚名、不名誉

045 1 pseudonym ペンネーム、筆名 / 2 pasture 牧草地、放牧場 / 3 repose 落ち着き、平静 / 4 mirage 蜃気楼、幻想

出題率 B

046 The city was heavily damaged from the bombs dropped by the enemy planes, and rescue workers spent days looking for survivors among the (　　) of fallen buildings.

　　1 rubble　　2 garnish　　3 malice　　4 spoof

047 A cruise company has begun organizing trips to the (　　), including a two-week option where guests can visit all of its 22 islands.

　　1 onslaught　　　　2 archipelago
　　3 aberration　　　　4 sham

048 At first, Jane blamed her children for breaking her antique vase. It turned out, however, that their cat was the real (　　). It had knocked over the vase earlier that afternoon.

　　1 defector　　2 outcast　　3 warden　　4 culprit

049 The country has been in a state of political (　　) for the last ten years now. In that short time, they have had over 15 different leaders and five bloody revolutions.

　　1 exorcism　　2 turmoil　　3 addendum　　4 sustenance

050 In (　　), I probably should have finished college, but at the time all I could think about was traveling the world and meeting new people.

　　1 thrift　　2 affability　　3 dud　　4 retrospect

046 **解説** rubble（がれき）は a pile of rubble（がれきの山）というフレーズで覚えておこう。「がれき、破片」を意味する語はほかに debris がある。be injured by flying debris（飛んできた破片に当たってけがをする）のように使う。

訳 その町は敵機の爆撃で甚大な被害を受けた。救助隊員は何日もかけて倒壊した建物のがれきの下から生存者を探した。　　　　　　　　　　　　　　　　　　　　正解　**1**

047 **解説** archipelago は「群島（＝ group of islands）、諸島（＝ island chain、chain of islands）」。文の後半では its 22 islands と言い換えられている。isle と islet は、island よりももっと小さな島のことを指し、isle はほとんど固有名詞の一部としてのみ用いられる。

訳 クルージング会社がその諸島への旅行を企画し始め、参加者が諸島全22島を巡ることができる2週間のオプションもあった。　　　　　　　　　　　　　　　　　　正解　**2**

048 **解説** 花瓶を割ったのは子供たちではなく猫だったという文脈から、空欄には culprit（犯人、容疑者）が入る。real culprit で「真犯人」。類義語の「犯罪者」は criminal、「容疑者」は suspect。形容詞形は culpable で「《人・行為が》非難される」（＝ blameworthy）。

訳 当初、ジェーンはアンティークの花瓶を壊したのは子供たちだと思った。しかし、飼い猫が真犯人だったことが判明した。猫が午後の早い時間にその花瓶を倒したのだった。
　　　　　　　　　　　　　　　　　　　　　　　　　　　　　　　　　　　　正解　**4**

049 **解説** 10年の間に指導者が15人入れ替わり、5回の革命が起きるというのは turmoil（混乱）の状態であると言える。類義語として chaos、ferment、対義語として stability（安定）を併せて覚えておこう。

訳 その国はこの10年間政治的な混乱状態にある。この短い期間に15人を超える指導者が現れ、5回の血塗られた革命が起こった。　　　　　　　　　　　　　　　　　正解　**2**

050 **解説** retrospect は retro-（後方に、振り返って）＋ spect（見る）からできた語で、単独では「回想」という意味だが、in retrospect で「今にして思えば」という意味の成句。形容詞形の retrospective（回顧的な）も併せて覚えておこう。

訳 今にして思えば、おそらく大学を出ておくべきだったのだろうが、当時は世界を旅行し、新しい人々と出会うことしか考えられなかった。　　　　　　　　　　　　　正解　**4**

語彙チェック

046	1 rubble がれき、破片	2 garnish 装飾	3 malice 悪意、敵意	4 spoof パロディー、もじり
047	1 onslaught 猛攻撃	2 archipelago 群島、諸島	3 aberration 異常、逸脱	4 sham ごまかし、でっち上げ
048	1 defector 亡命者、離脱者	2 outcast （社会から）追放された人	3 warden 監視人、管理人	4 culprit 犯人、容疑者
049	1 exorcism 悪魔払い(の儀式)	2 turmoil 騒動、混乱	3 addendum 追加物、(本の)補遺	4 sustenance 食べ物、滋養物
050	1 thrift 倹約	2 affability 気さくさ	3 dud 偽物、偽造品	4 retrospect 回想

051 As a child, Melanie's parents taught her that she should always show (　　) to her elders, so she did not hesitate to offer her seat to the old woman.

 1 adjournment **2** deference
 3 indemnity **4** travesty

052 A: It's so rude of you to say that my cat is fat.
B: I'm sorry, I didn't mean to upset you. I only said it in (　　).

 1 affliction **2** fidelity **3** parity **4** jest

053 A: Did you do okay on your real estate exam?
B: Yeah, it was a (　　). I got a 98% on it.

 1 dissertation **2** cinch
 3 calibration **4** plateau

054 A: Do they pay you a good salary?
B: Not really. The (　　) are fantastic, though. I get to use a company car, and they provide me with really great health insurance.

 1 delusions **2** gripes **3** perks **4** forays

055 This island's beautiful beaches make it a major tourist (　　). Just last year, the island had over 10 million visitors from overseas.

 1 hub **2** conscription
 3 mandate **4** twitch

Part 1 — 品詞別対策

051 **解説** deferenceは「敬意、尊敬」という意味。「(人や意見などへの)服従」という意味もある。問題文のようにshow/pay deference to (〜に敬意を表する)の形や、in deference to (〜を尊重して)の形でよく用いられる。with all due deference to youは反論するときの言い回しで「お言葉ですが」。

訳 子供のころ、メラニーの両親は年上の人に対して常に敬意を示すように教えたので、彼女は年配の女性に席を譲ることをためらわなかった。

正解 **2**

052 **解説** jestは単独では「ふざけ、冗談」という意味だが、in jestで「ふざけて、冗談で」という意味の成句。簡単にas a jokeと言い換えることができる。派生語のjesterは「冗談をよく言う人」。

訳 A: うちの猫を太ってるって言うなんてひどいわ。
B: ごめん、怒らせるつもりはなかったんだ。ほんの冗談だったんだよ。

正解 **4**

053 **解説** Bの最後のセリフに「98点とった」とあるので、試験は簡単だったとわかる。正解はcinch (たやすいこと、楽勝)だ。類義表現のpiece of cakeも併せて覚えておこう。

訳 A: 不動産の試験はうまくいった?
B: うん、楽勝だったよ。98点とった。

正解 **2**

054 **解説** perk (特典)はperquisiteと同じ意味だ。語源は別だがperkは動詞にもなり、perk up (元気を取り戻す、〜を活気づける)の形で使う。形容詞perkyは「元気のよい」の意味だ。

訳 A: 会社の給料はいいのかい?
B: そうでもないわ。でも、社員特典が素晴らしいの。会社の車を使わせてもらえるし、すごくいい健康保険を提供してくれるのよ。

正解 **3**

055 **解説** hubは元来、プロペラや車輪などの中心にあって羽などをはめる部分のことで、転じて「(活動・権威などの)中心、中枢、拠点」という意味で用いられる。類義語にはcenter、heart、core (核)などがある。

訳 この島の美しい浜辺は、島を観光の一大中心地にした。昨年だけでも、この島には海外から1000万人以上の人々が訪れた。

正解 **1**

語彙チェック

	1	2	3	4
051	adjournment 延期、休会	deference 敬意、服従	indemnity 賠償(金)、補償(金)	travesty 曲解、こじつけ
052	affliction 苦痛	fidelity 忠誠、忠実	parity 同等、同額	jest 冗談
053	dissertation (学位)論文	cinch たやすいこと	calibration 目盛り測定、較正	plateau 高原、台地
054	delusion 妄想、思い違い	gripe 不平、愚痴	perk 特典	foray 襲撃、急襲
055	hub (活動・権威などの)中心、中枢	conscription 徴兵(制度)	mandate 命令	twitch けいれん

056 Emma was crying as she apologized, but her father wasn't sure if her tears were a sign of true (   ) or just an act.

　1 contrition　　　　　**2** dispensation
　3 sanction　　　　　　**4** fortification

057 A: Do you play any instruments?
B: No, I don't. I tried learning guitar once, but I was really bad at it. I think I just don't have any (   ) for musical instruments.

　1 discord　　**2** pallor　　**3** aptitude　　**4** effigy

058 In his speech the CEO said, "Intelligence is useful, but hard work and persistence are the only true (   ) for success in this world."

　1 pretexts　　**2** ledgers　　**3** requisites　　**4** façades

059 The spy was nearly captured while on his (   ) mission. He escaped, but unfortunately he wasn't able to learn anything of value about the enemy.

　1 grit　　　　　　**2** reconnaissance
　3 prodigy　　　　**4** pandemonium

060 As a child, Ted dreamed of running in the Olympics one day. However, that dream never came to (   ), as he suffered a serious knee injury in college.

　1 satire　　**2** fruition　　**3** multitude　　**4** prevarication

Part 1 — 品詞別対策

056 **解説** 「謝る」という状況から、空欄にふさわしい選択肢はcontrition（悔恨）だと判断できる。形容詞形のcontrite（悔恨の）、および類義語のremorse（悔恨、自責の念）も併せて覚えておこう。

訳 エマは泣いて謝ったが、父親はその涙が本当の**悔恨**を表すのかただのふりに過ぎないのか、よくわからなかった。

正解　**1**

057 **解説** aptitudeは「素質、才能」を意味し、talentの類義語だ。aptitude testは「適性検査」。形容詞形のaptには「～しがちな」のほかに「ふさわしい、適切な」の意味がある。副詞aptlyは「適切に」。

訳 A: 何か楽器はやりますか。
B: いいえ。以前ギターを覚えようとしましたが、下手でした。私には楽器の**才能**は全然ないみたいです。

正解　**3**

058 **解説** requisiteは複数形で「必要条件」を表す。requirementも同じ意味。requisiteには「必要不可欠な」という意味の形容詞の使い方もある。require（～を要求する）、request（～を要求する）、requisition（要求）など、すべて同語源語。

訳 スピーチの中でCEOは言った。「知性は有益です。しかし勤勉さと粘り強さだけが、この世界で成功するための真の**必要条件**なのです。」

正解　**3**

059 **解説** スパイの任務として適切なのはreconnaissance（偵察）。recognize（～を認識する）と同語源語で、話し言葉ではreconと略すこともある。類義語scoutingも併せて覚えておこう。

訳 スパイは**偵察**の任務を遂行中、危うく捕まりそうになった。彼は逃れたが、残念ながら敵に関して何も価値のある情報を得ることはできなかった。

正解　**2**

060 **解説** fruitと言えば「果実」だが、「実を結ぶ」という動詞の意味もあり、名詞形のfruitionは「（夢などの）達成、実現」を意味する。同語源語のfruitfulは「実りの多い、有益な」、fruitlessは「実りのない、無益な」という意味。

訳 子供のころ、テッドは将来オリンピックで走ることを夢見ていた。しかし大学でひざに大けがをしたため、その夢は**実現**することはなかった。

正解　**2**

語彙チェック

	1	2	3	4
056	contrition 悔恨	dispensation （罰・義務などの）適用免除	sanction 制裁措置	fortification 要塞化
057	discord 不一致、不和	pallor 青白いこと、蒼白	aptitude 素質、能力	effigy 肖像、彫像
058	pretext 口実、言い逃れ	ledger 元帳	requisite 必要条件	façade うわべ、見せかけ
059	grit 砂粒	reconnaissance 偵察	prodigy 天才	pandemonium 地獄、修羅場
060	satire 風刺(文)	fruition 達成、実現	multitude 多数	prevarication 言い逃れ

061
Alvin caused (　　) among his business partners when he suddenly started talking about changing their quiet café into a nightclub.

1 equity　　　　　　　2 platitude
3 consternation　　　4 validation

062
The 35-year-old actress, who was quite famous as a child, has seen a (　　) in popularity with this new movie.

1 resurgence　　　2 lassitude
3 servitude　　　　4 semblance

063
A: I told my brother that he should invest in my friend's company, but he said that it's too risky.
B: To be honest, I agree with him. I try to exercise (　　) with my finances, too.

1 onrush　　2 deity　　3 prudence　　4 stopgap

064
At Irene Roberts' memorial service, her friends and family told stories about her (　　) for life. They talked about her adventures traveling, her volunteer work, and the general enthusiasm that she put into each and every day.

1 zest　　2 pretense　　3 credulity　　4 frazzle

065
They told the young gang member that he would be given (　　) from prosecution if he aided the police in their investigation of the gang's activities.

1 guise　　2 immunity　　3 duplicity　　4 fervor

Part 1 —— 品詞別対策

061
解説 静かなカフェからナイトクラブへの大幅な変更について突然話し始めたという状況が述べられている。consternationは「非常な驚き、狼狽」という意味の名詞。動詞形のconsternate(～を非常に驚かせる)は通常、受動態で用いられる。類義語にはdismay(うろたえ、狼狽)がある。

訳 アルヴィンは、突然、彼らの静かなカフェをナイトクラブに変えることについて話し始めて、彼のビジネスパートナーたちの間に**非常な驚き**を起こした。

正解 3

062
解説 surge((波の)高まり、うねり;急に高まる)という語を知っていれば、「再び」を意味する接頭辞re-のついたresurgenceが「復活、再起」を意味することは推測しやすいだろう。同語源のinsurgence(反乱)も併せて覚えておこう。

訳 その35歳の女優は、子供時代にとても有名だったが、今度の新しい映画で人気が**復活**した。

正解 1

063
解説 Aの友人の会社への投資をtoo riskyだと言う兄と、Bは同意見だと言っているので、空欄にはprudence(用心深さ、慎重さ)が適切。prudenceは「慎重な」という意味の形容詞prudentの名詞形。反対に「向こう見ずな」はreckless、「無謀さ」はrecklessness。

訳 A: 兄に、友人の会社に投資するべきだと言ったのだけど、リスクが高すぎると言われたよ。
B: 正直に言うと、彼と同じ意見だよ。僕も資産管理は**慎重**に行おうと思っているから。

正解 3

064
解説 後半のthe general enthusiasmから、似た意味の名詞zest(熱意、情熱)を入れると文意が通る。zestには「生気、活力」の意味もあり、この意味ではvigor(活力)も類義語。反対にapathyは「無気力、無関心、無感情」。

訳 アイリーン・ロバーツの告別式で、彼女の友人と家族は、人生に対する彼女の**熱意**についての話をした。彼らは、彼女の冒険旅行やボランティア活動、そして一日一日に注いでいた情熱について話した。

正解 1

065
解説 形容詞immuneは医学用語として「免疫のある」を意味するほか、「(義務などを)免れた」の意味でも使う。immunityはその名詞形で、「免疫」、「免責、免除」を表す。類義語のexemption(免除)もtax exemption(税の免除、免税)の形で覚えておこう。

訳 彼らはその若手の暴力団員に、警察による暴力団の活動捜査に協力すれば、訴追を**免除**すると伝えた。

正解 2

語彙チェック

	1	2	3	4
061	equity 財産物件の純粋価格	platitude 陳腐な言葉、決まり文句	consternation 非常な驚き、狼狽	validation 検証、妥当性の確認
062	resurgence 復活、再起	lassitude 無気力、倦怠	servitude 隷属、服従	semblance うわべ、外見
063	onrush 突進、突撃	deity 神、女神	prudence 用心深さ、慎重さ	stopgap 一時しのぎ
064	zest 熱意	pretense 見せかけ	credulity 信じやすい性質	frazzle 完全燃焼した状態
065	guise (ごまかすために装った)外観	immunity 免責	duplicity 二枚舌、不誠実	fervor 熱情、白熱

066 The teacher went out of his classroom to see what all the (　　) was about, and he found two students fighting, their classmates crowded around them shouting.

    1 commotion   **2** annotation
    3 renunciation   **4** dissertation

067 A: I'm feeling much better now, Coach Wallace. Can't I just go home?
B: I'm sorry, Billy, but anytime a player loses consciousness, (　　) states that I must take them to the nearest hospital.

    1 brevity   **2** vogue   **3** blemish   **4** protocol

068 Rats living in the city rely on their (　　) in order to survive. If they don't take their food quietly, without being noticed, then it could mean the end of their lives.

    1 censure   **2** outburst   **3** stealth   **4** caricature

069 After moving to Louisiana, Marcus said that mosquitoes were the (　　) of his life. He got bitten multiple times per day, and his skin was always itchy and irritated.

    1 dissension   **2** trace   **3** ambush   **4** bane

070 When the soldier showed up late for training, his commanding officer gave him an official (　　), reminding him that punctuality was of the utmost importance.

    1 severity   **2** tally   **3** reprimand   **4** onrush

066 解説　and he found 以下のけんかの様子を考えてみよう。空欄にふさわしい選択肢は「騒動、暴動」を意味する commotion だ。-motion の部分は「動き」の意味の motion だ。激しく動いている状態をイメージして commotion の意味を覚えよう。類義語に ruckus（大騒ぎ、騒動）がある。

訳　その教師は教室の外に出て、この**騒ぎ**はいったい何事なのか確かめた。すると2人の生徒がけんかをしていて、クラスメートたちが2人を取り囲んで大声を上げていた。　正解　**1**

067 解説　anytime は接続詞的に「～するときはいつでも」という意味を表す。protocol は「規約、規定」という意味で、protocol states ... で「規定には～とある」という意味。類義語 regulations も併せて覚えておこう。

訳　A: ウォレスコーチ、もうずいぶん気分がよくなりました。帰宅してはいけませんか。
　　B: ビリー、残念だが、選手が意識を失った場合は、いちばん近くの病院に連れて行かなければならないというのが**決まり**なんだ。　正解　**4**

068 解説　steal（～を盗む）の名詞形が stealth（こっそり行うこと）だ。敵のレーダーに探知されにくい構造の戦闘機を stealth aircraft（ステルス機）と呼ぶ。形容詞形は stealthy（内密の）。

訳　都会のねずみは生き延びていくために**こっそりと行動**する。気づかれないように静かに食料を得ることができなければ命取りになる。　正解　**3**

069 解説　bane は本来「破滅、死、それらのもととなるもの」という深刻な意味の単語だが、日常的には誇張表現としてもっと軽い文脈で「災難のもと、悩みの種」の意味で使われる。curse（災いのもと）も同じような意味で使われる。

訳　ルイジアナに引っ越してからは蚊が生活の**悩みの種**だとマーカスは言った。彼は日に何度も刺され、皮膚はいつもかゆくてひりひりしていた。　正解　**4**

070 解説　reprimand は「（公式の厳しい）叱責」で、「～を叱責する」という意味の動詞としてもよく用いられる。admonition は「（穏やかな）訓戒、忠告」。対義的な意味の compliment（賛辞、ほめ言葉）も重要なので覚えておこう。

訳　その兵士が訓練に遅刻すると、指揮官は彼を正式な**懲戒処分**に処し、時間厳守が最重要事項だと彼に注意した。　正解　**3**

語彙チェック

	1	2	3	4
066	commotion 騒動、暴動	annotation 注釈	renunciation 放棄、断念	dissertation （学位）論文
067	brevity 簡潔さ	vogue （一時的な）流行、はやり	blemish 傷、欠点	protocol 規約、規定
068	censure （公式の）非難	outburst （感情の）爆発	stealth こっそり行うこと	caricature 風刺画
069	dissension 不和	trace 足跡、形跡	ambush 待ち伏せ	bane 災難のもと、悩みの種
070	severity 厳格、激烈	tally 勘定、計算	reprimand 叱責、懲戒	onrush 突進、突撃

071 A ( ) of fans was waiting outside of the concert hall, and the famous singer had to be escorted to her limousine by no less than five security guards.

    1 cove   **2** throng   **3** creed   **4** swamp

072 Wendy has been an ( ) from a young age. As a child, she used to start conversations with strangers just about everywhere her family took her.

    1 incumbent **2** autocrat **3** exponent **4** extrovert

073 It started as a small electrical fire. Unfortunately, it grew into a massive ( ) that burned down nearly a hundred buildings.

    1 levity **2** tenet **3** conflagration **4** anonymity

074 A: Are you okay, Rhonda? You look a bit tired.
B: Yeah, I'm fine. I've just been busy getting set up in my new place. Moving is such a ( ).

    1 hassle **2** mirage **3** larceny **4** rapture

075 After having her wisdom teeth removed, the dentist warned Eliza that her mouth would probably begin hurting once the ( ) wore off.

    1 anesthetic **2** specter **3** amity **4** proponent

Part 1 — 品詞別対策

071 解説 5人ものガードマンに護衛されなければならなかったのは、ファンが多数詰めかけていたからだと考えられる。空欄に入るのは「群衆、群れ」を意味する throng だ。類義語 drove も併せて覚えておこう。

訳 コンサートホールの外には**大勢**のファンが待ち構えていたので、その有名な歌手は5人ものガードマンに護衛されてリムジンまで行かなければならなかった。

正解 **2**

072 解説 2文目から、ウェンディは子供のころから「外向的な人」だったと考えられる。「外向きの」を意味する接頭辞 extro- がついているので、extrovert（外向的な人）を選ぶのは比較的容易だろう。対義語は introvert（内向的な人）だ。

訳 ウェンディは幼いころから**外向的**だった。子供のとき、彼女は家族にどこに連れて行かれても周りの人と会話を始めたものだった。

正解 **4**

073 解説 空欄に入るのは small fire（小さな火事）に対比される語だとわかる。正解は conflagration（大火事）だ。この語は massive conflagration の形でよく使われる。類義語の inferno（大火）も覚えておこう。

訳 最初は漏電による小さな火災だった。それが不運にも**大火災**になり、100棟近くの建物が焼け落ちた。

正解 **3**

074 解説 ロンダは引っ越しで忙しかったと述べていて、この状況を表す語が空欄に入る。正解は hassle（煩わしいこと、困難）だ。hassle は動詞として「〜を悩ます」の意味でも使うので、覚えておこう。

訳 A: だいじょうぶ、ロンダ？ ちょっと疲れているみたいよ。
B: ええ、だいじょうぶよ。新居を整えるのに忙しかったものだから。引っ越しはとても**面倒**ね。

正解 **1**

075 解説 anesthetic は「麻酔（剤）」。形容詞で「麻酔の、無感覚の」という意味もある。派生語の anesthesia は「麻酔、感覚麻痺」、anesthesiologist は「麻酔医」という意味の名詞。「全身［局所］麻酔」は general [local] anesthesia という。

訳 親知らずを抜いたあと、歯科医はイライザに**麻酔**が切れたらおそらく口の中が痛み出すだろうと言った。

正解 **1**

語彙チェック

071
1 cove （小さな）湾、入り江
2 throng 群衆
3 creed 信条、主義
4 swamp 沼地

072
1 incumbent 現職者、在任者
2 autocrat 独裁者
3 exponent （主義などの）主唱者
4 extrovert 外向性の人、社交的な人

073
1 levity 軽さ、軽率さ
2 tenet 主義、教義
3 conflagration 大火事
4 anonymity 匿名

074
1 hassle 煩わしいこと
2 mirage 蜃気楼、幻想
3 larceny 窃盗（罪）
4 rapture 歓喜、狂喜

075
1 anesthetic 麻酔（剤）
2 specter 不安、恐怖
3 amity 友好、親善
4 proponent 支持者、擁護者

076 A: I can't believe that I forgot to watch the new episode of Science Explorer last night.
B: You didn't miss anything. It was just a (　　) of past episodes.

1 decadence　2 tyranny　3 retort　4 rehash

077 Experts suggest that some countries are likely to consider peace treaty disadvantageous to their political goals, which could prevent its (　　).

1 attrition　2 apparition　3 revelation　4 ratification

078 The nation has an extremely controlling government, and citizens who do not pledge their (　　) to the ruling party are sometimes arrested.

1 allegiance　2 velocity　3 suffrage　4 buffer

079 With many differing positions on how to deal with the threat of a military conflict, the political party split into a variety of (　　), making it difficult for them to make big decisions effectively.

1 stakes　2 sanctuaries　3 shrugs　4 factions

080 Everyone in the sales team was shocked when the new representative had the (　　) to blame their manager instead of acknowledging his own mistake.

1 spillage　2 gristle　3 audacity　4 clamor

076

解説 rehashは「焼き直し、二番煎じ」という意味。「〜を細かく切り刻む」という意味の動詞hashには、名詞で「残り物の牛肉や野菜を細かく切っていためたり、煮込んだりしたもの」という意味もあり、これに繰り返しを表す接頭辞のre-がついてできた語。

訳 A: 昨日の夜のサイエンス・エクスプローラーの最新回を見忘れたなんて信じられないわ。
B: 君は何も見逃してなんかいないよ。昨日のは、これまでの回の**焼き直し**でしかなかったから。

正解 4

077

解説 自国の政治的目標に不利だと考える国が妨げると考えられるのは、条約のratification（批准）だ。この文脈ではacceptance、approvalなどと言い換えることもできる。動詞形ratify（〜を批准する）も併せて覚えておこう。

訳 専門家たちによれば、平和条約が自国の政治的目標にとって不利だと考える傾向の国があり、そのことが条約の**批准**を妨げている可能性がある。

正解 4

078

解説 allegiance（忠誠）は、国家や君主などに対する封建的な「忠誠」のほか、党派や主義、指導者などを支持する義務をも含む語。類義語にはloyalty、fidelityがある。形容詞形のallegiantは「（〜に）忠実な」という意味で、「忠実な追随者」という名詞の意味もある。

訳 その国家には極めて支配的な政府があり、与党への**忠誠**を誓わない国民は逮捕されることもある。

正解 1

079

解説 「政党が（　）に分裂する」という文脈に適切な選択肢はfaction（派閥）に限定できる。形容詞factionalは「派閥の」、factiousは「派閥的な、派閥争いの好きな」、名詞factionalismは「派閥主義」の意味だ。

訳 軍事衝突のおそれにどう対処するかについて異なる見解が多数あったため、その政党は多くの**派閥**に分裂し、重要な決定を有効に下すのが困難になった。

正解 4

080

解説 audacityは「厚かましさ」。have the audacity to do（厚かましくも〜する）というフレーズで覚えておこう。have the nerve to doもほぼ同じ意味になる。形容詞形はaudacious（ずうずうしい、大胆な）。

訳 その新人の営業部員は**厚かましく**も自分の失敗を認めずに部長を非難したので、営業部のメンバーはひどくあきれた。

正解 3

語彙チェック

	1	2	3	4
076	decadence 堕落、退廃	tyranny 専制政治、暴政	retort 言い返すこと	rehash 焼き直し
077	attrition 自然減	apparition 幽霊、幻影	revelation 明らかになること、暴露	ratification 批准、承認
078	allegiance 忠誠	velocity 速度	suffrage 投票権、参政権	buffer 緩衝
079	stake くい	sanctuary 鳥獣保護区域	shrug 肩をすくめること	faction 派閥
080	spillage こぼすこと、こぼれること	gristle 軟骨、すじ	audacity 厚かましさ、大胆さ	clamor 騒がしい音

081
A: I didn't know your brother liked wine.
B: Are you kidding? He's a (　　). He can tell you a whole bunch of things about a wine just by taking one sip of it.

1 luminary　　2 connoisseur
3 pushover　　4 hermit

082 After the crisis, the government declared a (　　) on nuclear power. Power plants across the country would be shut down until more reliable safeguards could be developed.

1 stowage　　2 clique　　3 moratorium　　4 snare

083 A disagreement about how to handle their joint business caused a (　　) between the two, and their friendship never recovered from it.

1 faculty　　2 virulence　　3 gravity　　4 rift

084
A: Hey, have you seen what they're saying on the news about Saving Our Kids?
B: Yeah, that's really horrible. All these years they've been taking charitable donations, but really it was all just a (　　).

1 clemency　　2 perforation　　3 melancholy　　4 scam

085
A: Tom seemed really angry at me for breaking his pen. Do you think he'll forgive me?
B: Don't worry about it. Tom wouldn't hold a (　　) over something so small.

1 surrogate　　2 protrusion　　3 grudge　　4 disdain

081
解説 connoisseur（鑑定家、目利き）は、フランス語の「知っている」という意味の動詞から派生した語で、特に芸術やワイン、食べ物に関してよく使われる。対義語のnovice（初心者）も併せて覚えておこう。

訳
A: 君のお兄さんがワイン好きだったなんて知らなかったよ。
B: 冗談でしょ？ 彼は**通**よ。一口飲んだだけで、そのワインについてとてもたくさんのことがわかるんだから。

正解 2

082
解説 until 以下で示された条件が整うまでいったん閉鎖されるとあるので、「一時停止（措置）」という意味のmoratoriumが適切。moratoriumにはほかに、「支払猶予（期間）」という意味もある。類義語のsuspension（一時停止）も併せて覚えよう。

訳 その危機的状況のあと、政府は原子力の**一時停止**を宣言した。国内の発電所は、より信頼できる防護対策が開発されるまで閉鎖される。

正解 3

083
解説 rift はもともと「（地面などの）亀裂」を意味したが、そこから比喩的に「（友情などの）亀裂、仲たがい」を意味するようになった。類義語のgap、discord、対義語のbond（きずな）も併せて覚えておこう。

訳 共同事業の運営方法に関する意見の相違がもとで、両者の間に**亀裂**が生じた。そしてその後、彼らの友情が戻ることはなかった。

正解 4

084
解説 文脈から、空欄には「詐欺」に類する語が入ると判断できる。正解はscam（詐欺、ぺてん）。scamには「詐欺を働く、〜を詐取する」という意味の動詞の使い方もある。

訳
A: ねえ、Saving Our Kids（子供たちを救う）についてのニュースで言ってること、見た?
B: ああ、本当にひどいね。ここ数年慈善募金活動をやってたけど、実際はまったくの**詐欺**だったんだ。

正解 4

085
解説 grudgeはここでは名詞で「恨み、悪意」という意味。have/hold a grudge overで「〜について恨みを持つ」。類義語はill will（悪意）、resentment（憤慨、恨み）。grudgeには動詞で「〜を出し惜しむ」、「〜をねたむ」という意味もある。

訳
A: トムは、私が彼のペンを壊してしまって、本当に怒っているように見えたわ。私のこと、許してくれると思う?
B: 心配しないで。トムはそんな些細なことで**恨み**を持ったりしないよ。

正解 3

語彙チェック

081	1 luminary 優れた人、有名人	2 connoisseur 鑑定家、目利き	3 pushover 簡単なこと、だまされやすい人	4 hermit 世捨て人、隠遁者
082	1 stowage 積み込むスペース	2 clique 徒党、派閥	3 moratorium 一時停止（措置）	4 snare 誘惑、わな
083	1 faculty （大学の）学部、教職員	2 virulence 毒性、有毒	3 gravity 重力	4 rift 仲たがい、亀裂
084	1 clemency 寛大な措置	2 perforation ミシン目	3 melancholy 憂うつ	4 scam 詐欺、ぺてん
085	1 surrogate 代理人	2 protrusion 突起（部）	3 grudge 恨み、悪意	4 disdain 軽蔑、見下すこと

出題率 B

086 Ryan lost everything when his business failed. He even lost his house, because he put it up as (　　) when he applied for his business loan.

  1 impulse 2 mishap 3 precinct 4 collateral

087 The Smith family's Christmas dinner turned out to be a (　　). Randy almost set the house on fire trying to roast the turkey, his wife got drunk and fell asleep at 3 p.m., and the whole family ended up ordering pizza.

  1 bout 2 perjury 3 fiasco 4 dogma

088 Due to recent advances in oil drilling technology, we are now seeing a (　　) of oil supply, and it is causing prices to drop substantially.

  1 grind 2 glitch 3 grace 4 glut

089 Here at Eagle Eye Construction, Tony is in charge of the (　　) of building materials. This mostly involves negotiating with representatives from steel manufacturing companies to get us good prices.

  1 epoch 2 truancy 3 romp 4 procurement

090 The jazz song, which incorporated the use of electric guitars, is considered to be an important (　　) to rock and roll, which would grow in popularity in the decades to follow.

  1 precursor 2 posture 3 tantrum 4 endowment

086 **解説** becauseで続く節に空欄があるので、事業に失敗して家を失ったのはなぜかを考える。collateralは「担保」。put up as collateralで「〜を担保とする」という意味になる。collateral damageは、軍事行動による民間人の「巻き添え被害」。

訳 ライアンはビジネスが失敗したときにすべてを失った。ビジネスローンを申し込んだときに担保としていたので、家さえも失った。 **正解 4**

087 **解説** fiasco(大失敗)はcomplete fiasco(完全な失敗)というフレーズで覚えておこう。「失敗」に関連する次の語も覚えておきたい。debacle(大敗北、大失敗)、blunder(大失敗)、washout(大失敗)、goof(へま)、flop((映画などの)失敗、失敗作)。

訳 スミス家のクリスマスディナーは惨憺(さんたん)たる結果となった。ランディーは七面鳥を焼こうとして危うく火事になるところだったし、奥さんは酔っぱらって午後3時に寝てしまう始末で、結局一家はピザを注文するはめになった。 **正解 3**

088 **解説** glut(供給過剰)という語はoil glut(石油の供給過剰)のフレーズで覚えておこう。同語源語にglutton(大食家)、gluttony(大食)、gluttonous(大食の)がある。また、voracious(大食の)、ravenous(非常に飢えた)という形容詞も覚えておきたい。

訳 近年の石油掘削技術の向上により、現在は石油の供給が過剰になっており、石油価格は実質的に下がっている。 **正解 4**

089 **解説** 建設会社の社員が製鉄会社の営業担当者を相手に値段交渉して行っていることといえば、資材のprocurement(調達、入手)だ。類義語obtainment、動詞形procure(〜を調達する、入手する)も併せて覚えておこう。

訳 ここイーグル・アイ建設において、トニーは建設資材の調達を担当している。主な業務は製鉄会社の営業担当者と交渉して、自社に有利な条件を引き出すことだ。 **正解 4**

090 **解説** precursorは、「前の」を表す接頭辞のpre-が、ラテン語の「走る」から派生した語根のcursorについて、「前を走るもの」→「先行するもの、前兆」という意味の名詞となったものだ。形容詞形はprecursoryで「先行する、前置きの、前兆となる」。

訳 そのジャズの曲は、エレキギターを取り入れていて、ロックンロールに先行する重要なものと見なされている。ロックンロールはその後の数十年で人気を高めた。 **正解 1**

語彙チェック

	1	2	3	4
086	impulse 衝動	mishap 災難、不運な事故	precinct 行政区、選挙区	collateral 担保
087	bout (病気・活動が続く)期間	perjury 偽証罪	fiasco 大失敗	dogma 教義
088	grind つまらない仕事	glitch 故障、問題	grace 優雅、上品	glut (商品などの)供給過剰
089	epoch (大事件の起きた)時代	truancy ずる休み	romp ドタバタ劇	procurement 調達、入手
090	precursor 先行するもの、前兆	posture 姿勢	tantrum かんしゃく、立腹	endowment 寄付、寄付金

091 Daniel was fired after an (　　) with his boss about his working hours. The two were arguing very loudly, and it made the entire office uncomfortable.

    1 annulment　**2** acquittal　**3** altercation　**4** aperture

092 Susan has a (　　) of complaints about her previous employer, including poor wages, long hours, and incompetent management.

    1 pageant　**2** spasm　**3** morass　**4** litany

093 Jacob earned the (　　) of his coworkers by repeatedly reporting their errors to the management team.

    1 enmity　　　　　　**2** infringement
    3 sojourn　　　　　　**4** slur

094 One of the (　　) of starting a business with friends is that personal feelings can sometimes interfere with making objective business decisions.

    1 implements　　　　**2** reveries
    3 pitfalls　　　　　　**4** grouches

095 According to reports from board members, negotiations for the agreement have reached an (　　), and it now seems unlikely that the companies are going to merge, after all.

    1 insignia　**2** indictment　**3** impasse　**4** auspice

091 **解説** 2文目にThe two were arguing very loudly（2人はとても大きな声で言い争っていた）とあるので、正解はaltercation。altercationは、「激論する、口論する」という意味の自動詞altercateから派生した名詞で、「（短い時間の激しい）口論、激論」という意味になる。

訳 ダニエルは、勤務時間について上司と口論になったあと、解雇された。2人はとても大きな声で言い争い、職場全体が気まずい雰囲気になった。　　　正解 **3**

092 **解説** litanyは「長く退屈な話」の意味。a litany of（うんざりするほど多くの〜）というフレーズを覚えておこう。

訳 スーザンは前の雇用主についての不満を繰り返し話している。賃金が安いとか、労働時間が長いとか、経営能力がないだとかだ。　　　正解 **4**

093 **解説** enemy（敵）はen（＝not）＋em（愛）からできた語で、enmity（敵意、憎しみ）はその同語源語。上のemは「愛」を意味する語根amの異形で、対義語amity（友好）にも含まれている。

訳 ジェイコブは同僚たちのミスを経営陣に繰り返し報告して、彼らの憎しみを買った。　　　正解 **1**

094 **解説** pitは「穴」でpitfallだと「落とし穴」の意味。日本語の「落とし穴」と同じように、pitfallにも「陥りやすい危険」という比喩的な意味もある。この文脈ではperil（危険）などと言い換えることができる。

訳 友人とビジネスを始めるときの落とし穴の一つは、個人的な感情が客観的なビジネス上の判断を行う妨げとなることがあるという点だ。　　　正解 **3**

095 **解説** impasse（行き詰まり）という語はreach an impasse（行き詰まる）というフレーズで覚えておこう。「行き詰まり」を意味する語にはほかにstandstill、deadlockがある。be at a standstill＝be in a deadlock（行き詰まっている）のように使う。

訳 役員会の報告によると、合意に向けた交渉は行き詰まり、結局のところ両社が合併する見込みは薄いとのことだ。　　　正解 **3**

語彙チェック

091
1 annulment 取り消し、廃止
2 acquittal 無罪判決
3 altercation 口論、激論
4 aperture 開口部、すき間、穴

092
1 pageant 野外劇
2 spasm けいれん
3 morass 難局、泥沼状態
4 litany 長く退屈な話

093
1 enmity 敵意、憎しみ
2 infringement 違反、侵害
3 sojourn 滞在
4 slur ひぼう、中傷

094
1 implement 道具、備品
2 reverie 空想、夢想
3 pitfall 落とし穴、隠れた危険
4 grouch 不平屋

095
1 insignia （官職・功績などの）記章、勲章
2 indictment 悪いしるし、欠陥
3 impasse 行き詰まり
4 auspice 前兆、吉兆

096 Don kept the old mug as a ( ) of his college days. Every time he looked at it, he remembered his time as a student.

1 mediator　2 liaison　3 memento　4 solace

097 A: Did you hear? The company is in the red for the fifth month in a row.
B: I know. If it doesn't turn a profit soon, I fear our jobs may be in ( ).

1 void　2 dowry　3 brevity　4 jeopardy

098 A: This is really bad. The CEO is all over the news for being involved in that government scandal.
B: I wonder if the board of directors is going to fire him. He's become a ( ) to the company.

1 maxim　2 synthesis　3 strife　4 liability

099 The activist group threatened to start attacking police officers in ( ) for the arrest of their leader. They said that if he wasn't released by the end of the week, the government would pay for it.

1 imposition　2 conjunction
3 speculation　4 retaliation

100 The local mall had to be evacuated today after an employee found a bomb threat written on the bathroom wall. Luckily, the threat turned out to be a ( ), as police searches came up empty.

1 threshold　2 hoax　3 menace　4 tinge

096 **解説** ドンはマグカップを見るたびに学生時代を思い出すとあるので、正解はmemento（記念品、思い出の品）。類義語はsouvenir（旅や出来事などの記念になるもの）、keepsake（記念品、形見）。形の似ているmemoirは「回顧録」。

訳 ドンは、大学時代の**記念**として古いマグカップを今も持っている。彼はそれを見るたびに、学生時代を思い出す。

正解　3

097 **解説** jeopardyは「危険、危機」という意味の名詞で、in jeopardyで「危うい、危機にさらされて」という意味になる。動詞形はjeopardizeで「〜を危険にさらす、危うくする」。

訳 A: 聞いた？　会社が5か月連続で赤字だったんだって。
B: 知ってるよ。すぐに利益を出さないと、我々の仕事も**危機**にさらされるんじゃないかと恐れているんだ。

正解　4

098 **解説** BはCEOが取締役会で解任されるのではと予想している。liabilityは「負債、債務」という意味から、人に対して用いられると「不利益になるもの、重荷」という意味になる。形容詞形のliableは「（法的に）〜する責任がある」、「《望ましくないことが》〜しがちだ」。

訳 A: 大変だ。CEOが政府のあの不祥事に関わっていたことで、さかんにニュースになっているよ。
B: 取締役会は彼を解任するんじゃないかな。会社の**重荷**になってしまったからね。

正解　4

099 **解説** retaliation（報復）はin retaliation for（〜の報復として）の形でよく使われる。動詞形はretaliate（報復する）。類義語にretribution（懲罰、報い）がある。get back at（〜に仕返しをする）という成句も覚えておこう。

訳 その活動家グループは、リーダーが逮捕されたことの**報復**として警察官の襲撃を開始するとおどしをかけた。彼らは、週末までにリーダーが解放されないと、政府は報いを受けることになると言った。

正解　4

100 **解説** hoax（でっち上げ）はbomb hoax（爆弾を仕掛けたといううそ）というフレーズで覚えておこう。hoaxは「〜をだます」という意味の動詞にもなる。関連する語として次のものも覚えておこう。canard（虚報、作り話）、prank（（悪意のない）いたずら）、spoof（悪ふざけ、いたずら）。

訳 今日、地元のショッピングモールで、爆弾を仕掛けたとトイレの壁に書かれているのに従業員が気づき、人々は避難を余儀なくされた。幸い、この脅迫は**いたずら**だと判明した。警察が捜したが何も見つからなかったからだ。

正解　2

語彙チェック

	1	2	3	4
096	mediator 仲介者、調停者	liaison 連絡、連携	memento 記念品、思い出の品	solace 慰め
097	void 喪失感、真空	dowry 結婚持参金	brevity 簡潔さ	jeopardy 危機
098	maxim 格言、金言	synthesis 統合	strife 衝突、紛争	liability 不利益になるもの、重荷
099	imposition （規則・税金などを）課すこと	conjunction 結合すること、連帯	speculation 推測、憶測	retaliation 報復
100	threshold 敷居	hoax でっち上げ、悪ふざけ	menace 威嚇、脅威	tinge 色、色合い

101 A: This is the dirtiest hotel I've ever seen.
B: Yeah, I think "Greenhill Luxury Suites" is a bit of a (   ). They should rename it "Garbage Rooms."

1 supposition 2 quirk
3 misnomer   4 wrench

102 In the last six months, the police (   ) on illegal downloading has received a lot of press. Over 5,000 people have been arrested for downloading movies and music that they had not paid for.

1 dexterity   2 affinity   3 lag   4 crackdown

103 The IT company took on the project with the (   ) that they would not be held responsible if they couldn't make the extremely tight deadlines being requested.

1 deficiency   2 indolence
3 stipulation   4 walkout

104 A: Charlie had the (   ) to ask Mr. Withers for another day off next week.
B: Again?! I can't believe it. He knows how busy everyone is this month.

1 envoy   2 allegory   3 gall   4 intrigue

105 When the congressional candidate withdrew from the election only a few weeks before voting day, he faced a (   ) of questions from reporters about his decision and the future of his political career.

1 swap   2 hedge   3 barrage   4 splurge

101
解説 2人はホテルのあまりの汚さについて話していて、Bは rename it と言っている。misnomer は mis-（誤った）＋ nomer（古フランス語で「名付ける」）で「誤った呼び方、誤称」という意味。例文のように、呼び名がふさわしくない場合のほか、正しくない場合にも用いられる。

訳 A: ここは今まで見た中でいちばん汚いホテルだわ。
B: そうだね。「グリーンヒル・ラグジュアリー・スイート」はちょっと**ふさわしくない名前**だと思うよ。「ガベッジ・ルーム」（ゴミの部屋）に改名すべきだね。

正解 3

102
解説 2文目に5,000人を超える人が逮捕されたとあり、警察による crackdown（取り締まり）が行われたとすると文意が通じる。成句 crack down on（〜を取り締まる）も過去に出題されている。

訳 この半年、違法ダウンロードに対する警察の**取り締まり**が大きく報じられている。5,000人を超える人が、映画や音楽を、料金を支払わずにダウンロードして逮捕された。

正解 4

103
解説 他動詞 stipulate（〜を規定する）の名詞形 stipulation は「（法律・契約などの）規定、条項」という意味。with the stipulation that で「〜という条件で」という意味になる。

訳 そのIT企業は、要求されている極めて厳しい締切に間に合わせられなかった場合に責任を持たない**条件**で、そのプロジェクトを引き受けた。

正解 3

104
解説 文脈から、チャーリーは職場が忙しいのを知りながら何度も休暇を取ろうとしていることがわかる。空欄に入るのは gall（厚かましさ、ずうずうしさ）だ。類義語 audacity、boldness、対義語 timidity（臆病、小心）も併せて覚えておこう。

訳 A: チャーリーったら**ずうずうし**くも、ウィザーズさんに来週また休ませてほしいって言ったのよ。
B: また？ 信じられない。今月みんながどれだけ忙しいかわかってるはずなのに。

正解 3

105
解説 空欄の前後の faced と questions に注目。barrage（集中攻撃）はしばしば face a barrage of questions（質問攻めにあう）というフレーズで使われるので、この形で覚えておきたい。deluge（大洪水）を使った a deluge of questions（たくさんの質問）という表現も重要だ。

訳 投票日まであと数週間という段階になってその議会の候補者が選挙戦から降りたとき、彼はその決断について、また政治家としての今後について、記者団から質問**攻め**にあった。

正解 3

語彙チェック

	1	2	3	4
101	supposition 推測, 仮説, 仮定	quirk （変な）癖, 奇行	misnomer 誤った呼び方	wrench ねじること, ねんざ
102	dexterity 器用さ	affinity 類似性	lag 遅れること	crackdown 取り締まり
103	deficiency 不足, 欠乏	indolence 怠惰, 無精	stipulation （法律・契約などの）規定, 条項	walkout ストライキ
104	envoy 使節	allegory 寓話	gall 厚かましさ, ずうずうしさ	intrigue 陰謀
105	swap 交換（品）	hedge 生け垣, 垣根	barrage （質問などの）集中攻撃	splurge 贅沢, 散財

106 At a press conference, Dr. Keyes finally admitted to lying about her research results. With that, the reputation that she'd spent years building was left in (   ).

　　1 cramps　　**2** tatters　　**3** hitches　　**4** harbingers

107 The food critic praised James Griffith, saying, "His (   ) sets him apart from other chefs. He is an expert at French, American, Spanish, Chinese, and Japanese food, to name a few."

　　1 remedy　　**2** jinx　　**3** versatility　　**4** rendition

108 A: To be honest, Maggie, I think law school is going to be too difficult for you.
B: I appreciate your (   ), Bernard. However, I am determined to become a lawyer.

　　1 concurrence　　　　**2** gist
　　3 accreditation　　　　**4** candor

109 There was (   ) after the soccer match ended on a bad call by the referees. Hundreds of fans began fighting, screaming, and causing damage to the stadium.

　　1 rampage　　**2** blur　　**3** aspiration　　**4** mayhem

110 Board members have been in a (   ) over this issue for over three months. If they don't come to an agreement soon, it could seriously upset the company's financial situation.

　　1 constellation　　　　**2** paucity
　　3 deadlock　　　　　　**4** libel

Part 1 — 品詞別対策

106 **解説** tatterは「ぼろ切れ」という意味で、in tattersの形で「ぼろぼろになって、(計画や自信などが)打ち砕かれて」という意味になる。類義語は in pieces(粉々に砕けて、(計画などが)だめになって)。反対に「失われた部分がない、無傷の」はintact。

訳 記者会見で、キイス博士は彼女の研究結果について嘘をついていたことをついに認めた。そのことで、彼女が何年もかけて築いた評判は**ずたずた**になった。

正解 2

107 **解説** versは回転を意味する語根で、versatile(多才な、汎用的な)はそれに形容詞を作る語尾のついた形。versatility(多才さ、汎用性)はその名詞形だ。version(バージョン)、diversify(多様化する)などは同語源語だ。

訳 料理評論家はジェームズ・グリフィスを称賛して言った。「彼は**多才さ**においてほかのシェフたちから際立っている。いくつか挙げると、彼はフランス料理、アメリカ料理、スペイン料理、中華料理、そして日本料理のエキスパートだ。」

正解 3

108 **解説** candor(率直さ)はfranknessの類義語で、形容詞candid(率直な)と同語源語だ。意味的に関連のある語句として、unreserved(遠慮のない、率直な)、without reserve(遠慮なく)も覚えておこう。

訳 A: マギー、正直に言うけれど、君にはロースクールは難しすぎると思うよ。
B: **率直**に言ってくれてありがとう、バーナード。でも、私は弁護士になると心に決めているのよ。

正解 4

109 **解説** 後半の文のHundreds of ... stadium.で表された具体的な状況から、空欄にはmayhem(騒動、大騒ぎ)が適切。「破壊行為」や「中傷」という意味もある。類義語にはchaos(混沌)やhavoc(大規模破壊)、pandemonium(伏魔殿、修羅場)などがある。

訳 サッカーの試合が審判員の誤った判定で終わったあと、**騒動**があった。何百人ものファンが争い、叫び始め、スタジアムに損傷を与えたのだ。

正解 4

110 **解説** 2文目から、取締役たちはまだ合意に達していないとわかる。彼らが3か月以上にわたって置かれている状況はdeadlock(行き詰まり、膠着状態)だ。類義語のimpasse、standstillも併せて覚えておこう。

訳 取締役たちはこの問題について3か月以上の間、話が**行き詰まっ**ている。早急に合意に達しないと、会社の財政状態は大混乱に陥りかねない。

正解 3

語彙チェック

	1	2	3	4
106	cramp ひきつり、けいれん	tatter ぼろ切れ	hitch 障害	harbinger 前触れ、前兆
107	remedy 治療薬	jinx 悪運(をもたらすもの[人])	versatility 多才さ、汎用性	rendition (音楽などの)演奏、表現
108	concurrence (意見などの)一致	gist 要点、趣旨	accreditation 認可、認定	candor 率直さ
109	rampage 凶暴な行動	blur ぼやけ、不鮮明	aspiration 向上心、抱負、切望	mayhem 騒動、大騒ぎ
110	constellation 星座	paucity 不足、欠乏	deadlock (交渉などの)行き詰まり	libel 名誉毀損

出題率 B

111 Victor enjoyed getting drinks with his coworkers after work on Thursdays. It was nice to exchange some friendly (   ) with them, not like the serious discussions they had at work.

 1 banter   **2** jeer   **3** agility   **4** boon

112 The theme park had no choice but to offer (   ) to each and every person who was injured in the roller coaster accident. Experts estimate that it may cost them well over two million dollars.

 1 acclaim   **2** redress   **3** infirmity   **4** sojourn

113 The electronics company has started giving away their new model of smartphone at various events around the country. The publicity (   ) are intended to increase sales of this new release.

 1 pageants   **2** stunts   **3** apparitions   **4** prerequisites

114 Mary and her sister were not talking because of a fight they'd had, but they called a (   ) during the holidays so that all of the family could come together.

 1 truce   **2** constriction   **3** zeal   **4** digression

115 Joey took a bad fall while he was snowboarding earlier this month. He hit his head, suffering a mild (   ). Doctors advised him to always wear a helmet in the future.

 1 concussion   **2** infraction
 3 preclusion   **4** cessation

Part 1 — 品詞別対策

111 　**解説**　空欄に入るのは、後ろのthe serious discussions they had at workと対比される語だ。適切なのはbanter（冗談の言い合い、気さくな会話）。banteringly（冗談で）という副詞も覚えておこう。

　訳　ヴィクターは毎週木曜日の仕事のあと、同僚と楽しく一杯やった。職場のまじめな議論と違って、彼らと気さくに**冗談**を言い合うのは愉快だった。

　正解　**1**

112　**解説**　テーマパークがアトラクションの事故で被害者に提供するのはredress（補償、賠償）。多くの場合は金銭を意味する。redressには「《損害など》を償う、補償する」という意味の動詞の使い方もある。

　訳　そのテーマパークは、ジェットコースターの事故でけがをしたすべての人に**補償**を提供するしかなかった。専門家の見積もりによれば、それは200万ドルを優に超える額になる可能性がある。

　正解　**2**

113　**解説**　stuntは「離れ業」という意味で、カタカナ語のスタントマンの「スタント」もこの語に由来している。ここでは「人目を引くための行為」という意味で用いられていて、publicity stunt(s)は「スタンドプレー、宣伝行為、売名行為」のこと。

　訳　その電子機器会社は、全国のさまざまなイベントでスマートフォンの新機種を景品として配り始めた。この宣伝目的の**派手な行為**は、今回の新商品の売上増加を狙ったものだ。

　正解　**2**

114　**解説**　けんかをしていた姉妹が「休みの間の（　）を呼びかけた」という空欄に適切なのはtruce。truceは「停戦（協定）、休戦、（苦悩や苦痛などの）一時休止」という意味で、call a truceで「休戦を申し出る」になる。類義語のcease-fire（休戦）も併せて覚えておこう。

　訳　メアリーと彼女の妹はけんかをしていたために口をきいていなかったが、休みの間は家族が全員一緒に過ごせるように**休戦**を提案した。

　正解　**1**

115　**解説**　sufferは病名や症状、けがなどを目的語にとり、「～を負う、～に苦しむ」という意味。hit his headという状況と、wear a helmetという医師の助言から、concussion（脳振とう）が適切だ。形容詞形はconcussiveで「振とう性の」。

　訳　ジョーイは今月の初め、スノーボードをしていてひどく転んだ。頭を打ち、軽い**脳振とう**を起こした。医師は今後は常にヘルメットを着用するようにと助言した。

　正解　**1**

語彙チェック

	1	2	3	4
111	banter 冗談の言い合い	jeer あざけり、やじ	agility 素早さ、機敏さ	boon 恩恵
112	acclaim 絶賛	redress 補償	infirmity 虚弱、病気	sojourn 滞在
113	pageant 野外劇	stunt 人目を引くための行為	apparition 幽霊、幻影	prerequisite 必要条件
114	truce 休戦	constriction 締めつけ、抑圧	zeal 熱意	digression （話が）主題からそれること
115	concussion 脳振とう	infraction （規則・法律の）違反、侵害	preclusion 除外	cessation 休止

116 The priest said that anyone who was against the building of the church was guilty of religious (   ), and that referencing outdated building regulations was just an excuse for their close-minded opposition.

    1 bigotry　　**2** void　　**3** dearth　　**4** detriment

117 When the government signed the new peace treaty with the neighboring country, they also agreed to give (   ) to a large number of political prisoners.

    1 gratuity　　**2** travesty　　**3** amnesty　　**4** ingenuity

118 A: Maybe the company isn't in such a bad state, after all. The CEO sounded really confident.
B: That's just (   ) to keep everyone else from worrying.

    1 notoriety　　**2** bravado　　**3** divergence　　**4** periphery

119 Hank is a popular teacher, because he is good at creating a (   ) with students. He often has lunch with them or helps them with their homework after school.

    1 stampede　　**2** graft　　**3** transgression　　**4** rapport

120 Martha mistakenly took one of her sleeping pills before drinking, and the combination left her in such a (   ) that she could hardly walk.

    1 stupor　　**2** precept　　**3** sneer　　**4** heist

116 **解説** was againstが後半ではopposition(反対)に言い換えられていて、直前にclose-minded(偏狭な)がついているので、bigotry(偏狭)が適切。bigotryは、「偏屈者、頑固者」という意味の名詞bigotから派生した名詞で「偏狭、偏執」という意味になり、自分の信条や意見に固執することを指す。

訳 その神父は、教会の建設に反対する者は皆、宗教的偏狭という罪を犯していて、時代遅れの建築法規を引き合いに出すことは、心の狭い反対のための単なる言い訳に過ぎないと言った。

正解 1

117 **解説** Amnesty International(アムネスティ・インターナショナル)という人権擁護団体がある。政治犯や思想犯の釈放を目指す組織で、このamnestyは「恩赦、大赦」の意味だ。reprieve(執行猶予)やimmunity((義務などの)免除)も併せて覚えておこう。

訳 政府は隣国との間に新しい平和条約を結ぶと、さらに多数の政治犯に恩赦を与えることに同意した。

正解 3

118 **解説** Aは社長の話しぶりが自信に満ちていた(confident)と言っているが、to keep everyone else from worryingという発言からBはそれが見せかけだけの自信(false confidence)だと思っていると予想できる。したがって、空欄にはbravado(虚勢、強がり)が入る。

訳 A: 会社はやっぱり、そんなに悪い状態じゃないんじゃないのかな。CEOは実に自信があるようだったよ。
B: あれは、誰にも心配させないようにするためのただの虚勢だよ。

正解 2

119 **解説** rapportはフランス語から来た語で「(親密な)関係」を意味する。最後のtは発音しない。簡単にfriendly relationshipと言い換えることができる。対義語のdiscord(不和、仲たがい)も覚えておこう。

訳 ハンクは人気のある教師だ。彼は生徒たちと関係を築くのがうまい。彼はよく生徒たちと一緒に昼食をとったり、放課後に宿題を手伝ってやったりする。

正解 4

120 **解説** stuporは「意識がもうろうとしている状態」を意味し、語源的にstupid(ばかな)と関連がある。in a drunken stupor(酔ってもうろうとして、泥酔して)というフレーズで覚えておこう。

訳 マーサは酒を飲む前に誤って睡眠薬を1錠飲んでしまい、この飲み合わせのためもうろうとしてほとんど歩くことができなかった。

正解 1

語彙チェック

116
1 bigotry 偏狭(な言行)
2 void 喪失感、真空
3 dearth 不足、欠如
4 detriment 損害、不利益

117
1 gratuity 心づけ、チップ
2 travesty 曲解、こじつけ
3 amnesty 恩赦
4 ingenuity 創意、巧妙さ

118
1 notoriety 悪評
2 bravado 虚勢、強がり
3 divergence 分岐、逸脱
4 periphery 周辺、周囲

119
1 stampede 突進、殺到
2 graft 汚職
3 transgression 違反、犯罪
4 rapport (信頼)関係

120
1 stupor 意識もうろう状態
2 precept 教訓、戒め
3 sneer 冷笑
4 heist 強盗

121 After scoring a few times in the early minutes of the second half, the basketball team started to gain the (   ) they needed to take back the lead.

1 tedium   **2** modicum   **3** premium   **4** momentum

122 Researchers say that taking their newly developed medicine at the (   ) of the flu virus decreases its duration by three days, on average.

1 pivot   **2** onset   **3** gradient   **4** quandary

121 **解説** momentumは本来「運動量」を意味する物理用語だが、しばしば比喩的に「勢い、はずみ」の意味でも使われる。gain [gather] momentum（勢いを得る、はずみがつく）というフレーズで覚えておこう。

訳 そのバスケットボールチームは、後半が始まってすぐに何度か得点を挙げると、優勢を取り戻すのに必要な**勢い**がついてきた。　　　　　　　　　　　　　　　正解　**4**

122 **解説** 新薬をインフルエンザの（　　）に飲むと罹患期間（its duration）が短くなるとあるので、かかり始めに飲むのが自然だと考えられる。onsetは「開始、始まり、（病気の）発症」。ちなみにoffsetは、動詞では「〜を相殺する」、名詞では「相殺するもの」という意味になる語。

訳 研究者たちは、彼らが新たに開発した薬をインフルエンザウイルスの**かかり始め**に摂取すると、感染期間が平均で3日短くなると話している。　　　　　　　　　　　　　正解　**2**

語彙チェック

121
1 tedium　退屈
2 modicum　少量
3 premium　保険料、（保険の）掛け金
4 momentum　勢い、はずみ

122
1 pivot　中心となる人[物]、要
2 onset　開始、始まり
3 gradient　（道などの）勾配、傾斜度
4 quandary　困惑、苦境

第3章 形容詞・副詞

出題率 A

■ 過去問で正答を含め、複数回選択肢に登場した重要な形容詞・副詞を問う問題を取り上げています。

001 Manami is an (　　) reader. Every time I see her, she's reading a new book. Sometimes it's romance, sometimes it's classic literature. I've even seen her reading science textbooks.

　1 opaque　　**2** antagonistic　　**3** avid　　**4** arbitrary

002 The doctors told Martha that she was too sick to be going out, but she was (　　) about going to her granddaughter's wedding. She said, "I'm going, even if it's the last thing I ever do."

　1 volatile　　**2** adamant　　**3** paramount　　**4** resilient

003 The electronics company released a new tablet early this year. The design of the new gadget (　　) copies that of their major competitor. In fact, it looks almost exactly the same.

　1 incessantly　　**2** inertly　　**3** blatantly　　**4** fortuitously

004 The famous author didn't usually talk about his personal life, but in a recent interview he gave a (　　) account of his childhood.

　1 vociferous　　**2** sordid　　**3** profound　　**4** candid

005 A: Alex? What are you doing here? I thought you moved to South Africa.
B: You actually believed that? I was just joking, obviously. You're so (　　), Betty.

　1 gullible　　**2** aboveboard　　**3** paradoxical　　**4** insipid

Part 1 — 品詞別対策

001 **解説** いつ見てもいろいろな読み物を読んでいるという文脈から、avid（非常に熱心な）が正解。avidはenthusiasticの強意語で、趣味などに関して使う。類義語ardent、passionate、対義語unenthusiastic、apathetic（不熱心な、無感動な）も覚えておこう。

訳 マナミは**熱心な**読書家だ。いつ彼女を見ても新しい本を読んでいる。恋愛小説を読んでいることもあれば古典文学を読んでいることもある。科学の教科書を読んでいるのを見かけたことさえある。

正解 **3**

002 **解説** if it's the last thing I doは「何が何でも」という意味の決まり文句。「断固とした、譲らない」を意味するadamantが正解だ。類義語にdetermined、stubbornなどがある。

訳 医師はマーサに病状がよくないので外出はしないほうがいいと言ったが、彼女は孫娘の結婚式に行くと言って**譲らなかった**。「何が何でも私は行きます」と彼女は言った。

正解 **2**

003 **解説** 「（ほとんど見分けがつかないほどに）競合他社の製品をまねる」を修飾するのにふさわしいのは、blatantly（あからさまに、露骨に）だ。類義語はconspicuously、形容詞形はblatant（あからさまな、露骨な）。

訳 その電子機器メーカーは今年の初め、新しいタブレットを発売した。その新しい機器のデザインは**あからさまに**主要競合他社のものをまねたものだった。実際、それはほとんど同じものに見えた。

正解 **3**

004 **解説** candidは「率直な」という意味で、give a candid accountで「率直に語る」という意味を表す。類義語straightforward、truthful、対義語guarded（用心深い、慎重な）も覚えておこう。名詞形はcandidness（率直さ）。

訳 その有名な作家は普段私生活について語らなかったが、最近のインタビューでは子供のころについて**率直**に語っている。

正解 **4**

005 **解説** ベティーはアレックスの冗談を信じていた。このベティーの様子を表すのに適切な選択肢はgullible（だまされやすい）だ。gullibleはnaive（世間知らずの、だまされやすい）の類義語で、名詞形はgullibility（だまされやすさ）。

訳 A: アレックスなの？　ここで何してるの？　南アフリカに引っ越したと思ってた。
B: 本当に信じたのかい？　冗談を言っただけだよ、もちろん。君は**だまされやすい**ね、ベティー。

正解 **1**

語彙チェック

	1	2	3	4
001	opaque 不透明な	antagonistic 敵意のある	avid 熱心な、熱烈な	arbitrary 恣意的な
002	volatile 《状況が》不安定な	adamant 断固とした、譲らない	paramount 最高の、最重要の	resilient 回復力がある、立ち直りが早い
003	incessantly 絶えず	inertly 鈍く、不活発に	blatantly あからさまに、露骨に	fortuitously 偶然に、思いがけず
004	vociferous やかましい、声高な	sordid 下劣な、浅ましい	profound 深い、大きな	candid 率直な
005	gullible だまされやすい	aboveboard 公明正大な	paradoxical 逆説的な	insipid 無味乾燥な、面白くない

出題率 A

006 Ricardo's girlfriend got angry at him and told him that he was childish, because he always made (　　) jokes when she was trying to have serious discussions with him.

　　1 divine　　**2** virulent　　**3** frivolous　　**4** chunky

007 Emily was weak and (　　) after her surgery, and she slept almost the entire day. She was too tired to even hold a conversation with her family members.

　　1 sublime　　**2** lethargic　　**3** truculent　　**4** tubby

008 While the professor's (　　) remarks may have discouraged other students, Melanie took his harsh criticism as a great opportunity to improve her writing.

　　1 diabolic　　**2** caustic　　**3** petulant　　**4** incongruous

009 Veronica was looking forward to having a nice, hot meal to warm herself up. So, she was quite disappointed when the restaurant served her a (　　) soup.

　　1 meager　　**2** deceased　　**3** tepid　　**4** pernicious

010 The magazine, though popular in the 90's, is now (　　). Most teenagers have never even heard of it.

　　1 contagious　　**2** defunct　　**3** implicit　　**4** staunch

006

解説 frivolous（軽薄な、浮ついた）は frivolous comment（軽薄な批評）というフレーズで覚えておこう。名詞 frivolity は「軽薄」。また、類義語の flippant（軽薄な）や puerile（幼稚な）も覚えておきたい。

訳 リカルドの彼女は腹を立て、あなたは子供っぽいと言った。彼女がまじめに話し合おうとすると、いつでも彼は**軽薄な**冗談を言うからだった。

正解 3

007

解説 家族と会話もできないほど体力がなかったことがわかるので、lethargic（気だるい、無気力な）が正解。「無気力、不活発、倦怠」という意味の名詞 lethargy に、形容詞を作る接尾辞 -ic がついてできた形容詞。類義語には drowsy（不活発な、眠い）がある。

訳 エミリーは手術のあと、弱っていて**元気がなく**、ほぼ一日中眠っていた。あまりに疲れて、家族と会話をすることさえできなかった。

正解 2

008

解説 (　) remarks は後半部分で harsh criticism と言い換えられている。空欄にふさわしい選択肢は caustic（辛らつな）だ。類義語に scathing（容赦のない）がある。対義語は complimentary（称賛の）。complimentary remark は「ほめ言葉、賛辞」だ。

訳 教授が**辛らつな**言葉を発したので、ほかの学生ならやる気をそがれたところだろうが、メラニーは教授の厳しい批判を、自分の書いたものをよくするための絶好の機会だと受け止めた。

正解 2

009

解説 tepid はふつう悪い意味で「ぬるい」ことを表す。tepid tea は「ぬるくなったお茶」。また、この語は「熱意のない」の意味でも使う。tepid response は「気のない返事」だ。「ぬるい」を意味する語にはほかに lukewarm があるので覚えておこう。

訳 ヴェロニカは温かくておいしい食事をとって暖まろうと思っていた。だからレストランで**ぬるい**スープを出されたのにはひどくがっかりした。

正解 3

010

解説 defunct は「消滅した、現存しない」を意味する。人についてなら「故人となった」の意味にもなる。類義語の extinct（絶滅した）、対義語の thriving（繁栄している）も重要だ。

訳 その雑誌は90年代によく読まれたのだが、今では**廃刊になっている**。10代の若者のほとんどはその名前すら聞いたことがない。

正解 2

語彙チェック

006
1. divine 神の
2. virulent 《病気などが》非常に危険な
3. frivolous 軽薄な、浮ついた
4. chunky 分厚い、重厚な

007
1. sublime 荘厳な
2. lethargic 気だるい、無気力な
3. truculent けんか腰の
4. tubby ずんぐりした

008
1. diabolic 邪悪な、残虐な
2. caustic 辛らつな
3. petulant いらいらした、短気な
4. incongruous 不調和な、矛盾する

009
1. meager わずかな
2. deceased 死去した
3. tepid ぬるい
4. pernicious 有害な

010
1. contagious 伝染性の
2. defunct 消滅した、現存しない
3. implicit 暗黙の
4. staunch ゆるぎない、確固たる

011 Although the great job offer was (   ), John decided to pass it up. He didn't want to make his family move to another country just because of him.

    1 verbose　　**2** benevolent　　**3** enticing　　**4** cordial

012 Since we don't have much time left in the meeting, I'll simply point out the (   ) features of our new line of products.

    1 eerie　　　　　　　**2** reprehensible
    3 salient　　　　　　**4** euphoric

013 A: This generation of youth is totally (   ) about political issues.
B: I agree. It's like they don't even care about what's happening in their own country.

    1 scrupulous　　　　**2** malevolent
    3 incensed　　　　　**4** apathetic

014 The billionaire threw a (   ) party for his teenage daughter. It featured expensive catering, live music, and luxurious decorations.

    1 lavish　　**2** dreary　　**3** mediocre　　**4** cryptic

015 Bobby's parents were (   ) when he got caught doing drugs at school. They had thought that he was a model student.

    1 prolonged　　　　　**2** bedraggled
    3 mortified　　　　　**4** elated

Part 1 ── 品詞別対策

011 解説 　動詞 entice は「~を誘惑する」。その~ing 形の形容詞 enticing は「誘惑的な、魅力的な」の意味になる。alluring、tempting もほぼ同じ意味だ。名詞形は enticement（誘惑）。

訳 　その素晴らしい仕事を提示されたのは魅力的だったのだが、ジョンは見送ることにした。自分のことだけのために、家族を外国に転居させることを望まなかったからだ。　　　正解　**3**

012 解説 　salient は「目立つ、重要な」という意味。salient features（顕著な特徴）というフレーズで覚えておこう。名詞形は salience、saliency（目立つこと、顕著な点）。

訳 　会議の残り時間があまりないので、わが社の新製品の顕著な特徴を挙げるにとどめます。　　　正解　**3**

013 解説 　名詞 apathy は「無感動、無関心」を意味する。apathetic はその形容詞形で、「無感動な、無関心な」だ。語頭のa-は「~のない」という意味の接頭辞。a-がつかない pathetic（哀れな、痛ましい）と、名詞 pathos（哀愁、ペーソス）も覚えておきたい。

訳 　A: この世代の若者は政治問題にまったく無関心だね。
　　B: そうね。自分の国で起きていることなのに気にかけていないみたいね。　　　正解　**4**

014 解説 　lavish の原義は「土砂降り」で、lave（~を洗う）と同語源だ。雨がどばっと降り注ぐイメージで「ぜいたくな」の意味を覚えよう。類義語に extravagant（ぜいたくな）がある。また lavish は動詞として「~を惜しみなく与える」の意味でも使う。

訳 　その億万長者は10代の娘のために豪勢なパーティーを開いた。高価なケータリング、生演奏、豪華な飾りつけが呼び物だった。　　　正解　**1**

015 解説 　動詞 mortify（~に恥をかかせる）は humiliate の類義語で、mortified（恥をかかされた）はその過去分詞からきた形容詞だ。名詞の mortification（屈辱）、形容詞の mortifying（屈辱的な）も覚えておこう。

訳 　ボビーが学校でドラッグをやっているところを見つかり、両親は恥をかいた。両親はボビーのことを模範生だと思っていたのだ。　　　正解　**3**

語彙チェック

011
1 verbose　言葉数が多い、冗漫な
2 benevolent　慈悲深い、好意的な
3 enticing　誘惑的な
4 cordial　心からの、友好的な

012
1 eerie　不気味な
2 reprehensible　非難されるべき
3 salient　顕著な、目立った
4 euphoric　幸福感に満ちた

013
1 scrupulous　良心的な
2 malevolent　悪意のある
3 incensed　憤慨した、激怒した
4 apathetic　無感動な、無関心な

014
1 lavish　ぜいたくな
2 dreary　つまらない
3 mediocre　よくも悪くもない
4 cryptic　不可解な

015
1 prolonged　長期間の
2 bedraggled　《雨・泥で》ぬれた、汚れた
3 mortified　恥をかかされた
4 elated　有頂天の、大得意の

出題率 A

016
A: How's Marissa, doctor? Is she going to be OK?
B: She is in a very (　　) state of health right now. We're going to keep monitoring her carefully until her condition stabilizes.

1 superfluous　2 insidious　3 obnoxious　4 precarious

017
Ever since I was a kid, I have been (　　) to the flu. I seem to get it every year without fail.

1 austere　2 savvy　3 susceptible　4 snide

018
The hotel manager demanded that the hotel lobby be (　　) at all times. He would even call housekeeping if he saw a single spot on the glass doors.

1 immaculate　2 incisive　3 abhorrent　4 forlorn

019
Gary's credit card account had been (　　) for two months, and his bank began calling and demanding that he pay his bill immediately.

1 diffident　2 delinquent　3 prescient　4 ambient

020
The teacher warned that his biology class was not suited for people who are (　　), as they would be handling a variety of insects firsthand.

1 squeamish　2 exorbitant　3 pallid　4 cynical

Part 1 — 品詞別対策

016 **解説** until her condition stabilizes（彼女の状態が安定するまで）とあるので、今はまだ不安定な状態にあると思われる。precarious は「不安定な、危険な」という意味の形容詞。類義語には unsteady、unstable などがあり、dicey は口語で「運任せの、あやふやな、危険な」、shaky は「(基盤や約束などが)不安定な、揺らぐ」という意味。

訳
A: マリッサの具合はどうですか、先生？ よくなりそうですか？
B: 彼女は現在、とても**不安定な**健康状態です。状態が安定するまで注意深く経過を見続けます。

正解 4

017 **解説** 後半の without fail は「間違いなく、決まって」。インフルエンザに毎年必ずかかるという文脈から、空欄には susceptible が入る。be susceptible to で「〜に感染しやすい（= be prone to）、影響されやすい」。対義語は be resilient to で「〜に対する抵抗力が高い」。susceptible にはほかに「感受性の高い、敏感な」（= sensitive）という意味もある。

訳 子供のころからずっと、私はインフルエンザに**感染しやすい**。毎年必ずかかるようだ。

正解 3

018 **解説** immaculate（しみのない、汚れのない）は spotless とほぼ同義だ。比喩的に「欠点のない、完璧な」の意味でも使う。この意味での類義語は impeccable（非の打ちどころがない）だ。なお、「しみ、汚れ」を意味する名詞には smudge、smear、blot などがある。

訳 そのホテルのマネージャーはロビーを常に**しみ一つない**ようにしておくよう要求した。ガラスのドアに汚れの一つでも見つけようものなら、清掃員を呼ぶのだった。

正解 1

019 **解説** delinquent は「非行の、犯罪を犯した」という意味の形容詞だが、「義務を怠る、滞納している」などの意味もあり、ここではその使い方。名詞形は delinquency（職務怠慢、不履行）。

訳 ゲーリーのクレジットカードの口座は2か月間**引き落とし不能となって**いた。彼の銀行は電話をかけてきて、すぐに支払うよう要求した。

正解 2

020 **解説** squeamish は「ショックを受けやすい、すぐに気分が悪くなる」という意味。関連する語として finicky（好みがやかましい、気難しい）、fussy（(つまらないことで)騒ぎたてる、神経質な）も覚えておこう。

訳 その教師は、自分の生物の授業は**すぐに気分が悪くなる**人には向いていないと注意した。いろいろな虫をじかに触るからだ。

正解 1

語彙チェック

	1	2	3	4
016	superfluous 余分な	insidious 油断のならない	obnoxious 非常に不愉快な、無礼な	precarious 不安定な
017	austere 簡素な、飾り気のない	savvy 精通した	susceptible 影響されやすい、感染しやすい	snide 嫌みな
018	immaculate 清潔な	incisive 明快な	abhorrent 嫌悪感を起こさせる	forlorn 孤独な、みじめな
019	diffident 自信のない	delinquent 延滞の、滞納している	prescient 予知する、予見する力のある	ambient 周囲の
020	squeamish すぐに気分が悪くなる	exorbitant 法外な、途方もない	pallid 青ざめた	cynical 冷笑的な

出題率 A

021 The investor asked Wesley to explain his business plan in 30 seconds, so he had to give a (　　) description of the company he wanted to build.

　　1 sluggish　　2 perverse　　3 succinct　　4 potent

022 Mike was tall and (　　) as a teenager. It wasn't until college that he began to gain muscle, along with a more graceful control of his towering body.

　　1 probationary　　　　2 staid
　　3 extrinsic　　　　　　4 lanky

023 A: Wow, Haruko's English is really good.
　　B: It's (　　), isn't it? I can't find a single mistake in her grammar.

　　1 relentless　　2 penitent　　3 exponential　　4 impeccable

024 Joan's (　　) personality makes her a great addition to any party. She's such a positive and energetic person.

　　1 implacable　　2 invincible　　3 exuberant　　4 shrewd

025 Supporters of going to war say that doing nothing to stop that nation's cruel leader is (　　) to killing its citizens.

　　1 dubious　　2 tantamount　　3 affable　　4 innocuous

Part 1 —— 品詞別対策

016
解説 until her condition stabilizes（彼女の状態が安定するまで）とあるので、今はまだ不安定な状態にあると思われる。precariousは「不安定な、危険な」という意味の形容詞。類義語にはunsteady、unstableなどがあり、diceyは口語で「運任せの、あやふやな、危険な」、shakyは「（基盤や約束などが）不安定な、揺らぐ」という意味。

訳 A: マリッサの具合はどうですか、先生？　よくなりそうですか？
B: 彼女は現在、とても**不安定な**健康状態です。状態が安定するまで注意深く経過を見続けます。

正解　4

017
解説 後半の without fail は「間違いなく、決まって」。インフルエンザに毎年必ずかかるという文脈から、空欄にはsusceptibleが入る。be susceptible to で「〜に感染しやすい（＝ be prone to）、影響されやすい」。対義語はbe resilient toで「〜に対する抵抗力が高い」。susceptibleにはほかに「感受性の高い、敏感な」（＝ sensitive）という意味もある。

訳 子供のころからずっと、私はインフルエンザに**感染しやすい**。毎年必ずかかるようだ。

正解　3

018
解説 immaculate（しみのない、汚れのない）はspotlessとほぼ同義だ。比喩的に「欠点のない、完璧な」の意味でも使う。この意味での類義語はimpeccable（非の打ちどころがない）だ。なお、「しみ、汚れ」を意味する名詞にはsmudge、smear、blotなどがある。

訳 そのホテルのマネージャーはロビーを常に**しみ一つない**ようにしておくよう要求した。ガラスのドアに汚れの一つでも見つけようものなら、清掃員を呼ぶのだった。

正解　1

019
解説 delinquentは「非行の、犯罪を犯した」という意味の形容詞だが、「義務を怠る、滞納している」などの意味もあり、ここではその使い方。名詞形はdelinquency（職務怠慢、不履行）。

訳 ゲーリーのクレジットカードの口座は2か月間**引き落とし不能となって**いた。彼の銀行は電話をかけてきて、すぐに支払うよう要求した。

正解　2

020
解説 squeamishは「ショックを受けやすい、すぐに気分が悪くなる」という意味。関連する語としてfinicky（好みがやかましい、気難しい）、fussy（（つまらないことで）騒ぎたてる、神経質な）も覚えておこう。

訳 その教師は、自分の生物の授業は**すぐに気分が悪くなる**人には向いていないと注意した。いろいろな虫をじかに触るからだ。

正解　1

語彙チェック

	1	2	3	4
016	superfluous 余分な	insidious 油断のならない	obnoxious 非常に不愉快な、無礼な	precarious 不安定な
017	austere 簡素な、飾り気のない	savvy 精通した	susceptible 影響されやすい、感染しやすい	snide 嫌みな
018	immaculate 清潔な	incisive 明快な	abhorrent 嫌悪感を起こさせる	forlorn 孤独な、みじめな
019	diffident 自信のない	delinquent 延滞の、滞納している	prescient 予知する、予見する力のある	ambient 周囲の
020	squeamish すぐに気分が悪くなる	exorbitant 法外な、途方もない	pallid 青ざめた	cynical 冷笑的な

021 The investor asked Wesley to explain his business plan in 30 seconds, so he had to give a (　　) description of the company he wanted to build.

 1 sluggish　　2 perverse　　3 succinct　　4 potent

022 Mike was tall and (　　) as a teenager. It wasn't until college that he began to gain muscle, along with a more graceful control of his towering body.

 1 probationary　　2 staid
 3 extrinsic　　4 lanky

023 A: Wow, Haruko's English is really good.
B: It's (　　), isn't it? I can't find a single mistake in her grammar.

 1 relentless　　2 penitent　　3 exponential　　4 impeccable

024 Joan's (　　) personality makes her a great addition to any party. She's such a positive and energetic person.

 1 implacable　　2 invincible　　3 exuberant　　4 shrewd

025 Supporters of going to war say that doing nothing to stop that nation's cruel leader is (　　) to killing its citizens.

 1 dubious　　2 tantamount　　3 affable　　4 innocuous

Part 1 — 品詞別対策

021 　**解説**　「30秒で述べる」という内容から、空欄には「簡潔な、簡明な」を意味するsuccinctが入ると判断できる。類義語のconciseも覚えておこう。

　　　訳　その投資家はウェスリーに、事業計画を30秒で説明するよう求めた。そこで彼は、設立したいと考えている会社について**簡潔に**述べなければならなかった。　　**正解　3**

022　**解説**　lankyは「背が高くてやせていて動きが不格好な」という意味合いだ。ほぼ同じ意味の語にganglingがある。また、rangyは「手足がひょろ長い」の意味だ。次の語も覚えておこう。scrawny（やせこけた）、scraggy（(骨が浮き出るほど)やせこけた）、gaunt（やせ衰えた）。

　　　訳　マイクは10代のころ、のっぽで**ひょろひょろして**いた。筋肉がつき始めたのはようやく大学に入ってからで、背の高い体を以前よりも格好よく動かせるようになった。　　**正解　4**

023　**解説**　ハルコの英語の素晴らしさを語っている会話だ。空欄に入る語はimpeccable（非の打ちどころがない）だとわかる。類義語のflawless（完璧な）、exquisite（申し分のない）も覚えておきたい。

　　　訳　A: わぁ、ハルコは英語がすごくうまいわね。
　　　　　　B: **完璧**だよね。文法の間違いが一つもないよ。　　**正解　4**

024　**解説**　空欄に入るのは、2文目にあるpositive and energeticに相当する語だ。適切な選択肢はexuberant（元気いっぱいの、熱狂的な）に限定できる。名詞形のexuberance（活力、生気）も覚えておこう。

　　　訳　ジョーンは**快活な**性格なので、どのパーティーでも歓迎される。彼女はとても積極的で活発な人物だ。　　**正解　3**

025　**解説**　tantamountは語源的にamount（量）と関連があり、「同じ量になる」が原義。そこから「等しい」の意味で使われる。この語はA is tantamount to Bの形で使い、悪い事柄について「AはBに匹敵する（ほど悪い）、AはBと同じ（くらい悪い）」という意味を表す。

　　　訳　戦争開始を支持する人たちは、その国の残虐な指導者を阻止するために何もしないのは、市民を殺害することに**等しい**と言っている。　　**正解　2**

語彙チェック

021
1 sluggish 《経済などが》停滞した
2 perverse ひねくれた、屈折した
3 succinct 簡潔な、簡明な
4 potent 影響力のある、有力な

022
1 probationary 試用中の、見習い中の
2 staid 生真面目な、退屈な
3 extrinsic 外部からの、外的な
4 lanky ひょろっとした

023
1 relentless 無慈悲な、容赦ない
2 penitent 後悔した
3 exponential 急激な、幾何級数的な
4 impeccable 非の打ちどころがない

024
1 implacable なだめられない、執念深い
2 invincible 無敵の、打ち負かせない
3 exuberant 元気いっぱいの
4 shrewd 抜け目のない

025
1 dubious 疑わしく思う
2 tantamount 等しい
3 affable 愛想のよい、優しい
4 innocuous 当たり障りのない、無害な

026 A: I was so nervous before our group presentation, but Nathan didn't seem worried about it at all.
B: That sounds like him. He's ( ) about everything.

　1 gluttonous　**2** oblique　**3** paltry　**4** nonchalant

027 Nancy keeps ( ) records of her finances, and she knows exactly how much money she is spending each month.

　1 meticulous　**2** blissful　**3** morbid　**4** odious

028 If you really want to succeed in this business, you have to be ( ). No matter how many times you fail, you can't even think about giving up.

　1 inept　**2** inveterate　**3** tenacious　**4** indolent

029 The town was not prepared for such a big earthquake, and many of its old, ( ) buildings collapsed.

　1 imperative　**2** kindred　**3** bereaved　**4** flimsy

030 From a young age, Michael has been very ( ) at drawing. In only a few minutes, he can draw lifelike sketches of people's faces.

　1 inanimate　**2** adept　**3** obsequious　**4** delusive

026 **解説** nonchalant（平然とした、無関心な）はcoolやunenthusiastic（熱意のない）などに近い意味の語だ。名詞形はnonchalance（無関心、無頓着）。逆の意味を持つ語句にworked up（混乱した、怒った）などがある。

訳 A: 私、グループプレゼンの前、すごく緊張したの。でもネイサンは全然気にしていないみたいだったわ。
B: それは彼らしいな。あいつは何事にも平然としているからね。。

正解 4

027 **解説** meticulousは「細部にまで気を使った、細心の」の意味だ。似た意味を持つ次の語も覚えておこう。fastidious（細事にこだわる、きちょうめんな）、fussy（つまらないことにこだわる、神経質な）、scrupulous（きちょうめんな、用心深い）。

訳 ナンシーは家計の記録をきちょうめんにつけていて、毎月いくら使っているのか正確に把握している。

正解 1

028 **解説** tenacious（粘り強い）はpersistentの類義語だ。名詞形のtenacity（粘り強さ、固執）も覚えておこう。対義語はfickle（気の変わりやすい）。

訳 この事業を成功させたいと本当に望むなら、粘り強くやる必要がある。何度失敗しようが、あきらめることなど考えてはいけない。

正解 3

029 **解説** 「古い（　　）建物が倒壊した」の空欄にふさわしい選択肢はflimsy（壊れやすい）に限る。対義語のsturdy（頑丈な）も覚えておこう。また、flimsyは比喩的に「《理由などが》薄弱な」の意味でも用いられる。flimsy excuseは「下手な言い訳」。

訳 その町はこれほど大きな地震に対して備えができていなかった。古くて壊れやすい建物の多くが倒壊した。

正解 4

030 **解説** 2文目の内容から、1文目は「絵を描くのがうまい」という内容になることがわかる。空欄にふさわしい選択肢はadept（熟練した）だ。類義語のproficient、versedも覚えておこう。

訳 マイケルは若いころから絵を描くのにとても熟達していた。彼はほんの数分で人の顔をそっくりに描くことができる。

正解 2

語彙チェック

	1	2	3	4
026	gluttonous 大食の、貪欲な	oblique 斜めの、傾いた	paltry ごくわずかな	nonchalant 平然とした
027	meticulous 細部まで気を使った	blissful 至福の	morbid 《考え・性向などが》病的な	odious いやらしい
028	inept 無能な	inveterate 根深い、常習的な	tenacious 粘り強い	indolent 怠惰な、無精な
029	imperative 必須の、避けられない	kindred 同類の、よく似た	bereaved 先立たれた、後に残された	flimsy 壊れやすい
030	inanimate 生命のない、非情の	adept 熟練した	obsequious へつらう、卑屈な	delusive 欺まん的な

031 Hank's father taught him that it was wise to avoid (   ) topics when talking with a group of people. "Nothing good comes from starting an argument," he had always said.

    1 lavish   **2** furtive   **3** anemic   **4** contentious

032 Neil is rather (   ), so he tends to have a lot of friends. They are attracted to his friendly and outgoing personality.

    1 gregarious   **2** myriad   **3** defamatory   **4** brute

033 Please understand that the factory's (   ) restrictions on acceptable types of clothing are in order to ensure the safety of all visitors.

    1 stringent   **2** spurious   **3** subservient   **4** queasy

034 Matilda is a (   ) supporter of animal rights. In addition to donating to nonprofit organizations that help to protect animals, she also volunteers at a local animal shelter.

    1 fervent   **2** propitious   **3** pungent   **4** gullible

035 Diets are useful, but their effects are limited for people with (   ) lifestyles. Besides eating healthy foods, you also need to do some physical activity.

    1 facetious   **2** sedentary   **3** personable   **4** conducive

Part 1 — 品詞別対策

031 解説　父の具体的な発言から、議論(argument)を避けるように教えていたとわかる。contentious は、「争う、論争する」という意味の動詞 contend の形容詞形で、「論争を招く、異論の多い」という意味。類義語の debatable は「議論の余地のある、異論の多い」、controversial は「物議をかもす」、touchy は「扱いにくい、厄介な」。

訳　ハンクの父親は、人の集まりで話すときは異論の多い話題を避けたほうが賢明だとハンクに教えた。「議論を始めても何もいいことにはつながらない」と父はいつも言っていた。

正解　4

032 解説　friendly and outgoing(気さくで外向的)の言い換えになっている gregarious が正解だ。gregarious は「群れをなす、群生する」という意味の形容詞で、そこから「群れでいることを好む」→「社交的な」という意味が派生した。類義語は sociable、対義語は antisocial(非社交的な)。

訳　ニールはどちらかというと社交的だ。だから彼にはたくさんの友だちがいる。彼らはニールの気さくで外向的な性格に惹かれている。

正解　1

033 解説　stringent は strict(厳しい)とほぼ同じ意味で、語源的にも関連がある。strain(強く引っ張る；緊張)も同じ語源からきている。名詞形の stringency(厳しさ)も覚えておこう。

訳　当工場では着用できる服の種類に厳しい制限を設けておりますが、お客様の安全を確保するためですので、ご理解のほどお願いいたします。

正解　1

034 解説　2文目に、マチルダは動物の保護に熱心であることが書かれている。そこから、空欄に入る適切な選択肢は fervent(熱心な)だと判断できる。類義語 zealous も覚えておこう。また、fervent に語源的に関連のある語に fervid(熱烈な)や fervor(熱情)がある。

訳　マチルダは動物の権利の熱心な支持者だ。動物の保護を支援する非営利組織に寄付をするだけでなく、地元の動物保護施設でボランティアもしている。

正解　1

035 解説　sedentary(座りがちの、《仕事などが》座ってする)は sedentary job(座り仕事)というフレーズで覚えておこう。語頭の sed- は sit(座る)の意味を持つ。sedate(落ち着いた)、sedative(鎮静作用のある；鎮静剤)、sediment(沈殿物)などの sed- も語源的に「座る」の意味だ。

訳　食事制限は有用だが、座りがちの生活をしている人には効果は限られる。健康によいものを食べることに加え、体を動かさなければならない。

正解　2

語彙チェック

031
1 lavish　ぜいたくな
2 furtive　人目を盗んだ、内緒の
3 anemic　貧血の
4 contentious　論争を招く、異論の多い

032
1 gregarious　社交好きな、社交的な
2 myriad　無数の
3 defamatory　中傷的な、名誉棄損の
4 brute　残忍な、凶暴な

033
1 stringent　《規則などが》厳しい
2 spurious　偽の、誤った
3 subservient　へつらう
4 queasy　吐き気がする

034
1 fervent　熱心な
2 propitious　好都合な
3 pungent　《におい・味などが》刺激の強い
4 gullible　だまされやすい

035
1 facetious　ひょうきんな、冗談の
2 sedentary　座りがちの
3 personable　《人が》感じのよい
4 conducive　助けとなる、貢献する

036 Protestors are calling for the company to cancel their plans to build a factory on the former nature preserve, as the area is (　　) with wildlife, including many rare species.

　　1 seditious　　**2** teeming　　**3** perceptible　　**4** placid

037 Jessica looked (　　) in her flowing red gown. Surely she would be the most beautiful young lady at the formal dance.

　　1 erratic　　**2** irascible　　**3** recalcitrant　　**4** resplendent

038 The giant squid is a very (　　) animal, and photos of it in its natural habitat are extremely rare. A large reason for this is that it lives deep in the ocean.

　　1 elusive　　**2** acrid　　**3** inane　　**4** illustrious

039 Justin and Charlene were planning to order room service during their stay, but they were shocked by the (　　) prices. They decided to go out instead, as it would cost half as much money.

　　1 insular　　**2** robust　　**3** exorbitant　　**4** ascertainable

040 Mariah didn't understand what triggered her mother's (　　) visits. Sometimes she'd go a year without visiting. Other times, she'd visit twice in one month.

　　1 lackluster　　**2** sporadic　　**3** suave　　**4** venerable

Part 1 — 品詞別対策

036 解説 自動詞teem（（人・動物などで）満ちる）の現在分詞が形容詞化したteemingは、「（人や動物などが）たくさんいる」という意味。〈場所〉＋be teeming withで「〈場所〉に〜がたくさんいる」。類義語のbrimmingは「（液体や感情などが）あふれそうな」。

訳 抗議者たちはその会社に対し、自然保護区だった場所に工場を建てる同社の計画を中止するよう求めている。その地域には多くの希少種を含む野生動物が**数多く存在する**からだ。

正解 **2**

037 解説 resplendent（きらびやかな）はsplendor（豪華さ）やsplendid（華麗な）、splendiferous（華麗な）と同語源語。セットで覚えておこう。

訳 流れるような赤いドレスを着たジェシカは**きらびやか**だった。間違いなく彼女はその正式なダンスパーティーでいちばん美しい令嬢だった。

正解 **4**

038 解説 動詞eludeは「〜を逃れる」。e-（＝ex- 外に）＋lude（戯れる）からできた語で、「戯れながら外に出る」→「逃れる」の意味になった。ludicrous（ばかげた）、prelude（前奏曲）なども同語源語。elusive（つかまえにくい）はeludeの形容詞形だ。

訳 ダイオウイカはとても**見つけにくい**動物で、自然の生息環境で撮られた写真は極めて珍しい。その大きな理由は、ダイオウイカが深海に生息していることだ。

正解 **1**

039 解説 「外出すれば半分の値段で済む」という文脈から、空欄にはexorbitant（法外な）を入れるのが適切だ。類義語はextravagant、outrageous。名詞形はexorbitance（法外なこと）。

訳 ジャスティンとシャーリーンは滞在中、ルームサービスを頼む予定だった。しかし彼らはその**法外な**値段に驚いた。代わりに彼らは外出することにした。そうすれば半分の値段で済みそうだったからだ。

正解 **3**

040 解説 まる1年訪ねてこなかったり、月に2回訪ねてきたりする様子をsporadic（散発的な）という。頻度だけでなく、場所が「散在する、点在する」という意味でも使う。類義語はsparse、intermittent、対義語はconstant（一定の）。

訳 マライアは、なぜ母が**散発的に**訪ねてくるのかわからなかった。1年間来ないことがあると思えば、ひと月に2回来ることもあった。

正解 **2**

語彙チェック

	1	2	3	4
036	seditious 扇動的な	teeming （人や動物などが）たくさんいる	perceptible 知覚できる	placid おとなしい、落ち着いた
037	erratic 不安定な、むらのある	irascible 短気な	recalcitrant 反抗的な、手に負えない	resplendent きらびやかな
038	elusive つかまえにくい	acrid 鼻をつく、刺激性の	inane ばかげた、意味のない	illustrious 著名な、傑出した
039	insular 偏狭な、島国根性の	robust 頑丈な、力強い	exorbitant 法外な、途方もない	ascertainable 確かめられる
040	lackluster 精彩を欠いた	sporadic 散発的な	suave 温厚な、（表面上）丁寧な	venerable 尊敬すべき、由緒ある

出題率 B

■ 過去問で正答として登場した形容詞・副詞を問う問題を取り上げています。

041 The restaurant had a (　　) atmosphere, and Charlie could hardly hear himself talk over the other guests' laughing and loud voices.

 1 candid **2** boisterous **3** succulent **4** perfunctory

042 Bart's mom called for him to come downstairs for dinner, but he was so focused on his video game that he remained completely (　　).

 1 devious   **2** magnanimous
 3 deciduous   **4** oblivious

043 Most of Carolyn's coworkers thought that she was (　　), because she always kept to herself. In reality, though, she was just very shy.

 1 aloof **2** glib **3** statutory **4** circumspect

044 The CEO announced that the company's drop in profits was only (　　). He said that within six months, sales would be higher than ever.

 1 scanty **2** frenetic **3** transitory **4** delirious

045 As the average wedding today costs tens of thousands of dollars, many couples are looking for more (　　) options, choosing to spend only what they believe is necessary.

 1 frugal **2** squeamish **3** impermeable **4** trite

Part 1 — 品詞別対策

041 **解説** boisterousは「騒がしい」、「《人・行為・言葉などが》乱暴な」という意味の形容詞で、名詞形はboisterousness（騒々しい状態）。類義語のlivelyは「にぎやかな、活気のある」、対義語のmellowは「落ち着いた、穏やかな」、tameは「おとなしい、従順な」。

訳 そのレストランは騒がしい雰囲気で、チャーリーはほかの客の笑い声や大きな声のせいで自分が話していることすらほとんど聞こえなかった。　**正解 2**

042 **解説** so focused on（〜にあまりにも集中していて）とあることから、母親が食事に呼ぶ声に気がつかなかったという意味になるobliviousが正解。「（何かに没頭して）気がつかない、忘れている、無関心でいる」という意味の形容詞で、叙述用法でのみ用いられる。派生元の名詞oblivionは「忘却、無意識の状態」。

訳 バートの母親は夕飯に下りてくるよう彼を呼んだが、彼はあまりにもテレビゲームに夢中でまったく気がつかずにいた。　**正解 4**

043 **解説** いつも一人でいるという文脈から、aloof（よそよそしい、打ち解けない）が正解。friendly、warm、openの対義語で、否定的な含みがある。類義語はstandoffish（つんとした、冷たい）、distant（よそよそしい、敬遠している）。名詞形はaloofnessで「よそよそしい態度」。

訳 キャロリンの同僚のほとんどは、彼女がいつも一人でいるのでよそよそしいと思っていた。しかし、実際には、とても恥ずかしがり屋なだけだった。　**正解 1**

044 **解説** CEOは6か月以内に売上が伸びると予想しているので、減益は一時的なものと考えていることがうかがえる。transitoryは動詞transit（通過する）の形容詞形で、「一時的な、つかの間の」（＝temporary、short-lived）という意味になる。名詞形はtransition（推移）。対義語はpermanent（永遠の）、long-lasting（長引く）。

訳 CEOは会社の利益の落ち込みは一時的なものでしかないと発表した。6か月以内に売上はこれまで以上に高くなるだろうと述べた。　**正解 3**

045 **解説** choosing以下の内容から、空欄の前後は「お金をかけない」という文脈になると判断できる。frugalは「質素な、倹約する」という意味で、類義語にthriftyがある。名詞形はfrugality（倹約、質素）。なお、stingyは「（悪い意味で）けちな、しみったれた」を表す。

訳 昨今、結婚式の平均的な費用は何万ドルにも及ぶので、多くのカップルがより質素な選択肢を求め、これだけは必要と考えるもののみにお金をかけることを選んでいる。　**正解 1**

語彙チェック

041	1 candid 率直な	2 boisterous 騒がしい	3 succulent 果汁[肉汁]の多い	4 perfunctory うわべだけの、気のない
042	1 devious 正道を外れた、ずるい	2 magnanimous 寛大な、高潔な	3 deciduous 落葉性の	4 oblivious 気がつかない、忘れている
043	1 aloof よそよそしい	2 glib 口先だけの、まかせの	3 statutory 法定の	4 circumspect 慎重な、用心深い
044	1 scanty わずかな、乏しい	2 frenetic 狂ったような、狂乱の	3 transitory 一時的な、つかの間の	4 delirious 精神が錯乱した
045	1 frugal 質素な、倹約する	2 squeamish すぐに気分が悪くなる	3 impermeable 不浸透性の	4 trite 古くさい、陳腐な

第1章 動詞　第2章 名詞　第3章 形容詞・副詞　第4章 熟語

出題率 B

046 Sammy did not know that the meeting was going to be a casual outdoor barbecue. Dressed in a full business suit, he looked quite (　　) surrounded by people in shorts and sandals.

 1 efficacious **2** propitious **3** garrulous **4** conspicuous

047 One protestor said, "We must do something about this factory's (　　) disregard for the environment. They don't even try to hide the fact that they're dumping toxic waste into the river!"

 1 nostalgic   **2** impregnable
 3 docile   **4** overt

048 The crowd at the basketball game was so (　　) that the players couldn't even hear each other's voices, and it caused them to make some mistakes.

 1 nimble **2** rowdy **3** emaciated **4** ostensible

049 A: I'm not complaining, but I don't understand why Jane is so eager to help us.
  B: It seems suspicious to me. I think she has an (　　) motive.

 1 invariable **2** ulterior **3** arduous **4** impalpable

050 Be sure to have an (　　) expression during the negotiations. If you show your emotions, it could negatively affect the outcome of this agreement.

 1 inscrutable **2** intrepid **3** obligatory **4** illicit

046 **解説** カジュアルな服装の人たちの中に、一人だけビジネススーツでいたということは、とても浮いて見えたと考えられる。conspicuousは「はっきり見える、（特徴や異質さなどで）目立つ」という意味。対義語はinconspicuous（目立たない）。

訳 サミーは、その会議がカジュアルな屋外でのバーベキューになることを知らなかった。彼は完全なビジネススーツを着ていたので、短パンとサンダルを着た人々に囲まれてとても目立った。

正解 **4**

047 **解説** overt（あからさまな）はcovert（密かな）の対義語だ。overt hostility（あからさまな敵意）というフレーズで覚えておこう。似た意味を持つmanifest（明白な）とpatent（明白な）、および反対の意味を持つsurreptitious（内密の、こそこそする）も覚えておこう。

訳 1人が抗議して言った。「我々は行動を起こさなければならない。この工場はあからさまに環境問題を軽視している。有毒な廃棄物を川に垂れ流していることを隠そうともしないではないか」

正解 **4**

048 **解説** あまりにも（　）で、選手たちはお互いの声が聞こえなかったとあるので、rowdy（騒しい、乱暴な）が適切。名詞で「騒々しい人、乱暴な人」という意味もある。類義語で「乱暴な、手に負えない」という意味のunrulyも併せて覚えておこう。

訳 バスケットボールの試合に集まった観客はとても騒々しく、選手たちはお互いの声が聞こえないほどで、そのせいでミスをすることもあった。

正解 **2**

049 **解説** 話者の2人はジェーンが手伝いたがることを怪しがっている。ulteriorは「（意図的に）隠された（＝hidden、concealed）、秘めた（＝secret）」という意味の形容詞。ulterior motive（隠された動機）の組み合わせで使われることが多く、「下心、思惑、魂胆」などの意味になる。

訳 A: 文句を言っているわけではないのだけど、ジェーンがどうしてこんなに私たちを手伝いたがるのか理解できないの。
B: それは僕にも怪しく思える。彼女には隠された動機があると思う。

正解 **2**

050 **解説** scrutinyは「綿密な調査」を意味する名詞。inscrutableのin-は「反対」を表し、「（調べても）わからない、不可解な」の意味になる。関連のある動詞scrutinize（〜を綿密に調査する）も覚えておこう。対義語はcomprehensible（わかりやすい）。

訳 交渉の間は気持ちを悟られないような表情をしていなさい。感情を表に出したら、この契約に不利な結果を招きかねない。

正解 **1**

語彙チェック

	1	2	3	4
046	efficacious 効果的な	propitious 好都合な	garrulous おしゃべりな	conspicuous はっきり見える、目立つ
047	nostalgic 郷愁に満ちた	impregnable 《考えなどが》揺るがない	docile 従順な	overt あからさまな、公然の
048	nimble 《動きなどが》敏しょうな	rowdy 騒々しい、乱暴な	emaciated やせ衰えた	ostensible 表向きの
049	invariable 不変の、一定の	ulterior 隠された	arduous 困難な	impalpable 触っても感じられない
050	inscrutable 不可解な	intrepid 勇敢な	obligatory 義務的な	illicit 不法な

051 After the car accident, doctors told Matthew that he'd be lucky to ever walk again, let alone run. However, he overcame seemingly (　　) odds, and ten years later he ran his first marathon.

1 insurmountable　　2 insolent
3 roundabout　　　　4 senile

052 A: Hey, was this book any good?
B: No, not really. The ending was totally (　　). It didn't seem natural at all.

1 venerable　2 pragmatic　3 contrived　4 nebulous

053 There were a few times when Marvin was sure that their business was going to fail, but his partner's (　　) attitude helped him to stay positive, and in the end the company was a huge success.

1 penitent　2 studious　3 soggy　4 irrepressible

054 Harry was halfway through explaining his business idea to his wife when he noticed the (　　) look on her face. That's when he realized that she had no idea what he was talking about.

1 quizzical　2 stringent　3 omniscient　4 muggy

055 Julia had to act (　　) while planning her husband's surprise birthday party. She didn't want him to find out about it ahead of time.

1 surreptitiously　　2 voraciously
3 dismally　　　　　4 obliviously

051
解説 insurmountable（克服できない）は、sur-（上に）＋mount（登る）＋-able（できる）に否定の接頭辞 in- がついたもの。対義語は in- がつかない surmountable（克服できる）。

訳 自動車事故のあと、医師たちはマシューに走るのはおろか、また歩けるようになるだけでもラッキーだと言った。しかし彼は一見**乗り越えがたい**逆境を克服し、10年後には初マラソンを走った。

正解 1

052
解説 Bの最後のセリフに「自然な感じがしなかった」とあり、その言い換えになっている contrived（不自然な、わざとらしい）が正解。類義語は artificial。動詞形の contrive は「（巧みに）〜を作る」という意味。

訳 A: ねえ、この本、よかった？
B: いや、それほどでもないよ。終わり方がとても**わざとらしい**んだ。まるで自然な感じがしなかったな。

正解 3

053
解説 repress（〜を抑える）＋-ible（できる）＝repressible（抑止できる）に、否定の接頭辞 ir- がついた irrepressible は、「《衝動・感情が》抑えられない、《人・行為が》手に負えない」という意味の形容詞。「活力や熱意が（抑えられないほど）満ちあふれた」という意味でも用いられる。

訳 マーヴィンは自分たちの事業が失敗しそうだと確信することが何度かあったが、パートナーの**元気で熱意にあふれた**態度のおかげで前向きさを保つことができ、最終的に会社は大成功を収めた。

正解 4

054
解説 相手の言っていることが理解できないときに浮かべる表情を表すのは quizzical（戸惑った）。類義語は confused。quizzical には「からかうような、奇妙な」などの意味もある。

訳 ハリーは妻に仕事のアイデアを途中まで説明したところで、彼女の**戸惑ったような**表情に気づいた。そのときになって、妻が自分の言っていることがまるで理解できていないことに気づいた。

正解 1

055
解説 サプライズパーティーを夫に知られたくないという文脈から、「こっそりと、ひそかに」という意味の surreptitiously が正解。類義語には secretly、sneakily、covertly、stealthily があり、反対に「堂々と」は openly、publicly。

訳 ジュリアは夫の誕生日のサプライズパーティーを準備している間、**こっそりと**行動しなければならなかった。当日まではパーティーのことを夫に知られたくなかったのだ。

正解 1

語彙チェック

051
1. insurmountable 克服できない
2. insolent 傲慢な
3. roundabout 遠回しの
4. senile 老年の、老人性認知症の

052
1. venerable 尊敬すべき、由緒ある
2. pragmatic 実用的な、実用主義の
3. contrived 不自然な、わざとらしい
4. nebulous 漠然とした、あいまいな

053
1. penitent 後悔した
2. studious 勉強好きな
3. soggy 湿っぽい、びしょぬれの
4. irrepressible 活力・熱意に満ちあふれた

054
1. quizzical 戸惑った、いぶかしげな
2. stringent 《規則などが》厳しい
3. omniscient 全知の、博識の
4. muggy 蒸し暑い

055
1. surreptitiously ひそかに
2. voraciously 貪欲に
3. dismally 陰気に、みじめに
4. obliviously 気づかずに、無関心に

056 The team's star quarterback suffered a serious injury just before halftime, and the general mood was very (　　) in the locker room.

  1 discernible　**2** somber　**3** intractable　**4** celibate

057 I got to visit the executive's condo in New York last weekend, which was just as (　　) as the man himself. It was stylish, clean, and clearly worth a lot of money.

  1 abominable　　　**2** impertinent
  3 frigid　　　　　　**4** sleek

058 A: What does the article say?
B: Hold on. These online ads are so (　　) that I can't even find the article content.

  1 obstinate　**2** deplorable　**3** obtrusive　**4** indigenous

059 The school board called a (　　) meeting to discuss the building of a new football stadium. Each member of the board was expected to read the meeting agenda before attending.

  1 plenary　**2** harried　**3** gallant　**4** semantic

060 In order for your computer to run at (　　) speed, it needs to be kept cool. When the temperature gets too high, performance will begin to drop.

  1 incompetent　**2** imminent　**3** optimum　**4** stolid

Part 1 — 品詞別対策

056 **解説** チームのスター選手がけがをしたという文脈から、深刻な雰囲気になっていると推測できる。somber は「《場所・空などが》どんよりした、《性格・気分が》陰気な、重苦しい」という意味の形容詞。類義語の gloomy と sullen、対義語の upbeat(陽気な)も併せて覚えたい。

訳 そのチームのスターQB(クオーターバック)はハーフタイム直前に重傷を負い、ロッカールームには全体的にとても重苦しい雰囲気が漂っていた。　　**正解 2**

057 **解説** 2文目の stylish, clean, and clearly worth a lot of money から判断する。sleek は「しゃれた、かっこいい」という意味の形容詞で、類義語は attractive、elegant。sleek には、そのほか「光沢のある、流線型の」などの意味もある。

訳 私は先週末、ニューヨークにある重役のマンションを訪れた。そのマンションは重役本人と同じようにしゃれていた。スタイリッシュで清潔で、お金がかかっているのは明らかだった。　　**正解 4**

058 **解説** obtrude は「〜を押しつける、強要する」という意味の動詞で、intrude もほぼ同じ意味だ。形容詞形の obtrusive は悪い意味で「ひどく目立つ」の意味になる。

訳 A: その記事には何て書いてあるの?
B: ちょっと待って。オンライン広告が目立ちすぎて記事が見つからないんだよ。　　**正解 3**

059 **解説** plenary(全員出席の)は、plenty(豊富)と同語源語。「全員出席の会議」は簡単に full meeting と言うこともできる。対義語は partial(部分的な)。

訳 教育委員会は新しいサッカー場の建設について議論するために全員参加の会議を招集した。各委員はあらかじめ会議の議題に目を通しておくことになっていた。　　**正解 1**

060 **解説** 形容詞 optimum(最適な)は optimal と同じ意味だ。動詞形の optimize は「〜を最大限に利用する」の意味で、パソコンの「最適化」にも用いられる。optimize the computer system は「パソコンのシステムを最適化する」の意味だ。

訳 パソコンを最適な速度で動作させるには、パソコンの温度を低く保つ必要がある。温度が高くなりすぎると性能が落ちてくる。　　**正解 3**

語彙チェック

056
1. discernible — 認められる、識別できる
2. somber — 陰気な、重苦しい
3. intractable — 扱いにくい
4. celibate — 独身主義の

057
1. abominable — 嫌悪感を引き起こす、ひどい
2. impertinent — 無作法な、礼儀をわきまえない
3. frigid — 厳寒の
4. sleek — しゃれた、かっこいい

058
1. obstinate — 頑固な
2. deplorable — 嘆かわしい、遺憾な
3. obtrusive — ひどく目立つ
4. indigenous — 原産の、先住の

059
1. plenary — 《会議などが》全員出席の
2. harried — 苦しんでいる
3. gallant — 勇敢な、堂々とした
4. semantic — 意味論の

060
1. incompetent — 能力のない、役に立たない
2. imminent — 差し迫った、切迫した
3. optimum — 最適の、最善の
4. stolid — 無感動な、鈍感な

061 A: Wow, I can't believe that you were able to turn that (　　) cottage into this place!
B: Thank you. We spent a lot of time and money on the repairs.

1 clumsy　　**2** pertinent　　**3** tantamount　　**4** dilapidated

062 The drug addict's children were living in (　　) conditions. There was no running water in their home, and they were not getting enough food each day.

1 interminable　　**2** appalling
3 inflatable　　**4** vehement

063 The war marked a (　　) time in the nation's history. People were hungry and fighting amongst themselves, the economy was in ruins, and it seemed that there would be no end to the fighting.

1 vigilant　　**2** sporadic　　**3** turbulent　　**4** terse

064 They gave her the medicine via an (　　) drip, as that was more effective than taking it orally.

1 auspicious　　**2** imperious　　**3** extraneous　　**4** intravenous

065 Vince is highly qualified for a variety of jobs, but his (　　) appearance makes it difficult for him to pass interviews.

1 gaunt　　**2** unkempt　　**3** mutinous　　**4** eminent

Part 1 — 品詞別対策

061 解説　dilapidated（荒廃した、老朽化した）はrun-down（荒れ果てた）に近い意味だ。tumbledown（荒廃した、ぼろぼろの）もほぼ同義。名詞形はdilapidation（荒廃、老朽化）。

訳　A: わあ、あのぼろぼろの小屋をこんな家に変えたなんて、あなたってすごいわね。
B: ありがとう。修理するのに時間とお金がたくさんかかったんだ。　　　　正解　**4**

062 解説　後半に水も十分な食料もないとあり、劣悪な生活環境が推測される。appallingは、「～をぞっとさせる、がく然とさせる」という意味の他動詞appallの現在分詞が形容詞化したもので、「ひどい、ぞっとするような、最低の」という意味になる。類義語はalarmingで「由々しい、大変な」。

訳　その薬物中毒者の子供たちはひどい状況で生活していた。家には水道がなく、毎日十分な食料が得られずにいた。　　　　正解　**2**

063 解説　後半に飢えや戦い、経済の崩壊などとあり、大混乱の時代だったことがわかる。turbulent（混乱した、騒然とした）が正解だ。類義語にrocky、shaky、troubled、対義語にsteadyがある。名詞形のturbulence（混乱）には「乱気流」の意味もある。

訳　その戦争は国の歴史の中でも動乱の時代だった。人々は飢え、互いに戦い、経済は壊滅状態になった。そして戦いには終わりがないように思われた。　　　　正解　**3**

064 解説　intravenousはintra-（中の）＋venous（静脈の）から成っている。intravenous dripは「（静脈への）点滴」という意味だ。この形で覚えておこう。また、intravenously（静脈を通して、点滴で）という副詞もよく使われる。

訳　彼女は静脈の点滴で薬を入れられた。経口で摂取するより効果が高いからだ。　　　　正解　**4**

065 解説　unkemptのkemptは語源的にcomb（くしでとかす）に関連し、「《髪が》くしでとかしていない」が第一義だ。ほかにmessy hair（ぼさぼさの髪）やscraggly beard（手入れしていないひげ、無精ひげ）という表現も覚えておこう。

訳　ヴィンスはいろいろな仕事に高い能力を備えているのだが、身だしなみがだらしないので面接になかなか通らない。　　　　正解　**2**

語彙チェック

	1	2	3	4
061	clumsy 不器用な	pertinent 適切な、妥当な	tantamount 等しい	dilapidated 荒廃した、老朽化した
062	interminable 果てしない	appalling ひどい、ぞっとするような	inflatable 膨らますことのできる	vehement 熱心な、激しい
063	vigilant 用心深い、慎重な	sporadic 散発的な	turbulent 混乱した、騒然とした	terse 簡潔な
064	auspicious 幸先のよい	imperious 傲慢な、横柄な	extraneous 無関係の	intravenous 点滴の、静脈の
065	gaunt やつれた、痩せ衰えた	unkempt だらしのない	mutinous 反抗的な	eminent 著名な

066 A: You said that this car is ten years old? It's so clean and nice. It looks brand new.
B: Thank you. I try to keep it in (　　) condition.

  1 dispensable　**2** untenable　**3** succinct　**4** pristine

067 Although the company claimed that scientific studies had shown their weight-loss pill to be effective, it turned out that they had only conducted (　　) experiments that didn't really mean anything.

  1 intermittent　**2** ponderous　**3** bogus　**4** bucolic

068 Our organization helps homeless people living in (　　) buildings around the city by giving them a suitable place to live.

  1 derelict　**2** ecstatic　**3** ferocious　**4** quaint

069 The Internet has become (　　) in modern-day society. It is everywhere, and it affects everything we do.

  1 abortive　**2** impulsive　**3** pervasive　**4** submissive

070 When the president was informed that the neighboring country was likely to attack later that week, he ordered a (　　) strike on one of its main bases.

  1 fervent　**2** cardinal　**3** shoddy　**4** preemptive

Part 1 — 品詞別対策

066 解説　新品(brand new)みたいだというほめ言葉を言い換えたpristine(元の状態の、無傷の)が正解。「(文明などに)汚されていない、純粋なままの、原始の」という意味もある。類義語はimmaculate、spotlessで、どちらも「しみ一つない、汚れていない、無垢の」という意味。対義語はfilthy(汚い、不潔な)。

訳　A: この車は買ってから10年だって言っていたよね？　とてもきれいで状態がいいね。新車みたいだ。
B: ありがとう。**元の状態の**ままに保とうとしているんだ。　　　正解　**4**

067 解説　空欄の直後の名詞experimentsを修飾するthat節に「本当は何の意味もない」とあるので、正解はbogus(にせの、いんちきの)。類義語はfake、counterfeit(counterfeit billは「偽造紙幣」)、fraudulent(不正な、詐欺の)。対義語はlegitimate(正当な)。

訳　その会社は彼らの減量薬に効果があることを科学的な研究が示したと主張したが、実際には何の意味もない**いんちきの**実験をしただけだったことが判明した。　　　正解　**3**

068 解説　derelictは形容詞で「放置された、見捨てられた」(＝abandoned)。derelict buildingで「廃屋、使われていない建物」という意味。derelictには名詞で「仕事、お金、家などがない人、路上生活者」という意味もある。

訳　我々の組織は、住むのに適した場所を提供することで、市内の**放棄された**建物に住んでいるホームレスの人々を支援している。　　　正解　**1**

069 解説　It is everywhereとは、つまりpervasive(まん延している、どこにでもある)ということ。類義語には、ubiquitous(遍在する)、universal(普遍的な)、prevalent(普及した)、inescapable(避けられない)がある。pervasiveの元になっている動詞のpervadeは「浸透する、普及する」という意味。名詞形はpervasion(浸透、普及)。

訳　インターネットは現代社会に**行き渡る**ようになった。それはどこにでもあり、私たちがすることすべてに影響を与えている。　　　正解　**3**

070 解説　隣国が攻めてくるという報告を受けて大統領が命じたのは、「先制」攻撃だ。正解は「先制の」を意味するpreemptive。対義語はretaliatory(報復の)。動詞形はpreempt(〜を先取する、〜に先手を打つ)。

訳　大統領は隣国がその週のうちに攻撃してくる可能性があるという報告を受け、主要基地の一つに対する**先制**攻撃を命じた。　　　正解　**4**

語彙チェック

	1	2	3	4
066	dispensable なくても済む	untenable 支持できない	succinct 簡潔な	pristine 元の状態の
067	intermittent 断続的な	ponderous 《話し方などが》重苦しい	bogus にせの、いんちきの	bucolic 田舎の
068	derelict 放置された	ecstatic 有頂天の	ferocious 獰猛な、凶暴な	quaint 趣のある、古風で面白い
069	abortive 不成功の	impulsive 衝動的な	pervasive 行き渡る、まん延する	submissive 従順な
070	fervent 熱心な	cardinal 非常に重要な、基本的な	shoddy 粗悪な、手抜きの	preemptive 先制の

第1章 動詞／第2章 名詞／第3章 形容詞・副詞／第4章 熟語

071 Susan was (　　) about her son's plan to study abroad. She wanted him to have the experience of living in a foreign country, but at the same time she didn't like the idea of him being so far away.

　　1 ambivalent　**2** pallid　**3** devious　**4** desultory

072 Martin's wife wanted to take their children out of school and have them study with a private tutor at home, but he was worried that it would be (　　) to their social development.

　　1 detrimental　**2** limp　**3** provident　**4** surreptitious

073 The principal scolded the students for smoking in the school's hallways, saying that it was a (　　) violation of the rules.

　　1 fastidious　**2** poignant　**3** stagnant　**4** flagrant

074 Joseph made a lot of money when he sold his company. Unfortunately, he lost most of it due to some (　　) investments that he would later regret.

　　1 complacent　**2** imprudent　**3** unruly　**4** profound

075 The judge found Graham criminally (　　) for playing a game on his smartphone when he caused the car crash. "Your carelessness could have killed someone," the judge said.

　　1 negligent　**2** pedantic　**3** dainty　**4** reclusive

071
解説 2文目に両立しない2つの心情が具体的に書かれている。ambivalentは、「双方の」を表す接頭辞ambi-がついた形容詞で「相反する感情を持つ、どちらかを決めかねる」という意味。名詞形はambivalenceで「(相反する)感情の交錯、ためらい」。

訳 スーザンは息子の海外で学ぶ計画について**相反する感情を持って**いた。息子に外国で生活する経験を持ってほしいとは思ったが、同時にそんなに遠くに行ってしまうのは嫌だった。

正解 **1**

072
解説 学校に通わず家で勉強することが社会性の発達にどのような影響を及ぼす可能性があるかを考えればdetrimental(有害な)が正解だ。類義語はdamaging、harmful、対義語はbeneficial(有益な)。名詞形はdetriment(損害、不利益)。

訳 マーティンの妻は子供たちに学校をやめさせて家で家庭教師をつけて勉強させたいと思ったが、彼はそうすることが、子供たちの社会性の発達に**害をもたらす**ことになるのではないかと不安だった。

正解 **1**

073
解説 flagrantは「目に余る、はなはだしい」の意味。flagrant violations of human rights(はなはだしい人権侵害)というフレーズで覚えておこう。類義語にblatant(露骨な、目に余る)がある。なお、語形が似ているfragrant(香りのよい)と混同しないようにしよう。

訳 校長はその生徒たちが学校の廊下で喫煙したので叱責し、喫煙は**はなはだしい**校則違反だと言った。

正解 **4**

074
解説 形容詞prudentは「慎重な」。これに「反対」を意味するim-をつけた語がimprudent(軽率な)だ。名詞形はimprudence(軽率さ)。prudential(慎重な)も併せて覚えておこう。

訳 ジョゼフは会社を売却して大金を手にした。だが残念ながら**不用意な**投資をしたため、そのお金をほとんど失ってしまい、あとになって悔やんだ。

正解 **2**

075
解説 negligent(怠慢な、不注意な)は、neglect(〜を無視する)と同語源語。neg-はnotを意味する接頭辞。類義語はcareless、名詞形はnegligence(怠慢、不注意)。

訳 裁判官は、グラハムが車の衝突事故を起こしたときスマートフォンでゲームをしていたのは法に触れるほどの**不注意**だと見なした。「あなたの不注意によって、人が亡くなっていた可能性もあるのですよ」と裁判官は言った。

正解 **1**

語彙チェック

	1	2	3	4
071	ambivalent 相反する感情を持つ	pallid 青ざめた	devious 正道を外れた、ずるい	desultory とりとめのない、散漫な
072	detrimental 有害な	limp 柔弱な、弱々しい	provident 将来に備えた、慎重な	surreptitious 秘密の
073	fastidious 潔癖な、口うるさい	poignant 心に強く訴える、感動的な	stagnant 停滞した	flagrant 目に余る
074	complacent 自己満足した	imprudent 軽率な、無分別な	unruly 手に負えない、乱暴な	profound 深い、大きな
075	negligent 怠慢な、不注意な	pedantic 細事にこだわる	dainty 上品な、優美な	reclusive 引きこもりがちな、世を捨てた

出題率 B

076 Johnny was very (　　) as a child, and he sometimes made his parents tired with his endless lists of questions.

1 ample　　2 inquisitive　3 crabby　　4 exultant

077 A: How's that new job of yours?
B: The pay isn't too bad, but it's such (　　) work. I think that I might have the most boring job in the world.

1 elusive　　2 intrinsic　3 mundane　　4 demure

078 Improving this state's quality of education is a (　　) goal. However, the governor has a lot of work ahead of him in order to make his promise a reality.

1 malevolent　2 pandemic　3 laudable　　4 lurid

079 Tommy spent his summer vacation at an (　　) town up in the mountains. It was nice to get away from the noise of the big city, interact with the friendly locals, and explore nature.

1 agape　　2 idyllic　　3 erroneous　　4 uncanny

080 When her husband passed away from cancer, Julia's friends made a (　　) effort to support her both emotionally and financially.

1 convoluted　2 conciliatory　3 concerted　4 constrained

Part 1 — 品詞別対策

076 解説 「両親がうんざりするほどの尽きることのない質問」とあることから、正解は inquisitive（好奇心の強い、知りたがる）。類義語は curious で、対義語は uninquisitive（好奇心のない）。同語源語に inquiry（問い合わせ）、inquisition（尋問）などがある。

訳 ジョニーは子供のころ、とても**好奇心が強く**、尽きることのない質問で両親をうんざりさせることもあった。

正解 **2**

077 解説 B は 2 文目で自分が the most boring job に就いていると言っていることから、空欄に適するのは mundane（平凡な、つまらない）。対義語は exciting、thrilling（わくわくするような）。

訳 A: 新しい仕事はどう？
B: 給料はそれほど悪くないんだけど、とても**つまらない**仕事だよ。世の中でいちばん退屈な仕事に就いたんじゃないかと思うくらい。

正解 **3**

078 解説 laudable は、動詞の laud（〜をほめたたえる）から派生した形容詞で「称賛に値する」という意味。類義語は commendable、praiseworthy、noble、対義語は condemnable（非難すべき、とがめられるべき）。同じく laud から派生した形容詞には laudatory があるが、こちらは「称賛の、賛美の」という意味になる。

訳 この州の教育の質を向上させることは**称賛に値する**目標だ。しかし、知事のこの約束を実現するためには問題が山積していた。

正解 **3**

079 解説 2 文目の get away from the noise of the big city（大都市の喧騒を離れる）と文脈的に合うのは idyllic（牧歌的な、のどかな）。類義語は peaceful。名詞形は idyll（田園詩、田園風景）で、idle（怠けた）、idol（偶像）と同音語。

訳 トミーは夏休みを山の中の**のどかな**町で過ごした。大都市の喧騒を離れ、親切な地元の人たちと交流したり、自然の中を散策したりするのは楽しいことだった。

正解 **2**

080 解説 concerted は「協定した、協力して行われる」という意味の形容詞。「コンサート、協奏」という意味の concert には、「〜を協定［協調］する」という他動詞の意味もあり、concerted はこの過去分詞形が形容詞化したもの。対義語の disparate は「共通点のない、異種の」、individual は「個々の」。

訳 夫ががんで亡くなったとき、ジュリアの友人たちは精神的にも経済的にも彼女を支えるために**協力して**努力した。

正解 **3**

語彙チェック

076
1 ample 豊富な
2 inquisitive 好奇心の強い、知りたがる
3 crabby 不機嫌な、すねた
4 exultant 大喜びの、歓喜の

077
1 elusive つかまえにくい
2 intrinsic 固有の
3 mundane 平凡な、つまらない
4 demure おとなしい、控えめな

078
1 malevolent 悪意のある
2 pandemic 《病気が》広範囲にはやる
3 laudable 称賛に値する
4 lurid ぞっとするような

079
1 agape 《驚いて》口を開けた
2 idyllic 牧歌的な、のどかな
3 erroneous 《判断・学説などが》間違った
4 uncanny 奇妙な、不思議な

080
1 convoluted 《議論などが》複雑な
2 conciliatory なだめる（ような）、融和的な
3 concerted 協力して行われる
4 constrained 強制された

081 You wouldn't know that Lloyd had won the lottery by looking at his (　　) face. He didn't seem to be feeling any emotion at all.

1 boisterous　2 impassive　3 elaborate　4 flippant

082 With (　　) disregard for the "No Smoking" sign right next to him, the teenager sat on the bench and lit up a cigarette.

1 reticent　　　　2 philanthropic
3 flippant　　　　4 brazen

083 The former CEO is now on trial for theft. He faces charges for (　　) stealing over one million dollars in company assets.

1 allegedly　　　　2 unabashedly
3 nonchalantly　　　4 ascetically

084 Only ten years ago, this technology was still quite (　　), and although it may seem advanced now, we are still only seeing a fraction of its true potential.

1 torrid　　2 irresolute　　3 rudimentary　　4 amenable

085 With such a clean and modern city center, it's easy to forget that most of this country's people are still living in (　　) poverty. Many don't even have enough money to provide their children with shoes.

1 tepid　　2 intangible　　3 abject　　4 incipient

Part 1 — 品詞別対策

081 **解説** 2文目に「まったく感情がないかのようだった」とあるので、ロイドの顔は「無表情」だと考えられる。正解は impassive(無表情の)。im- をとった passive は「受け身の」の意味。

訳 ロイドの**無表情な**顔を見ただけでは、彼が宝くじに当たったことはわからなかっただろう。彼にはまったく感情がないかのようだった。

正解 2

082 **解説** 「喫煙禁止」の表示の隣でたばこを吸うという行為を形容するのは brazen(厚かましい、恥知らずな)。shameless よりも意味が強い。

訳 **厚かましくも**、すぐ隣にある「喫煙禁止」の表示を無視し、その10代の若者はベンチに座ってたばこに火をつけた。

正解 4

083 **解説** 動詞 allege の leg は「法律」を意味する語根で、「(適法であることを)申し立てる」が原義。その変化形が allegedly(申し立てによると、伝えられるところでは)。時事英語で非常によく見られる副詞である。類義語 purportedly も覚えておこう。

訳 前 CEO は現在窃盗の容疑で公判中だ。**伝えられるところでは**、彼には会社の資産100万ドルを盗んだ疑いが持たれている。

正解 1

084 **解説** although のあとに「今では進歩しているように思われるかもしれない」とあるので、「ほんの10年前、この技術はまだ(　　)ものだった」の空欄には advanced の対義語が入る。正解は rudimentary(原始的な、未発達の)だ。対義語は advanced(進んだ)、developed(進化した)。

訳 ほんの10年前、この技術はまだ**原始的な**ものだった。そして、今では進歩しているように思われるかもしれないが、まだその真の潜在力のごく一部を目にしているに過ぎない。

正解 3

085 **解説** abject は「悲惨な、みじめな」という意味の形容詞。問題文のように abject poverty(赤貧、極めて貧しいこと)のフレーズでよく使われる。類義語の wretched(ひどくみじめな)、deplorable(deplore(嘆く)＋-able)、miserable(misery(悲惨さ)＋-able)も併せて覚えよう。名詞形は abjection で「(品性などの)卑しさ」。

訳 そのような清潔で現代的な都市の中心では、この国の人々のほとんどが今も**悲惨な**貧困の中で暮らしていることを忘れやすい。多くの人々は、子供たちに靴を買ってやるお金もないのだ。

正解 3

語彙チェック

	1	2	3	4
081	boisterous 騒がしい	impassive 無表情の	elaborate 手の込んだ	flippant 不真面目な、ふざけた
082	reticent 無口な	adversarial 敵対者の、当事者対抗の	philanthropic 博愛(主義)の、慈悲深い	brazen 厚かましい
083	allegedly 申し立てによると	unabashedly 恥ずかしがらずに	nonchalantly 平然と、無頓着に	ascetically 禁欲的に
084	torrid 熱烈な	irresolute 優柔不断な	rudimentary 原始的な、未発達の	amenable 従順な
085	tepid ぬるい	intangible 触れることのできない、無形の	abject 悲惨な、みじめな	incipient 初期の

086 Brenda and her husband have (　　) views about how they should spend their money. He wants to invest it in the stock market, but she wants to use it to remodel their kitchen.

 1 sedentary **2** insubstantial **3** disparate **4** urbane

087 From the time he was a child, Logan's thirst for knowledge has been (　　). He never stopped seeking out new resources for learning.

 1 irate **2** insatiable **3** profane **4** fiscal

088 The famous player was arrested for getting into a fight at a bar late Saturday night. According to reports, he became (　　) after a stranger made a comment about his wife, and a fight began.

 1 deferential **2** belligerent **3** sectarian **4** wanton

089 After Wilson and Amanda had their third child, they had to start being (　　). They went shopping for clothes less often and stopped going on expensive family vacations every year.

 1 thrifty **2** auspicious **3** indiscriminate **4** ecstatic

090 According to reports, the other passengers on the bus just sat (　　) by as the old woman had her purse stolen. "No one did anything to help her," one witness said.

 1 somberly **2** idly **3** flagrantly **4** inherently

086

解説 ブレンダは台所のリフォームに、夫は株への投資にお金を使いたがっていて、2人の意見が合わないことがわかる。disparateは「共通点のない、本質的に異なる」。類義語のdissimilarは「似ていない(⇔similar)、異種の」という意味。

訳 ブレンダと彼女の夫は、お金をどう使うべきかについて**異なる**意見を持っている。夫は株式市場に投資したいが、ブレンダは台所のリフォームに使いたいと思っている。

正解 **3**

087

解説 insatiableはin-(〜でない)＋satiable(十分に満足できる)→「飽くことを知らない」という構造だ。動詞satiate(〜を十分に満足させる)、名詞satiation、satiety(飽満)も併せて覚えておこう。類義語にvoracious(食欲旺盛な、貪欲な)がある。

訳 子供のときからローガンの知識欲は**とどまるところを知らなかっ**た。彼は絶えず新たな学びの材料を探し求めていた。

正解 **2**

088

解説 2文目には彼がけんかを始めた経緯が書かれている。belligerent(けんか腰の、好戦的な)が正解。名詞形はbelligerence(好戦性)。belliは戦争を意味する語根で、bellicose(好戦的な)も同語源語。

訳 その有名選手は土曜日の夜遅くにバーでけんかをして捕まった。報告によれば、知らない人に妻について何か言われて**けんか腰**になり、取っ組み合いになった。

正解 **2**

089

解説 後半にある、衣服の購入回数を減らし、家族旅行をやめたという具体的な内容から、正解はthrifty。thriftyは「質素な、倹約する」という意味の形容詞で、名詞形はthrift(倹約)。類義語のfrugal、対義語のextravagant(浪費する、贅沢な)も併せて覚えよう。

訳 ウィルソンとアマンダは3人目の子供が生まれてから、**倹約する**ようにしなければならなかった。服を買いにいく回数は減り、毎年の高価な家族旅行に出かけるのをやめた。

正解 **1**

090

解説 idleには「怠けた、ぶらぶらしている」という形容詞の意味、「怠けて暮らす」という動詞の意味がある。副詞形のidlyは「何もしないで、怠けて」という意味で、stand[sit] idly byで「傍観する」という決まり文句。

訳 報告によれば、バスのほかの乗客たちはその老女が財布を盗まれるのを**傍観**していた。「誰も彼女を助けませんでした」と目撃者の一人は言った。

正解 **2**

語彙チェック

	1	2	3	4
086	sedentary 座りがちの	insubstantial 中身のない、弱い	disparate 共通点のない	urbane 洗練された、落ち着いた物腰の
087	irate 怒った	insatiable 飽くことを知らない、強欲な	profane 不敬な、冒とくする	fiscal 財政上の、会計の
088	deferential 敬意を払う、丁寧な	belligerent けんか腰の、好戦的な	sectarian 宗派の、党派の	wanton 理不尽な、無慈悲な
089	thrifty 質素な、倹約する	auspicious 幸先のよい	indiscriminate 無差別の、見境のない	ecstatic 有頂天の
090	somberly 地味に、暗く	idly 何もしないで、怠けて	flagrantly 甚だしく	inherently 本質的に、本来

091 Roger's first business was a failure, and it left him (   ). Still, he didn't give up, and he went from having no money to being one of the richest men in the country.

    1 conducive **2** sinister   **3** colloquial   **4** destitute

092 War is a (   ) theme in his novels. In fact, every story he has ever written takes place during some kind of violent conflict.

    1 prophetic **2** lethargic   **3** recurrent   **4** nomadic

093 The hike to the newly discovered ruins was (   ) with danger, as the group had to make their way through dense jungle, cross deep rivers, and climb up many tall peaks.

    1 fraught   **2** pretentious
    3 incremental   **4** cognitive

091

解説 destituteはしばしば leave＋〈人〉＋destitute（《人》を極貧に追いやる）の形で使われる。類義語の impoverished（貧乏な）も覚えておきたい。名詞形は destitution（極貧、貧困）。

訳 ロジャーは最初の事業に失敗し、それで極貧になった。それでも彼はあきらめず、無一文の状態から、その国の最も裕福な人物の一人に数えられるまでになった。

正解 4

092

解説 recurrentは、自動詞recur（再発する、繰り返される）の形容詞形で「再発する、周期的に起きる」という意味。類義語は frequent（頻発する）、repeated（繰り返される）。recurrentがやんでは繰り返し起きる様子を指すのに対し、やむことなく「不断の」「永続する」を表す語は constant、permanent。

訳 戦争は彼の小説で繰り返されるテーマだ。実際、彼がこれまでに書いたどの作品も、何らかの武力衝突の時代を舞台としている。

正解 3

093

解説 as以下に、一隊を待ち受ける危険の内容が具体的に列挙されている。正解は「（危険・困難などに）満ちた」を意味するfraughtだ。freight（積み荷）と同語源語で、fraught with（～に満ちた）の対義表現はvoid of（～に欠ける）。

訳 新たに発見された遺跡への行軍は危険に満ちていた。一隊は深いジャングルを通り、深い川を渡り、多くの高い頂を登らなければならなかった。

正解 1

語彙チェック

091
1. conducive　助けとなる、貢献する
2. sinister　邪悪な、不吉な
3. colloquial　口語の、日常会話の
4. destitute　貧窮した、極貧の

092
1. prophetic　予言[預言]者の、予言的な
2. lethargic　無気力な、不活発な
3. recurrent　再発する、周期的に起きる
4. nomadic　遊牧の

093
1. fraught　満ちた
2. pretentious　うぬぼれた
3. incremental　増加の
4. cognitive　認識の

第4章 熟語

出題率 A

■ 過去問で正答を含め、複数回選択肢に登場した重要な熟語を問う問題を取り上げています。

001 Wendy is always (　　　) about how important it is to eat healthy food. I don't like going to restaurants with her anymore, because she complains about everything we order.

　　1 lashing out　2 harping on　3 nodding off　4 scooting over

002 A: Their offer sounds pretty good, but I think we should take some time to (　　　) our decision.
　　B: I think you're right. We still have a lot of other options.

　　1 come by　2 lop off　3 wrap up　4 mull over

003 Rick tried to escape from the battle, but his plane wasn't nearly as fast as the enemy's, and in only a few seconds an enemy fighter plane was (　　　) his location.

　　1 bearing down on　　2 holding out for
　　3 sucking up to　　　4 playing havoc with

004 The best sales presentations, the manager said, always (　　　) any objections the customer might have. We want to answer their questions before they've even asked them.

　　1 head off　2 tire out　3 front for　4 stray from

005 The delivery company's truck drivers (　　　) the unfair treatment they were receiving, saying that their managers' demands were unrealistic and extreme.

　　1 shot for　2 dashed off　3 drew in　4 railed against

Part 1 ── 品詞別対策

001 解説　harp on は「《同じこと》をしつこく繰り返す」という意味。類似した意味の熟語 go on about（～についてしゃべりまくる）、dwell on（～について長々と話す）も覚えておこう。

訳　ウェンディは健康によい食品を食べることがいかに大切か、いつも**くどくどと語**っている。彼女とはもう飲食店に行きたくない。というのも、彼女は私たちが注文するものすべてに文句をつけるからだ。

正解　**2**

002 解説　mull over は「～を熟考する、じっくり考える」という意味。mull over the proposal（その提案をじっくり考える）のように使う。「～を熟考する」にはほかに contemplate、deliberate、ruminate、muse on などがあるので、併せて覚えておこう。

訳　A: あの提案はかなりよさそうだ。でも、**じっくり考え**てから決めたほうがいいな。
B: そうね。ほかにも選択肢はいろいろあるのだから。

正解　**4**

003 解説　bear down on は approach に近い意味だが、圧迫感・威圧感をもって迫り来ることを意味する。bear down（押しつける）のイメージで覚えておこう。

訳　リックは戦闘から逃れようとしたが、彼の飛行機は敵機ほどの速度がなく、ほんの数秒で敵の戦闘機が1機彼のところ**に迫って来た**。

正解　**1**

004 解説　2文目が1文目の内容の言い換えになっている。顧客から問われる前に質問に答えてしまうとは、反論をあらかじめ head off（阻止する）ことである。

訳　最良の販売プレゼンテーションとは、常に顧客が抱くかもしれない反論**を阻止する**ことだと部長は言った。できれば顧客が尋ねる前に彼らの質問に答えてしまうのが望ましいと。

正解　**1**

005 解説　空欄の直後は the unfair treatment（不当な扱い）で、後半の saying 以降には具体的に不満が述べられている。rail against は「～を激しく非難する（= criticize harshly）」。rail at でも同じ意味になる。類義語の castigate（～を酷評する、激しく非難する）、object to（～に異を唱える）も併せて覚えよう。

訳　輸送会社のトラックの運転手たちは、彼らの上司の要求が非現実的で過剰だと言って、自分たちが受けている不当な扱い**を激しく非難した**。

正解　**4**

語彙チェック

001
1 lash out　激しく非難する
2 harp on　くどくど言う
3 nod off　居眠りする
4 scoot over　(空きスペースを)詰める

002
1 come by　～を手に入れる
2 lop off　～を切り落とす
3 wrap up　～を終わらせる
4 mull over　～を熟考する

003
1 bear down on　～に迫って来る
2 hold out for　～を要求して粘る
3 suck up to　《人》におべっかを使う
4 play havoc with　～を大混乱させる

004
1 head off　～を阻止する、阻む
2 tire out　《人》をへとへとにさせる
3 front for　《組織など》の代表となる
4 stray from　～から外れる

005
1 shoot for　～を目指す、狙う
2 dash off　～を急いで書く
3 draw in　《人》を引き込む
4 rail against　～を激しく非難する

006 A: Mom, doesn't my head feel hot? I think I must have a fever.
B: You're fine, Charlie. You can't (   ) going to school by pretending to be sick.

1 wriggle out of
2 get down to
3 throw back at
4 load up on

007 A: That was a nice bar.
B: Yeah, but it's way too loud in there. The music was (   ) everything you were saying.

1 reeling off
2 drowning out
3 chasing up
4 dealing out

008 The detective started to suspect that one of his colleagues had something to do with the crime after it was revealed that someone had (   ) the evidence.

1 tampered with
2 bailed out
3 kept after
4 gloated over

009 A: I'm having trouble understanding this Financial Overview document.
B: Well, what it (   ) is that our department is spending too much money, and we need to find ways to cut costs.

1 faces off with
2 comes in at
3 boils down to
4 looks back on

010 A: Walter, I need you to (   ) me. Is there something wrong with the software that I don't know about?
B: Well, to be honest, it has a few small problems. I didn't think the client would notice.

1 trip over   2 bring up   3 whisk off   4 level with

006 解説　熱があると言うチャーリーに対し、母親が仮病は使えないと言っている。正解は wriggle out of（《義務など》をうまく逃れる）。類義語には、escape、dodge（《質問や義務など》をうまくかわす）、slip out of（〜からそっと抜け出す）、get away from（〜から逃れる）がある。

訳　A: お母さん、僕のおでこ、熱くない？　きっと熱があるよ。
B: あなたは元気よ、チャーリー。具合が悪いふりをして、学校へ行くこと**をうまく逃れる**ことはできないわよ。

正解　1

007 解説　バーの音楽がうるさすぎて相手の言うこと（　　）という文脈。drown は「〜をおぼれさせる、水浸しにする」という意味だが、派生的に「《音》を(もっと大きな音で)かき消す」という意味がある。熟語 drown out も同じ意味。

訳　A: 素敵なバーだったわね。
B: うん、だけどあそこはうるさすぎるね。音楽に**かき消さ**れてしまって、君が言っていることがまるで聞こえなかったよ。

正解　2

008 解説　誰かが証拠（　　）ことがわかり、刑事は同僚の犯罪への関与を疑い出したという文脈。tamper with（〜を改ざんする）が正解。類義表現に fiddle with、mess with がある。

訳　誰かが証拠**を改ざんした**ことが明らかになり、刑事は同僚の一人がその犯罪と関係があるのではないかと疑い始めた。

正解　1

009 解説　日本語で「《話などが》煮詰まる」という言い方があるが、英語でも似た意味の表現に boil down to（〜に要約される）という熟語がある。come down to（〜ということになる）もほぼ同じ意味の表現。

訳　A: この財務概要の文書がよくわからないんだけど。
B: そうだね、**要約すると**、僕らの部署がお金を使いすぎているから、コスト削減策を見つけなければならないということだよ。

正解　3

010 解説　level with は「〜に包み隠さず話す」という意味だ。「正直」に関連する以下の語も覚えておこう。veracity（誠実）、probity（誠実）、rectitude（清廉）、candor（率直）、fidelity（忠実）。

訳　A: ウォルター、**正直に話し**てほしい。あのソフトには私が知らない欠陥が何かあるのか。
B: あのう、正直に言いますと、ちょっとした問題がいくつかあります。お客さんは気づかないと思っていました。

正解　4

語彙チェック

006
1 wriggle out of　《義務など》をうまく逃れる
2 get down to　〜に取り掛かる
3 throw back at　《人》に投げ返す
4 load up on　〜を大量に積む

007
1 reel off　〜をよどみなく言う
2 drown out　《音》をかき消す
3 chase up　〜を調査する、探す
4 deal out　〜を分配する

008
1 tamper with　〜をいじる
2 bail out　〜を(経済的)苦境から救う
3 keep after　《人》にしつこく言う
4 gloat over　〜を満足して眺める

009
1 face off with　〜で対決する
2 come in at　〜から入る
3 boil down to　〜に要約される
4 look back on　〜を回想する

010
1 trip over　〜につまずく
2 bring up　《話題など》を持ち出す
3 whisk off　〜をはらう、はたく
4 level with　〜に包み隠さず話す

出題率 A

011 When they first got married, Randy and Alice were hardly making any money, and they were barely (   ). After a few years, though, they were living more comfortably.

　　1 plugging away　　　　2 scraping by
　　3 whiling away　　　　4 sponging off

012 Engineers expected the software to run smoothly, but a number of problems started (   ) as soon as it was released to consumers.

　　1 cropping up　　　　2 rolling by
　　3 chiming in　　　　　4 dragging on

013 Andy hadn't slept at all the night before, and he (   ) in the middle of the movie. Later, when his girlfriend asked him if he liked it, he didn't know how to tell her that he'd fallen asleep.

　　1 bubbled over　　　　2 rubbed off
　　3 held out　　　　　　4 drifted off

014 A: The basketball team has come in last place for the third year in a row now.
B: Yeah, I think that maybe it's time for Coach Riley to (   ) and let someone new take over.

　　1 slip by　　2 branch out　　3 burst in　　4 bow out

015 A: How's the job search going?
B: Not bad. My uncle said that he might be able to get me a job at his friend's IT company. So hopefully that (   ).

　　1 weighs in　　　　2 pans out
　　3 noses around　　4 knuckles down

Part 1 — 品詞別対策

011

解説 scrape は単独で「こする」という意味だが、「なんとか（節約して）やっていく」という意味もあり、scrape by でもそれと同じ意味を表す。類義表現に get by、make ends meet がある。

訳 結婚当初、ランディとアリスはほとんど稼ぎがなく、生活していくのがやっとだった。だが2、3年すると、彼らの生活には余裕が出てきた。

正解　**2**

012

解説 crop up は「《問題などが》持ち上がる（= surface）、生じる（= arise）」という意味の熟語。「不意に現れる、起こる」という意味もある。crop out は類義の「《問題などが》突然生じる、現れる」という意味のほか、「《鉱床が》露出する」という意味もある。

訳 技術者たちはそのソフトウェアがスムーズに動作するだろうと予測していたが、消費者向けに発売されるとすぐにたくさんの問題が生じ始めた。

正解　**1**

013

解説 空欄には、2文目の最後の fall asleep に対応する語句が入ると判断できる。drift off は「居眠りする」を意味する。類義表現に doze off、drop off、snooze がある。

訳 アンディーは前の晩一睡もしていなかったので、映画を見ている最中に居眠りしてしまった。あとでガールフレンドから映画は面白かったかと聞かれたが、眠ってしまったことをどうやって伝えればいいのかわからなかった。

正解　**4**

014

解説 bow out の bow は「おじぎをする」の意味で、bow out は「おじぎをして引き下がる」が第一義。そこから「身を引く、辞任する」の意味でも使われる。withdraw（手を引く、退く）に近い意味の表現だ。

訳 A: あのバスケットボールチームは3年連続で最下位になったね。
B: うん。ライリーコーチは辞任して誰かを後任にする潮時だと思うよ。

正解　**4**

015

解説 pan out は「進展する、うまくいく」という意味だ。類義の表現に work out（うまくいく）がある。なお、動詞 pan は「〜を酷評する（= slam、castigate）」という意味でも使われるので、併せて覚えておこう。

訳 A: 仕事探しの調子はどう?
B: まあまあだよ。おじが言うには、知り合いがやってるIT企業で雇ってもらえるかもしれないんだって。それがうまくいくといいのだけど。

正解　**2**

語彙チェック

011
1. plug away　こつこつ取り組む
2. scrape by　かろうじて生計を立てる
3. while away　のんびりと過ごす
4. sponge off　洗い落とす

012
1. crop up　《問題などが》持ち上がる
2. roll by　過ぎ去る
3. chime in　相づちを打つ
4. drag on　長引く

013
1. bubble over　《興奮などが》《人が》沸き立つ
2. rub off　こすれて落ちる
3. hold out　（かろうじて）持続する、持つ
4. drift off　ついうとうとする

014
1. slip by　《時間などが》いつの間にか過ぎる
2. branch out　（事業などを）拡大する、手を広げる
3. burst in　《人が》飛び込む、突然話す
4. bow out　身を引く、辞任する

015
1. weigh in　計量を受ける
2. pan out　《事態などが》進展する
3. nose around　かぎ回る
4. knuckle down　本気で取り組む

出題率 B

■ 過去問で正答として登場した熟語を問う問題を取り上げています。

016 With the release of their new gaming system, Lionbox has (　　) the competition. It has better graphics, better processing speed, better games, and even a lower price.

　　1 worn through　　　　2 blown away
　　3 parted with　　　　　4 slapped down

017 The employees (　　) the office in bright colors for the manager's retirement party. There were decorations and balloons everywhere.

　　1 fouled up　　　　2 talked down
　　3 did up　　　　　4 reckoned on

018 Timothy felt that he spent the best years of his life while in college, and he often (　　) his old days as a student.

　　1 beat up　　　　　2 thinned out
　　3 glossed over　　　4 pined for

019 The witness (　　) as soon as the detectives started asking him questions about the crime. They suspected that the criminal had scared him into staying quiet.

　　1 clammed up　　　2 cut open
　　3 droned on　　　　4 crouched down

020 A: I told my boss that I noticed some money missing from one of our accounts, and he offered to give me a raise if I just ignored it.
　　B: He thinks that you can just be (　　) like that? What did you say to him?

　　1 rattled off　　2 bought off　　3 eked out　　4 soaked up

016

解説 blow away は文字通り「～を吹き飛ばす」という意味だが、派生的に「～に圧勝する」という意味もある。類義語に pulverize、関連語に blowout（楽勝）などがある。

訳 新しいゲーム機の発売によって、ライオンボックス社はライバル**に圧勝した**。それは、グラフィック、処理速度、ゲーム内容のいずれも優れており、しかも低価格である。

正解 2

017

解説 retirement party という状況と、後半の decorations and balloons から、社員たちはパーティーのための飾りつけをしていたとわかる。正解は do up（～を飾る）。do up は多義の熟語で、ほかに「《ボタン》を留める、《ネクタイ・ベルトなど》を締める」、「～をきちんとする」、「《もの》を包む」などの意味がある。

訳 社員は、部長の退職パーティーのために明るい色で職場**を飾った**。飾りや風船があちこちにあった。

正解 3

018

解説 pine for（～を恋しく思う、～に思い焦がれる）は yearn for や long for とほぼ同じ意味だ。pine for home（故郷がとても懐かしい）というフレーズで覚えておこう。

訳 ティモシーは人生でいちばんよかったのは大学時代だったと感じ、よく学生だった昔の日々**を懐かしく思った**。

正解 4

019

解説 名詞 clam はハマグリなどの二枚貝のこと。clam chowder（クラムチャウダー）の clam だ。句動詞 clam up は「口をつぐむ」の意味。二枚貝が殻を閉ざすイメージで覚えよう。なお、clam とは語源的に関連はないが、clammy（冷たくて湿っぽい）という形容詞がある。

訳 刑事たちが目撃者にその事件のことで質問を始めると、彼は即座に**口を閉ざした**。刑事たちは、犯人が脅して彼に何も言わないようにさせたのだと思った。

正解 1

020

解説 A の発言は、上司が金で A の口を封じようとしているという内容で、これに相当する表現は buy off（～を買収する）だ。pay off、bribe も同じく「～を買収する」の意味で使うので、覚えておこう。

訳
A: 口座の1つからお金が一部なくなっているのに気がついたと上司に報告したんだ。そうしたら、僕がそれを見逃したら給料を上げてやるって言うんだよ。
B: 上司は君がそんなふうに**買収**されると思っているんだね？　彼に何て言ったのかい？

正解 2

語彙チェック

016
1. wear through 《靴・洋服》を着古す
2. blow away ～に圧勝する
3. part with ～を手放す
4. slap down 《行為》をやめさせる

017
1. foul up ～を台無しにする
2. talk down ～をけなす
3. do up ～を飾る
4. reckon on ～を期待する、当てにする

018
1. beat up 《人》を打ちのめす
2. thin out ～を間引く、まばらにする
3. gloss over 《都合の悪いこと》を取り繕う
4. pine for ～を恋しく思う

019
1. clam up 口をつぐむ
2. cut open 切り開く
3. drone on だらだら続く、だらだらしゃべる
4. crouch down かがむ

020
1. rattle off ～をすらすらと言う
2. buy off 《人》を買収する
3. eke out 《生計》を何とか立てる
4. soak up 《液体・知識など》を吸収する

021 Jimmy injured his ankle wrestling with one of his friends. His friend apologized, saying, "I didn't mean to hurt him. We were just (   )."

1 petering out
2 burning out
3 bundling up
4 horsing around

022 Even though Miranda was over three hours late for work, she just (   ) acting like everything was normal. The boss seemed confused at her confident behavior.

1 squared up　2 flared up　3 fizzled out　4 breezed in

023 A group of men were planning to rob a downtown bank this morning. Luckily, an anonymous source (   ) police officers, allowing them to arrest the men before they could harm anyone.

1 holed up
2 tipped off
3 trimmed down
4 pored over

024 The new mayor had promised to (   ) corruption in the local government, and within two months of being elected, five city officials were arrested.

1 fire up　　2 root out　　3 lap up　　4 pass down

025 Although the team lost their first four games in a row, their coach said that people should not (   ) their chances at coming back to win the championship.

1 mark up
2 write off
3 shove around
4 smooth over

021

解説 I didn't mean to hurt him. という発言から、ふざけていてけがをさせてしまったと考えられる。したがって、正解は horsing around（ばか騒ぎをする）。類義語の roughhouse は「大騒ぎする、（室内で）大げんかする」、mess around は「ふざける、騒ぐ」という意味になる。

訳 ジミーは友だちの一人と取っ組み合いをしていて足首をけがした。友人は謝って、「彼にけがをさせるつもりはありませんでした。僕たちはただ**ばか騒ぎをし**ていただけなんです」と言った。

正解　4

022

解説 大遅刻をしても何事もなかったかのように振る舞っているという文脈から、空欄には「《人が》不意に入ってくる」という意味の熟語 breezed in が入る。類義語の roll in は「転がり込む、たくさん入ってくる」という意味。「《場所》に入ってくる」は breeze into +〈場所〉で、She just breezed into the room.（彼女は不意に部屋に入ってきた）のように用いる。

訳 ミランダは3時間以上仕事に遅れたが、**不意に入ってきて**何事もなかったかのように振る舞った。上司は彼女の堂々とした態度に当惑しているようだった。

正解　4

023

解説 tip off（〜に密告する）は「人」を目的語にとることに注意しよう。名詞の tip には「内報、秘密情報」の意味がある。名詞 tip-off も同じ意味だ。

訳 男の一団がさ中心街の銀行に強盗に入る計画をしていた。幸いなことに匿名で警察**に密告があり**、警察は男たちが人に危害を加える前に逮捕することができた。

正解　2

024

解説 日本語でも「〜を根絶する、根こそぎにする」という言い方があるが、英語でも同じように root out という言い方をする。対義表現は leave ... be（〜を放置する）。

訳 新市長は自治体内の腐敗**を根絶する**ことを約束しており、当選から2か月以内に5人の市職員が逮捕された。

正解　2

025

解説 write off は「〜を見限る、あきらめる」（＝give up on）。対義語には fight for（〜を得るために戦う）、stick with（〜にこだわる）がある。write off にはほかに「《借金など》を帳消しにする」という意味もある。名詞の write-off は「帳消し」で、tax write-off は「税控除」。

訳 そのチームは最初の4試合に連敗したが、彼らが復活して優勝を勝ち取るチャンス**をあきらめる**べきではないと監督は言った。

正解　2

語彙チェック

	1	2	3	4
021	peter out 次第に消滅する	burn out 燃え尽きる	bundle up 暖かく着込む	horse around ばか騒ぎをする
022	square up 清算する、勘定を払う	flare up 《炎が》燃え上がる	fizzle out 途中で頓挫する	breeze in 《人が》不意に入ってくる
023	hole up 〜をかくまう、隠す	tip off 〜に密告する	trim down 〜を削減する	pore over 〜をじっくり読む、じっくり見る
024	fire up 《想像》をかき立てる	root out 〜を根絶する	lap up 〜を真に受ける、享受する	pass down 《知識など》を伝える
025	mark up 〜を値上げする、《価格》を上げる	write off 〜を見限る、あきらめる	shove around 《人》をこき使う	smooth over 《問題など》を和らげる

026 A: ( ) it, Wendy! If we don't finish this project tonight, we're going to fail this class.
B: Sorry, Meg. I just keep thinking about what Vince said to me earlier.

1 Snap out of
2 Act up to
3 Hold out on
4 Stand up to

027 When the community center lost its funding from the government, the local people ( ) it, raising enough money to keep it open for at least another year.

1 dispensed with
2 rallied around
3 launched into
4 skirted around

028 A: Why is the website loading so slowly today?
B: The unusually high number of visitors is ( ) the servers. If we continue to get this level of traffic, we may need to upgrade them.

1 bogging down
2 phasing out
3 staking out
4 hemming in

029 When the sudden rainstorm hit, the hikers had no choice but to ( ) under a cliff until it passed. It was simply too dangerous to keep hiking in that weather.

1 simmer down
2 crack up
3 hunker down
4 ease off

030 Ingrid's professor was ( ) by her thesis. "This is some of the best work I've ever read," he told her.

1 clawed back
2 tripped up
3 bowled over
4 fended off

Part 1 — 品詞別対策

026 解説 Bのセリフを見ると、ウェンディは放心していたようである。正解は Snap out of。snap は「パチン、ポキッ」などの音がするさまを表し、snap out of it で「パッと気分転換をする、気を取り直す」という意味。

訳 A: **しっかりして**、ウェンディ！ 今夜この課題が終わらなかったら、私たちはこの授業を落とすことになるのよ。
B: ごめん、メグ。さっきヴィンスに言われたことが気になって仕方ないの。　　　正解 **1**

027 解説 動詞 rally は「（援助などのために）集まる、結集する」を意味する。rally around は「〜のもとに結集する」。rally は「集会」を表す名詞にもなり、peace rally（平和集会）のように使う。

訳 その地域センターに対する政府の資金提供が打ち切られると、地元住民は地域センター**に結集し**、少なくとももう1年開館できるだけのお金を集めた。　　　正解 **2**

028 解説 名詞の bog は「沼地、湿地」の意味で、類義語に marsh がある。bog down は「〜を沼にはまらせる」が第一義で、そこから「〜を動けなくする」の意味になる。get bogged down（動きがとれなくなる）というフレーズで覚えておこう。

訳 A: 今日はどうしてウェブサイトのロードがこんなに遅いのだろう？
B: いつになくアクセスが多くて、それでサーバー**の動きがにぶくなって**いるんだ。この通信量が続くようだったら、サーバーをアップグレードしないといけないね。　　　正解 **1**

029 解説 hunker down は「ひざを抱えてしゃがむ」が第一義。そこから「（困難な状況が終わるのを）じっと待つ」の意味でも使う。

訳 突然の暴風雨に襲われ、ハイカーたちはがけの下で暴風雨が過ぎ去るのを**待つ**よりほかなかった。実際、あの天候でハイキングを続けるのは危険すぎた。　　　正解 **3**

030 解説 教授の具体的な発言内容から、正解は bowled over。bowl over は「《人》を驚かせる、感動させる（= impress）」。また、「《人や物》を倒す、打ち倒す」という意味もある。類義語には blow away（〜をつくづく感動させる、圧倒する）がある。反対に、「〜に感動していない」は be unimpressed。

訳 イングリッドの教授は彼女の論文に**感動した**。「これは私が今までに読んだ中で最高レベルの論文だ」と教授は彼女に語った。　　　正解 **3**

語彙チェック

026
1 snap out of 気を取り直す
2 act up to 《信念など》に従う
3 hold out on 《人》に秘密にする
4 stand up to 〜に立ち向かう

027
1 dispense with 〜なしで済ます
2 rally around 〜のもとに結集する
3 launch into 〜を始める
4 skirt around 〜を避ける、回避する

028
1 bog down 〜を動けなくする
2 phase out 〜を段階的にやめる
3 stake out 《場所・容疑者》を見張る
4 hem in 〜を取り囲む

029
1 simmer down 気が静まる、落ち着く
2 crack up 大笑いする
3 hunker down （困難な状況が終わるのを）待つ
4 ease off 和らぐ、ゆるむ

030
1 claw back 〜を（苦労して）取り戻す
2 trip up 《人》を誤らせる
3 bowl over 《人》を驚かせる、感動させる
4 fend off 《攻撃・批判など》をかわす

031 A: I've been the only car dealer in this town for years, but now that huge superstore is trying to (　　) my business.
B: Don't worry. Your customers know that you'll always get them the best deal.

　　1 muscle in on　　　　　**2** lead up to
　　3 go back on　　　　　　**4** measure up against

032 Police are searching for two men that robbed the Greenhill Bank on Lincoln Avenue yesterday morning. The two men (　　) over $40,000 in cash.

　　1 shied away from　　　**2** walked out on
　　3 owned up to　　　　　**4** made off with

033 Dr. Casey publicly announced last year that a cure would be found for the disease soon. With this discovery, his prediction has been (　　).

　　1 snapped up　　　　　**2** forked over
　　3 borne out　　　　　　**4** packed off

034 A: John? You play for the company soccer team?
B: Yeah. I didn't want to, but I got (　　) it by some of the guys in the marketing department.

　　1 grappled with　　　　**2** dragged into
　　3 scuffled with　　　　　**4** hinged on

035 In high school, Chris (　　) a bad crowd and started doing drugs. Luckily, he cleaned up after his parents sent him to rehab, and he went on to college.

　　1 rubbed off on　　　　**2** stood out from
　　3 fell in with　　　　　　**4** ran up against

031
解説 muscle in on は物理的に「~に強引に割り込む」のほか、「《商売など》に割り込む、~の縄張りを荒らす」の意味で使われる。類義語に infringe（~を侵害する）も覚えておこう。

訳 A: 僕は長い間この町で唯一の自動車販売業者だったんだが、あの超大型小売店が僕の事業**に割り込**もうとしているんだ。
B: 心配無用さ。君のお客さんは、いつだって君がいちばんいい買い物をさせてくれることを知っているから。

正解 1

032
解説 前半に robbed とあるので、犯人は現金を持ち去ったと考えられる。make off with は「~を持ち去る、盗む」という意味の熟語で、類義表現には make away with（~を持ち逃げする、~を殺す）、get away with（~を持ち逃げする）、run off with（~を持ち逃げする、~と駆け落ちする）などがある。

訳 警察は昨日の朝にリンカーン・アベニューのグリーンヒル銀行に強盗に入った2人の男を捜索している。2人は現金4万ドル以上**を持ち去った**。

正解 4

033
解説 2文目の this discovery とは、前文にある病気の治療法が発見されたということなので、ケイシー博士の予想が正しかったことがわかる。bear out は「(事実や結果などが)《仮説など》を実証する、裏付ける」(= prove true ⇔ prove wrong)。類義語には vindicate、verify がある。

訳 ケイシー博士は昨年、その病気の治療法がすぐに見つかるだろうと公に発表した。この発見で、彼の予想は**裏付け**られた。

正解 3

034
解説 drag は「引きずる」で、drag into で「~に引きずり込む」という意味を表す。pull into、rope into も似た意味。drag about [around] だと「~を引きずり回す」というニュアンス。

訳 A: ジョン？ あなた、会社のサッカーチームに入ってるの？
B: ああ。やりたくなかったんだけど、マーケティング部の連中に**引きずり込ま**れたんだ。

正解 2

035
解説 fall in with（~と付き合うようになる）は、対義表現 pull away from（~から遠ざかる）とセットで覚えておこう。pull away は「《車・運転者が》動き出す、走り去る」の意味にもなる。

訳 高校時代、クリスは悪い仲間**と付き合っ**てドラッグをやり始めた。幸い、両親がクリスを更生施設に行かせると彼は立ち直り、その後大学に進学した。

正解 3

語彙チェック

031	1 muscle in on ~に強引に割り込む	2 lead up to ~の糸口になる	3 go back on 《約束など》を破る	4 measure up against ~と比較する
032	1 shy away from ~を嫌がる、避ける	2 walk out on 《人・仕事など》を見捨てる	3 own up to ~を白状する	4 make off with ~を持ち去る
033	1 snap up ~に飛びつく	2 fork over (しぶしぶ)《お金》を払う	3 bear out ~を実証する、裏付ける	4 pack off 《人》を送り出す
034	1 grapple with ~に取り組む	2 drag into ~を引きずり込む	3 scuffle with ~と乱闘する	4 hinge on ~次第である
035	1 rub off on ~に影響を与える	2 stand out from ~から目立つ	3 fall in with ~と付き合うようになる	4 run up against 《困難》にあう、ぶつかる

036
A: It's a three-hour drive? But I'm already starving.
B: We still have a few minutes before we leave. Do you want me to (　　) a snack for you?

    1 fork out　　**2** squeeze in　　**3** rustle up　　**4** perk up

037
A: You have work tomorrow? But tomorrow's Saturday.
B: Yeah, I got (　　) working by my boss. He said that he's under a lot of pressure to finish this project by Monday.

    1 roped into　　　　　　**2** ironed out
    3 carved up　　　　　　**4** smoothed down

038
A: My son Ron seems totally lost about what to do after college.
B: Maybe he should meet with a guidance counselor. Together they could try to (　　) a good career choice for him.

    1 go through with　　　　**2** rub up against
    3 get in on　　　　　　　**4** zero in on

039
Carlyle thought that he had no chance of winning the election for class president, but in the end he just (　　). He won by a single vote.

    1 backed out　　　　　　**2** flipped out
    3 squeaked by　　　　　　**4** sank in

040
A: Wow, this factory is huge!
B: It has to be huge, as it's expected to (　　) over 100 new cars per day.

    1 puzzle over　　　　　　**2** trip up
    3 coop up　　　　　　　　**4** crank out

036
解説 rustle upで「《食事など》を手早く用意する、寄せ集めてさっと作る」という意味。rustleは「食べ物を調達する」という意味もあるが、The leaves rustled in the wind.（風の中で葉がさらさらと音を立てた）のように「柔らかく軽い音を立てる」という意味もある。

訳 A: 車で3時間？ でももうお腹ぺこぺこだよ。
B: 出発までまだ何分かあるね。軽い食べ物を急いで用意しようか？

正解 3

037
解説 rope intoで「～に誘い込む、引っぱり込む」という意味。「だまして、そそのかして、言いくるめて」のニュアンスを伴う。rope inの形もほぼ同じ意味で、この形で出題されたこともある。

訳 A: 明日、仕事なの？ でも明日は土曜日よ。
B: ええ、上司に言いくるめられちゃったのよ。このプロジェクトを月曜までに終わらせるよう、すごくプレッシャーをかけられてると言うの。

正解 1

038
解説 息子が卒業後の進路に悩んでいると話すAに、Bはカウンセラーに相談することを勧めている。zero in onは熟語で「～に注意を集中する、照準を定める」。類義表現にはhone in on（～に焦点を合わせる）がある。反対に「～から注意が離れる」はlose track of。

訳 A: 息子のロンは大学のあと、何をしたらいいかすっかり迷ってしまっているようなの。
B: 息子さんは進路カウンセラーに会ったらいいんじゃないかな。一緒に彼に向いている職業を選択することに集中することができると思うよ。

正解 4

039
解説 squeakは「《車輪・楽器などが》キーキーいう」という意味の動詞だが、「かろうじてうまくいく、成功する」という意味もある。後者の意味ではしばしば副詞のbyやthroughなどを伴う。

訳 カーライルは学級委員長選挙で勝てる見込みはないと思っていたが、結局かろうじて選挙戦を制した。わずか1票差の勝利だった。

正解 3

040
解説 crank outは「～をどんどん作り出す、量産する」の意味で、ほぼ同義の表現にturn out、churn outがある。名詞crankには「（機械の）クランク」のほか、「変わり者、気難しい人」の意味もある。

訳 A: わあ、大きな工場ですね。
B: この大きさが必要なんです。1日に100台以上新車を生産することが見込まれておりますので。

正解 4

語彙チェック

036
1 fork out 《大金》を（仕方なく）払う
2 squeeze in ～を押し込む、割り込ませる
3 rustle up 《食事など》を手早く用意する
4 perk up ～を元気づける

037
1 rope into ～に誘い込む、引っぱり込む
2 iron out 《問題など》を決着させる
3 carve up 《領土・会社など》を分割する
4 smooth down ～を平らにする、なめらかにする

038
1 go through with ～をやり遂げる
2 rub up against ～にすれる、接する
3 get in on 《活動など》に加わる
4 zero in on ～に注意を集中する

039
1 back out 手を引く
2 flip out 激怒する
3 squeak by かろうじて成功する
4 sink in 《言葉などが》理解される

040
1 puzzle over ～について熟考する
2 trip up 《人》を誤らせる
3 coop up ～を閉じ込める
4 crank out ～を次々に生み出す

041 At first, Oliver's mother refused to use a smartphone. After he explained the numerous benefits of owning one, though, she finally (   ) and bought one.

1 fell through
2 fired away
3 floated around
4 came around

042 After arguing loudly for a few minutes, the two drunk men (   ) each other with all of their strength, and it took six security guards to pull them away from each other.

1 reined in
2 scratched out
3 went at
4 jotted down

043 The hurricane, which experts are saying was the largest in 50 years, (   ) Florida last weekend, causing extensive damage statewide.

1 meted out
2 tacked on
3 hiked up
4 ripped through

044 Robert didn't like his new job at first, but it began to (   ) him over the years, and now he's really happy with his current company.

1 belt out   2 grow on   3 trump up   4 fence in

045 A: It's still raining. What should we do? We don't have umbrellas.
B: Let's just wait here for a little while longer. I think it's starting to (   ).

1 taper off   2 work out   3 fan out   4 blare out

041

解説 come around のように簡単な単語だけでできている熟語は、意味が覚えづらいので注意が必要だ。ここでは「意見を変える、意見を変えて同意する」という意味。come round も同じ意味。

訳 最初、オリヴァーの母親はスマートフォンを使いたくないと言った。しかし、彼がそれを持つ数々の利点を説明すると、彼女はようやく意見を変えて1台購入した。

正解 4

042

解説 最初は口げんかだけだった2人が、最後には警備員に引き離されている。空欄に「《人》に襲いかかる、攻撃する」という意味の熟語 go at を入れると文意が通る。go at にはほかに「〜に取りかかる」という意味もある。

訳 数分間、大声で言い争いをしたあとで、その2人の酔った男は全力で取っ組み合いを始め、2人を引き離すのに警備員6人がかりだった。

正解 3

043

解説 rip through は「《竜巻などが》〜を襲う」。類義語の tear through は「〜を駆け抜ける」、plow through は「(ゆっくりと)〜を切り開いて進む」で、どちらも台風などを主語にして用いられることがある。

訳 専門家たちが50年来最大級と言っているそのハリケーンは、先週末フロリダ州を襲い、州全体に甚大な被害をもたらした。

正解 4

044

解説 冒頭では仕事が好きでなかったとあり、最後には仕事に満足していることから、ロバートは途中から仕事が好きになってきたとわかる。grow on +〈人〉は「だんだんと《人》の気に入る」。

訳 ロバートは新しい仕事を最初は好きになれなかったが、何年か経つうちにだんだん気に入るようになり、今では現在勤めている会社に本当に満足している。

正解 2

045

解説 taper off は「徐々に弱まる、次第に減る」という意味の熟語で、「(習慣などを)徐々にやめる」という意味もある。taper は「《ズボンなどが》先細りになる」という意味の自動詞。類義表現の die down (徐々にやむ)、fade away (徐々になくなる)、対義表現の pick up (勢いを増す) も併せて覚えよう。

訳
A: まだ雨が降ってるね。どうしようか。傘はないし。
B: もう少しここで待っていよう。雨が次第に弱まり始めたように思うよ。

正解 1

語彙チェック

041
1. fall through 失敗に終わる
2. fire away 話[質問]をする
3. float around 《うわさなどが》広まる
4. come around 意見を変える

042
1. rein in 〜を抑制する
2. scratch out 〜を(線を引いて)消す
3. go at 《人》に襲いかかる、攻撃する
4. jot down 〜を書き留める

043
1. mete out 《罰など》を与える
2. tack on 〜をつけ足す
3. hike up 《服など》を引き上げる
4. rip through 《竜巻などが》〜を襲う

044
1. belt out 〜を力強く歌う[演奏する]
2. grow on だんだん《人》の気に入る
3. trump up (人を陥れるために)〜をでっち上げる
4. fence in 《場所》を塀で囲う

045
1. taper off 次第に減る、徐々に弱まる
2. work out うまくいく
3. fan out 《軍隊・警察などが》散開する
4. blare out 《大きな音が》鳴り響く

046 Sales fell significantly during the recession, and Jeffrey had to (　　) his savings in order to keep his company from going out of business.

　　1 dip into　　**2** spice up　　**3** pave over　　**4** chase up

047 When Toby's boss demanded to see the written contract, he (　　) his file cabinet, praying that he hadn't thrown it away by mistake.

　　1 snuffed out　　　　**2** firmed up
　　3 rifled through　　**4** threw in

048 A: Are you finished moving out of your apartment?
B: Just about. All that's left now is to (　　) my utility bills. I haven't paid the last electricity or Internet bills yet.

　　1 spin off　　**2** settle up　　**3** descend on　　**4** tap into

049 A: This bag is $50? Wow, they're really (　　) customers.
B: You think so? I thought that it was a reasonable price.

　　1 showing out　　　**2** doting on
　　3 vouching for　　**4** ripping off

050 A: Hey Tim, so what did you decide to do for your wife's birthday?
B: Oh no, I completely forgot today's her birthday! She's going to be so angry. I'll never (　　) the fact that I forgot two years in a row.

　　1 wring out　　**2** bury in　　**3** polish off　　**4** live down

046 解説　dip into は、中の物を取り出すために「〜に（手などを）突っ込む」という意味で、貯金や資金が into のあとに続くと「《貯金・資金など》に手をつける」という意味になる。

訳　景気後退の間に売上が著しく落ち込み、ジェフリーは会社が倒産するのを防ぐために貯蓄に手をつけなければならなかった。　　　　　　　　　　　　　　　　　正解　**1**

047 解説　praying 以下から、上司に要求された契約書があるかどうか定かでない状況がうかがえる。rifle through は「〜をくまなく探す」（＝ search through）という意味の熟語。rifle には「銃」のほかに、「（特に何かを盗む目的で）《場所・入れ物など》を探す」という動詞の意味がある。

訳　トビーの上司が契約書を書面で見せるように求めたとき、トビーは誤って契約書を捨てていないことを祈りながら、書類棚をくまなく探した。　　　　　　　　　　　　正解　**3**

048 解説　settle up は bill（請求書）、debt（借金）などを目的語にとって「《借金・勘定など》を支払う、清算する」（＝ pay）という意味。対義表現は default on で「〜の支払いを怠る、債務不履行に陥る」。settle down だと「定住する、落ち着く」。

訳　A: アパートからの引っ越しは済んだ？
　　B: だいたいね。あと残っているのは、公共料金を支払うことだけ。先月の電気代とインターネット料金の請求書をまだ支払っていなくて。　　　　　　　　　　　　　正解　**2**

049 解説　AとBの意見は食い違っているようだ。Bが「それは手ごろな値段だと思った」と言っているので、Aにとってはそれが手ごろな値段ではなかったと考えられる。rip off は「〜に法外な値段をふっかける」という意味。俗語で screw over という言い方もある。

訳　A: このバッグが50ドルだって？　うわあ、ずいぶん客からぼったくってるなあ。
　　B: そう思う？　私は手ごろな値段だと思ったけど。　　　　　　　　　　　　　正解　**4**

050 解説　空欄の直後の the fact の内容は、妻の誕生日を2年連続で忘れたという望ましくない事実になっている。live down は「〜を帳消しにする、あとの行為で償う」という意味合いで使われる熟語。

訳　A: ねぇ、ティム、奥さんの誕生日に何をすることにしたの？
　　B: いけない、今日の彼女の誕生日をすっかり忘れていたよ！　すごく怒るだろうな。2年連続で忘れていたという事実が帳消しになることはないだろう。　　　　　　　正解　**4**

語彙チェック

046	1 dip into 《貯金など》に手をつける	2 spice up 〜に一味加える	3 pave over 〜で舗装する	4 chase up 〜を調査する、探す
047	1 snuff out 〜を消滅させる	2 firm up 〜を固める	3 rifle through 〜をくまなく探す	4 throw in 〜をおまけにつける
048	1 spin off 〜を振り落とす	2 settle up 《借金・勘定など》を払う	3 descend on 〜に（集団で）押しかける	4 tap into 〜を利用する
049	1 show out 《人》を外まで案内する	2 dote on 〜を溺愛する	3 vouch for 〜を保証する、請け合う	4 rip off 〜に法外な値段をふっかける
050	1 wring out 〜を絞る	2 bury in 〜に埋める	3 polish off 〜を素早く平らげる	4 live down 〜を帳消しにする

051 A: I'm on the phone with a client, Tina. Can you come back later?

B: I'm sorry to ( ) like this, but it's an emergency. I have to speak with you right away.

    1 scale down   2 own up
    3 barge in   4 knuckle under

052 Rebecca was just wandering around the local flea market when she ( ) a signed copy of her favorite novel. It was a bit expensive, but she bought it anyways.

    1 stumbled upon   2 chipped off
    3 marked out   4 tacked on

053 A: Are you sick? I heard you coughing earlier.

B: Yeah, I can't ( ) this cold. It feels like I've been sick for weeks now.

    1 pep up   2 thumb through
    3 shake off   4 paper over

054 A: It seems like a new company pops up every day.

B: This is a highly profitable industry, so there are a lot of companies ( ) a piece of the money.

    1 taking to   2 blurting out
    3 striking off   4 jockeying for

055 Peter ( ) his back trying to lift the refrigerator by himself. Now he's in so much pain that he can hardly walk. I think he should go to the doctor.

    1 threw out   2 scraped together
    3 pushed up   4 forced back

051
解説 電話中のAに対して、Bは急用があると言っている。この流れに適切な選択肢はbarge inだ。動詞bargeは「ずかずか進む、かき分けて進む」。barge inは「(部屋などに)ずかずか入り込む」のほか、「(話などに)割り込む」の意味になる。

訳
A: お客さんと電話中なんだ、ティナ。あとでまた来てくれないか?
B: こんな風に割り込んでしまってすみません。でも、急用なんです。今すぐお話ししないといけないことがあるんです。

正解 3

052
解説 stumbleは「(歩いているときに)つまづく」という意味の単語だが、「巡り合う」という意味もある。この意味ではしばしば副詞のacrossや(up)onを伴う。come acrossとほぼ同義。

訳 レベッカは地元のフリーマーケットをぶらぶらしていて、お気に入りの小説のサイン本に偶然巡り合った。少し高かったが、それでも彼女は買った。

正解 1

053
解説 shake offは文字通り「〜を振り払う」という意味だが、比喩的に「《病気》を治す」という意味も表す。単にshakeだけでも同じ意味。類義表現はget rid of。

訳
A: 具合が悪いの? さっき咳をしていたみたいだけど。
B: うん、この風邪がなかなか治らないんだ。もう何週間も調子が悪い気がするよ。

正解 3

054
解説 jockey(騎手)はカタカナ語にもなっているが、「騎手として馬に乗る」という動詞の使い方もある。そこから派生した「競争で有利な立場に立とうとする」という意味があり、前置詞forを伴って「〜を得ようと競う、画策する」という意味を表す。類義表現のgun forも覚えておこう。

訳
A: 毎日、新しい企業が誕生しているように思えるね。
B: この業界は収益性が高いから、その分け前にあずかろうと画策している会社がたくさんあるのさ。

正解 4

055
解説 構成する単語からはイメージしづらいが、throw outには「《体の一部》を痛める、脱臼する」という意味がある。特にbackを目的語にとることが多い。簡単に言い換えればinjure。

訳 ピーターは一人で冷蔵庫を持ち上げようとして背中を痛めた。今彼は痛みがひどく、ほとんど歩くこともできない。彼は医者に行くべきだと思う。

正解 1

語彙チェック

051
1 scale down 規模を縮小する
2 own up 認める、白状する
3 barge in (話などに)割り込む
4 knuckle under 屈服する

052
1 stumble upon 〜に偶然巡り合う
2 chip off 〜を削り取る、はがし取る
3 mark out 〜を区切る
4 fawn over 《人》のご機嫌をとる

053
1 pep up 〜を元気づける
2 thumb through 〜をパラパラとめくる
3 shake off 〜を断ち切る、振り払う
4 paper over 《問題など》を隠す

054
1 take to 〜を好きになる
2 blurt out 〜をうっかり口に出す
3 strike off 〜を切り離す
4 jockey for 〜を得ようと競う

055
1 throw out 《体の一部》を痛める
2 scrape together 〜をかき集める
3 push up 〜を増やす、押し上げる
4 force back 《感情》をぐっとこらえる

056 Joseph's mom (　　) him pretty hard for doing so poorly at school. He told me that she won't let him have his phone back until his grades improve.

 1 shied away from   **2** ran out of
 3 came down on   **4** stood in for

057 The townspeople have been (　　) the mayor to start fixing up the parks around town. They're saying that they'll vote him out of office if he doesn't do something soon.

 1 dragging out   **2** dusting off
 3 booting up   **4** leaning on

058 The night before her trip to Madagascar, Christie was so (　　) that she couldn't sleep at all. She couldn't wait for her trip to begin.

 1 laid on   **2** keyed up   **3** banked on   **4** held down

059 Before Jeremy arrived for his surprise party, all of the guests were just (　　) in the living room. They didn't want to start without him.

 1 bottoming out   **2** milling about
 3 falling off   **4** piping down

056 **解説** come down (up)on は「〜をきつく叱る、非難する」。「〜に急に襲いかかる」、「〜に(金などを支払うように)要求する」という意味もある。類義語には scold、yell at(〜を怒鳴りつける)、reprimand(〜を(公式に)叱責する、懲戒する)がある。

訳 ジョセフの母親は学校の成績が悪いことでジョセフを**かなりきつく叱った**。彼女は成績が上がるまでジョセフの電話を取り上げて返さないと言った。　　**正解 3**

057 **解説** lean on は「〜に圧力をかける、脅す」(＝put the pressure on、pressure)という意味。ほかに「〜に頼る」という意味もあり、She leaned on her friends during that hard time.(その困難な時期に彼女は友人を心の支えとした)のように用いられる。lean には形容詞としての使い方もあり、be lean in で「〜が不足している」という意味になる。

訳 その町の住民は、町内の公園の改修を始めるように、町長**に圧力をかけ**てきた。町民は、町長がすぐに何かしなければ、彼を投票により辞めさせると言っている。　　**正解 4**

058 **解説** key up は「〜を緊張させる、興奮させる」という意味の熟語で、この意味では、例文のように受動態で用いられることがほとんど。「《楽器》のピッチを上げる」という意味のほか、「《要求など》の調子を強める」、「《気分・期待》をあおる」という意味でも用いられる。

訳 マダガスカル旅行の前夜、クリスティはとても**興奮**してまったく眠ることができなかった。旅の始まりが待ちきれなかった。　　**正解 2**

059 **解説** mill はもともと「(穀物を)臼で挽いて粉にする」という意味だが、「《人・家畜などが》あてもなく動き回る」という意味もあり、後者の意味ではふつう about または around がつく。類義表現には wait around、stand around がある。

訳 ジェレミーがサプライズパーティーに到着するまで、ゲスト全員がリビングでただ**うろうろし**ていた。彼らはジェレミーなしでパーティーを始めたくなかったのだ。　　**正解 2**

語彙チェック

056
1 shy away from 〜を嫌がる、避ける
2 run out of 〜を使い果たす
3 come down on 〜をきつく叱る
4 stand in for 〜の代役を務める

057
1 drag out 〜を長引かせる
2 dust off 《放置していた物》を再び用いる
3 boot up 《コンピューター》を起動させる
4 lean on 〜に圧力をかける、脅す

058
1 lay on 〜を計画する、用意する
2 key up 〜を緊張させる、興奮させる
3 bank on 〜を当てにする
4 hold down 《仕事》を続ける

059
1 bottom out 《価格・景気などが》底を打つ
2 mill about あたりをうろうろする
3 fall off 落ちる、減少する
4 pipe down 静かにする

060 I got ( ) by the boss for leaving early on Friday. Everybody leaves early on Fridays. Why should I be the one who gets told off for it?

　1 tacked on　　　　　**2** chewed out
　3 leafed through　　　**4** buttered up

061 Steve tried to ( ) the reasons for his decision to quit his job, but his wife was not interested in hearing his explanation.

　1 lay out　　**2** drum up　　**3** settle on　　**4** seal off

062 A: Wow, you take a lot of supplements.
　　　B: It's good to take vitamins, because they help ( ) your immune system. I haven't gotten sick since taking these.

　1 beef up　　　　**2** spruce up
　3 rope in　　　　**4** muddle through

063 A: I just heard that you're quitting. What are you planning to do next?
　　　B: I'm not totally sure, to be honest. I've been ( ) the idea of going back to school, though.

　1 keeling over　　**2** toying with
　3 laying into　　　**4** nailing down

060 **解説** 3文目に「なんで文句を言われるのは僕なんだよ」とあることから、話者は早退に関して叱られたと考えられる。chew outは「〜を怒鳴りつける、きつく叱る」という意味。chew（〜を噛む）を用いた熟語には、ほかにchew on（〜を熟考する）、chew up（〜を詰まらせて壊す、こっぴどく叱る）などがある。類義語のberate、rebukeも併せて覚えよう。

訳 金曜日に早退して上司に**きつく叱ら**れちゃった。金曜日にはみんな早退してる。なんで文句を言われるのは僕なんだよ。

正解 **2**

061 **解説** lay outは「〜を広げる」が第一義だが、「〜を詳しく説明する」の意味でも使われる。elucidate（〜をはっきりさせる、説明する）、elucidation（説明）、exposition（詳細な説明）という語も覚えておこう。

訳 スティーヴは仕事を辞めることにした理由**を説明し**ようとしたが、妻は彼の説明を聞こうとしなかった。

正解 **1**

062 **解説** Bは、サプリメントを摂り始めて病気をしなくなったと言っているので、ビタミンがimmune system（免疫系）によい効果があると思っている。beef upは「〜を強化する、増強する」（＝strengthen、boost）という意味の熟語。ほかに、「〜を大きくする、太くする、増加させる」という意味もある。

訳 A: わぁ、サプリメントをたくさん飲んでいるんだね。
B: ビタミンを摂取するのはいいことだよ。免疫系**を強くし**てくれるから。これを飲み始めてから病気になっていないんだ。

正解 **1**

063 **解説** toy withは「〜をもてあそぶ、戯れに思う」という意味で、toy with the idea ofで「〜しようかと漠然と考える」。He is toying with her.（彼は彼女をもてあそんでいる）のように「（人間としてではなく）おもちゃのように扱う」という否定的な意味でも使われる。

訳 A: あなたが辞めようとしていると聞いたばかりよ。次はどうするつもり?
B: 正直なところまだはっきりはわからないんだけど、学校に戻ろうかなという考え**を漠然と抱い**ているところだよ。

正解 **2**

語彙チェック

060
1 tack on 〜をつけ足す
2 chew out 〜を怒鳴りつける、きつく叱る
3 leaf through 《本》をざっとめくる
4 butter up 〜をおだてる

061
1 lay out 〜を詳しく説明する
2 drum up 《事業など》を拡大する
3 settle on 〜に決める
4 seal off 〜を密封する、封鎖する

062
1 beef up 〜を強化する、増強する
2 spruce up 〜を小ぎれいにする
3 rope in 〜を仲間に引き入れる
4 muddle through 〜を何とか切り抜ける

063
1 keel over 《船》を転覆させる
2 toy with 《考え》を漠然と抱く
3 lay into 〜に殴りかかる
4 nail down 〜を取り決める、確実にする

064 The police have started (　　) on drunk drivers. Arrests for drinking and driving have gone up over 200% in the last month.

　　1 carrying over　　　　2 cracking down
　　3 hanging out　　　　 4 wasting away

065 A: Charlie, have you figured out why the software keeps crashing?
B: Not yet, Mr. Freeman. I'm having trouble (　　) the source of the problem.

　　1 piling into　　　　　2 bearing up
　　3 pinning down　　　　4 raking off

066 Ken knew that he should have been preparing for his presentation, but instead he (　　) the time daydreaming about his upcoming trip to Paris.

　　1 bottled up　　　　　2 cast off
　　3 frittered away　　　 4 folded up

067 Julie is one of those people that is always smiling and laughing. Usually, her good nature (　　) the people around her, making them more cheerful as well.

　　1 rubs off on　　　　　2 runs off with
　　3 gangs up on　　　　　4 sticks up for

064
解説 飲酒運転の検挙数が大幅に増加したという文脈から、警察は取り締まりを強化したと考えられる。crack down は「厳重に取り締まる、弾圧する」という意味で、目的語の前には on を置く。派生した名詞形の crackdown は「取り締まり、弾圧」。

訳 警察は酒気帯び運転者を**厳重に取り締まり**始めた。飲酒運転の検挙数は先月、200%以上の増加になった。

正解 2

065
解説 A の発言にある figure out why ...（なぜ〜なのかがわかる）は、pin down the source of the problem（問題の原因を突き止める）と言い換えることができる。類義語の pinpoint は「〜を特定する」。pin up だと「《写真・掲示物など》をピンで留める」という意味になる。

訳 A: チャーリー、なぜずっとソフトフェアがうまく機能しないのかわかりましたか。
B: まだなんです、フリーマンさん。問題の原因**を突き止める**のに苦労しています。

正解 3

066
解説 空欄のあとに daydreaming about と具体的な行動が補足されている。fritter away は「〜を浪費する」という意味で、時間やお金などを浅はかに費やしてしまうこと。idle (one's) time away でも同じ意味になる。fritter は「《時間・お金など》を（少しずつ）費やす」という意味の他動詞。

訳 ケンは、プレゼンテーションの準備をしておくべきだとわかっていたが、そうせずに来たるべきパリ旅行の空想にふけって時間**を浪費した**。

正解 3

067
解説 rub off on は文字通りには「こすれ落ちて〜に付着する」という意味だが、そこから派生して「〜に影響を与える」という意味も表す。rub in（《相手にとって不愉快なこと》を繰り返し言う）も併せて覚えておこう。

訳 ジュリーは常に笑顔を絶やさないタイプの人だ。彼女の人柄はいつでも周りの人たち**に影響を与え**、その人たちまでも陽気にする。

正解 1

語彙チェック

064
1. carry over — 移る、引き継がれる
2. crack down — 厳重に取り締まる
3. hang out — ぶらぶらして過ごす
4. waste away — 衰弱する

065
1. pile into — 〜に押し寄せる
2. bear up — 《苦難に》耐える
3. pin down — 《事実・原因など》を突き止める
4. rake off — 《リベートなど》を受け取る

066
1. bottle up — 《感情》を抑える、隠す
2. cast off — 〜を捨て去る、見捨てる
3. fritter away — 〜を浪費する
4. fold up — 〜をたたむ

067
1. rub off on — 〜に影響を与える
2. run off with — 〜を持って逃げる
3. gang up on — 〜を集団で攻撃する
4. stick up for — 〜を支持する

語彙問題を極める 2

接辞・語根による語彙習得（2）

[語根（続き）]

- **cide / cise** …「切る」
  - de<u>cide</u>（決める←離して切る）
  - con<u>cise</u>（簡潔な←短く切る）
  - in<u>cis</u>ive（明快な）
  - pesti<u>cide</u>（殺虫剤）
  - in<u>cis</u>ion（切開）

- **vig / veg** …「生き生きとした」
  - <u>vig</u>or（活力）
  - <u>veg</u>etable（野菜）
  - in<u>vig</u>orate（〜を活気づける）
  - <u>veg</u>etate（《植物などが》成長する）

- **suade** …「勧告する」
  - dis<u>suade</u>（〜を思いとどまらせる）
  - per<u>suas</u>ive（説得力のある）

- **doc** …「教える」
  - <u>doc</u>ile（従順な←教えやすい）
  - in<u>doc</u>trinate（《人》に（思想などを）吹き込む）
  - <u>doc</u>trine（教義、主義）
  - di<u>dac</u>tic（教訓的な）

- **min** …「突き出る」
  - e<u>min</u>ent（卓越した）
  - im<u>min</u>ent（切迫した）
  - pro<u>min</u>ent（卓越した）

- **cumb** …「横たわる」
  - <u>cumb</u>ersome（足手まといの）
  - suc<u>cumb</u>（屈する、死ぬ）
  - en<u>cumb</u>er（〜を妨げる）
  - re<u>cumb</u>ent（寄りかかっている）

- **vade** …「行く」
  - e<u>vade</u>（〜を逃れる）
  - per<u>vade</u>（〜に充満する、行きわたる）
  - in<u>vade</u>（〜に侵入する）

- **ped** …「足」
  - <u>ped</u>estrian（歩行者）
  - im<u>ped</u>e（〜を妨げる）
  - bi<u>ped</u>（二足歩行の）
  - ex<u>ped</u>ite（〜を促進する←拘束から足を救い出す）

- **flag / flam** …「燃える」
  - con<u>flag</u>ration（大火事）
  - <u>flag</u>rant（目に余る←燃えるように悪い）
  - in<u>flam</u>e（〜に火をつける）

- **flu** …「流れる」
  - <u>flu</u>ent（流ちょうな）
  - super<u>flu</u>ous（余分の、過剰な）
  - <u>flu</u>ctuate（変動する、上下する）
  - af<u>flu</u>ent（豊かに流れる、豊富な）

- ▶ fort … 「強い」
  - ・fortify（〜を強化する）
  - ・fortress（要塞）
  - ・fortitude（強さ）
- ▶ gregat … 「集める」
  - ・aggregate（集まる、〜を集める）
  - ・gregarious（社交的な）
  - ・congregate（集まる、〜を集める）
  - ・segregate（〜を分離する）

［接尾辞］

　2008年第2回、2011年第3回にacrimony（とげとげしさ）を正解とする問題が出題され、2014年第2回ではその形容詞形acrimonious（辛らつな）を正解とする問題が出題された。このように、英検1級の筆記大問1では、かつて出題された語と派生関係にある語がのちの試験で出題されるということが少なくない。本文の解説中でも派生関係にある語を多数紹介しているので、接尾辞に注意して一緒に覚えるようにしよう。ここでは動詞を作る接尾辞をいくつか挙げておく。

- ▶ -er … 反復する音や動きを表す
  - ・falter（口ごもる）
  - ・loiter（ぶらつく）
  - ・stammer（口ごもる）
  - ・flicker（《火などが》ちらちらする）
  - ・quiver（震える、けいれんする）
  - ・chatter（おしゃべりする）
- ▶ -en … 形容詞・名詞につけて「〜にする」を表す
  - ・embolden（〜を勇気づける）
  - ・heighten（〜を高める）
  - ・slacken（《速度》を緩める）
- ▶ -ify … 「〜にする」を表す
  - ・verify（〜を証明する）
  - ・mortify（〜に恥をかかせる）
  - ・nullify（〜を無効にする）
  - ・typify（〜の典型である）
  - ・sanctify（〜を神聖にする）
  - ・edify（〜を啓発する）
  - ・ratify（〜を批准する）
  - ・mollify（《人》をなだめる）
  - ・rectify（〜を正す）
  - ・pacify（〜をなだめる、静める）
  - ・petrify（《人》をすくませる）
  - ・vilify（〜を悪く言う、けなす）
  - ・personify（〜を体現する）
- ▶ -ish … 「〜にする」を表す
  - ・abolish（《法律など》を無効にする）
  - ・banish（《人》を追放する）
  - ・diminish（〜を減少させる、減少する）
  - ・replenish（〜を補充する）
  - ・relinquish（《権力など》を放棄する）
  - ・admonish（〜を叱る、訓告する）
  - ・blemish（《名声など》を傷つける）
  - ・impoverish（〜を貧乏にする）
  - ・nourish（〜を育てる、養う）
  - ・tarnish（《評判・名声など》を傷つける）

つづりの短い単語を覚える

　以上、接辞・語根を紹介してきたが、つづりの短い単語は、語根から意味の類推をすることが難しく、1語1語覚えていくしかない。以下に、実際に筆記大問1の選択肢として出題されたものを挙げておくので、確認しておこう。単語集などを活用し、短い例文とともに覚えるようにすると身につけやすい。

- prod（～の注意を喚起する）
- gall（厚かましさ、ずうずうしさ）
- flak（激しい非難）
- tepid（ぬるい）
- grit（砂粒）
- omen（前兆）
- pare（〈刃物で〉～の皮をむく）
- scam（詐欺、ぺてん）
- fume（煙を出す）
- dank（じめじめした、湿っぽくて寒い）
- wilt（しおれる、ぐったりする）
- slab（〈石・木などの〉厚板、平板）
- hype（誇大広告）
- balk（ためらう）
- ebb（衰退する）
- shun（～を避ける）
- gait（歩行、足取り）
- bout（〈病気・活動が続く〉期間）
- dupe（～をだます）
- gnaw（～をかじる、かじり取る）
- avid（熱心な、熱烈な）
- gird（～をくるむ）
- glut（〈商品などの〉供給過剰）
- irk（～をいらいらさせる）
- sham（ごまかし、でっち上げ）
- glib（口先だけの、出まかせの）
- mock（模擬の）
- wade（〈水中を〉歩いて渡る）
- mob（群衆、暴徒）
- rant（わめき散らす）
- toss（揺れ動く、上下する）
- cove（〈小さな〉湾、入り江）
- jest（冗談）
- bane（破滅のもと、悩みの種）
- oust（～を追い出す、失脚させる）
- foil（〈計略など〉を妨げる）
- gist（要点、趣旨）
- dart（〈矢のように〉動く、進む）
- snip（～をはさみで切る）
- onus（重荷、責任）
- arid（〈土地・気候などが〉乾燥した）
- vie（競う）
- rout（完敗）
- bask（〈注目などを〉浴びる）
- mar（～を台無しにする）
- feud（確執、不和）
- hush（～を黙らせる）
- clot（塊）
- dud（偽物、偽造品）
- wisp（細い束）
- hone（〈技術〉を磨く）
- void（喪失感、真空）
- flap（～をはためかす）
- hoax（でっち上げ、悪ふざけ）
- nick（刻み目）
- quell（～を鎮める）
- rowdy（騒々しい、乱暴な）
- zest（熱意）
- limb（手足）
- levy（徴税、課税）
- veto（拒否権）
- zeal（熱意）
- pry（詮索する）
- dice（～をさいの目に切る）
- apex（頂点、絶頂）
- tier（段階、階層）
- tout（～を絶賛する）
- jeer（あざけり、やじ）
- jilt（〈恋人〉を捨てる）
- limp（柔弱な、弱々しい）
- revel（大いに楽しむ、喜ぶ）
- romp（ドタバタ劇）
- din（騒音）
- reap（〈報いなど〉を受ける）
- cinch（たやすいこと）
- faze（～を困惑させる、ひるませる）
- lag（遅れること）
- slur（ひぼう、中傷）
- goad（～をあおり立てる）
- whim（気まぐれ）
- swab（モップで）～を掃除する）
- blur（ぼやけ、不鮮明）
- ram（～に衝突する、激突する）
- wrath（激怒）
- rift（仲たがい、亀裂）
- snub（～を冷たくあしらう）
- bolt（急に駆け出す）
- fray（争い、いさかい）
- perk（特典）
- rig（～を不正に操作する）
- veer（〈急に〉向きを変える）
- wane（弱まる、衰える）
- bogus（偽の、いんちきの）
- pawn（～を質に入れる）
- opt（選ぶ）

Part 2
実践模試

このPartでは、今後筆記大問1で出題される可能性の高い語句を問う問題125問を、5回分の模試形式にまとめた。制限時間内に25問を解ききれるか挑戦してみよう。誤答選択肢も含め、知らない語句はすべて覚えてしまおう。

Test 1

解答時間 20 分

01 Deborah's voice (　　) when she spoke about her mother. It was clear that it was an uncomfortable subject for her.

　　1 tossed　　**2** faltered　　**3** reminisced　　**4** hurtled

02 Mandy couldn't believe how big the company's head office was. She got lost walking through the (　　) of hallways and escalators that led up to the conference room.

　　1 schism　　**2** eminence　　**3** propensity　　**4** labyrinth

03 James accidentally called his girlfriend by his ex-girlfriend's name. Unfortunately, his girlfriend was not very forgiving of his (　　).

　　1 throb　　**2** jubilee　　**3** blunder　　**4** morsel

04 The soldier is now facing trial for (　　) government secrets by posting a video online that showed other soldiers performing morally questionable acts.

　　1 propelling　　**2** rebating　　**3** divulging　　**4** bewitching

05 George and Mariah hit a few (　　) in the last week of their trip, which caused them to miss a couple of the sights they'd wanted to see.

　　1 regimes　　**2** forays　　**3** liaisons　　**4** glitches

06 It is a (　　) race, over 50 miles through the hot desert. That is why so few runners are able to complete it.

    1 condescending   **2** compelling
    3 burgeoning   **4** grueling

07 The park was so big that it felt like a forest. There was even a stream that (　　) through its many trees and flowers.

    1 meandered   **2** dissipated
    3 pandered   **4** connived

08 A: How was the marathon?
    B: It was horrible. I was wearing new shoes, and they started hurting after only a few minutes. Now I have giant (　　) on both of my feet.

    1 wisps   **2** verges   **3** nicks   **4** blisters

09 We are all very saddened by the loss of Mr. Farrell, our company president. Mr. White will act as the (　　) president of the company until a suitable replacement can be found.

    1 defunct   **2** lucrative   **3** auxiliary   **4** interim

10 In the event of a fire, please stay low to the ground in order to avoid (　　) any of the smoke, as it can cause you to lose consciousness.

    1 slanting   **2** inhaling   **3** invigorating   **4** shackling

11 Reynold was (　　) when he didn't get the scholarship. Without it, he wouldn't be able to complete the doctoral degree that he'd spent years working for.

　　1 agnostic　　**2** distraught　　**3** austere　　**4** remedial

12 When someone is choking, you must act quickly to (　　) the food stuck in their throat. There are a number of emergency procedures that can help clear a person's airways.

　　1 insinuate　　**2** decant　　**3** deprecate　　**4** dislodge

13 It was difficult for Robert to (　　) his responsibilities at home with the demands of his job, and he started to feel very stressed.

　　1 entrust　　**2** verify　　**3** churn　　**4** juggle

14 The (　　) book is an exploration of family ties in times of war. Robson's editors say that he finished the book only days before passing away.

　　1 latent　　**2** diffident　　**3** perennial　　**4** posthumous

15 A: Was that really an (　　) speech? It was so well structured.
　　B: Thank you. I think that after you get enough experience, it's quite easy to give speeches without preparing.

　　1 abrasive　　**2** incongruous　　**3** omniscient　　**4** impromptu

16 In the last century, advances in medicine have led to greater ( ). The average lifespan of a modern-day human is much longer than it was only 100 years ago.

    1 longevity   **2** compliance   **3** censure   **4** prowess

17 Renee did not realize that her work visa was no longer valid after changing jobs, and she faced ( ) for overstaying her visa.

    1 deportation   **2** insurrection   **3** elocution   **4** disposition

18 After his father died, Clint felt ( ) for not spending more time with him. He had never considered that he might lose the chance to see him anytime he wanted.

    1 remorse   **2** propagation   **3** decoy   **4** remnant

19 After Rudy's son got into a fight with a bully at school, he told his son that, although he didn't ( ) violence, he sympathized with his desire to protect his classmate.

    1 invert   **2** condone   **3** mortify   **4** embroil

20 The ( ) job offer was tempting, but in the end James decided that following his dream of becoming a writer was more important than making money.

    1 malleable   **2** lucrative   **3** derogatory   **4** bleak

21 The rich investment banker likes to (　　) his wealth. He drives a rare sports car, wears watches that cost thousands of dollars, and only wears brand-name clothing.

    1 espouse　　**2** flaunt　　**3** gratify　　**4** distend

22 After winning a record number of medals at the Olympics, the swimmer (　　) his sudden fame by appearing in television commercials and magazine ads.

    1 crept up on　　**2** chipped away at
    3 cashed in on　　**4** put in for

23 A: I never expected Sasha to quit like that.
    B: Me neither. She never (　　) that she didn't like working here.

    1 let on　　**2** put by
    3 clamped down　　**4** glanced off

24 "This marketing plan sounds very promising," her manager said. "However, I'd like you to (　　) the details a bit more. It should have a clear budget, schedule, and list of team members."

    1 cart off　　**2** play down　　**3** haul off　　**4** flesh out

25 Eugene was hoping to make a lot of money with his new business, but instead all he did was (　　) a lot of debt trying to get it started.

    1 shrug off　　**2** gain on　　**3** flip through　　**4** rack up

Test 1　解答・解説

Part 2 ── 実践模試

解答

1	2	3	4	5	6	7	8	9	10	11	12	13	14	15
2	4	3	3	3	4	1	4	2	1	2	4	4	4	4

16	17	18	19	20	21	22	23	24	25
1	1	1	2	2	2	3	1	4	4

正解数

1回目	2回目	3回目
/25	/25	/25

---

01 Deborah's voice (　　) when she spoke about her mother. It was clear that it was an uncomfortable subject for her.

　　1 tossed　　　2 faltered　　　3 reminisced　　　4 hurtled

解説　her voice faltered（彼女の声は詰まった）は、人を主語にして she faltered（彼女は口ごもった）としてもほぼ同じ意味。stumble（つかえる、とちる）、flounder（つかえながら言う、口ごもる）や waver、wobble（《声が》震える）も併せて覚えておきたい。

訳　デボラは母親のことを話すときに声が詰まった。彼女にはそれが気詰まりな話題だということは明らかだった。

正解　2

02 Mandy couldn't believe how big the company's head office was. She got lost walking through the (　　) of hallways and escalators that led up to the conference room.

　　1 schism　　　2 eminence　　　3 propensity　　　4 labyrinth

解説　「迷宮、迷路」を意味する labyrinth は、比喩的に「複雑な状況」も意味する。labyrinth of rules and regulations は「複雑な規定」という意味だ。形容詞形の labyrinthine（迷路のような、入り組んだ）も覚えておこう。

訳　マンディーはその会社の本社の大きさが信じられなかった。会議室へ行こうとして迷路のような廊下やエスカレーターを進むうちに、彼女は迷子になってしまった。

正解　4

語彙チェック

01
1 toss　揺れ動く、上下する
2 falter　口ごもる、《声が》つかえる
3 reminisce　回想する
4 hurtle　《車などが》猛スピードで進む

02
1 schism　（集団の）分裂、分離
2 eminence　名声、卓越
3 propensity　（好ましくない）傾向
4 labyrinth　迷宮、迷路

03 James accidentally called his girlfriend by his ex-girlfriend's name. Unfortunately, his girlfriend was not very forgiving of his (　　　).

　　1 throb　　　2 jubilee　　　3 blunder　　　4 morsel

> **解説** accidentally（誤って、うっかり）から何かミスをしたと予想できる。恋人を元の恋人の名前で呼んでしまったことが空欄に入る1語で言い換えられているので、正解はblunder（大失敗、不手際）。blunderは不注意や無知に起因する大失態を指す。類義語のslip-upは急いでいるせいや不注意で起こる小さな誤りのこと。

> **訳** ジェームズはうっかり恋人を前の恋人の名前で呼んでしまった。残念ながら、彼の恋人は、彼の**大失敗**にそれほど寛容ではなかった。

正解　3

04 The soldier is now facing trial for (　　　) government secrets by posting a video online that showed other soldiers performing morally questionable acts.

　　1 propelling　　　2 rebating　　　3 divulging　　　4 bewitching

> **解説** 空欄を含む「国家機密（　　）」が文後半の「兵士の問題行動の映像をオンライン上に投稿する」で言い換えられている。正解はdivulge（《秘密など》を漏らす、暴露する）。類義語のreveal、対義語のconceal（〜を隠す）も併せて覚えておこう。

> **訳** その兵士は、ほかの兵士たちの道徳的に問題ある行為を示すビデオ映像をオンライン上に投稿したことにより、国家機密**を漏えいした**容疑で裁判を受けている。

正解　3

05 George and Mariah hit a few (　　　) in the last week of their trip, which caused them to miss a couple of the sights they'd wanted to see.

　　1 regimes　　　2 forays　　　3 liaisons　　　4 glitches

> **解説** 後半部分で旅行に不都合が生じたことが書かれている。その内容に見合うように空欄の語を考えると、glitch（（計画の）狂い）が適切だ。類義語にsetback（（進歩などの）妨げ）がある。glitchは「（機械などの）ちょっとした故障、突発事故」の意味でもよく使い、computer glitchは「コンピューターの突然の故障」のこと。

> **訳** ジョージとマライアは旅行の最終週に**ちょっとした予定違い**がいくつか起こり、そのため見たかった2、3か所の場所に行けなかった。

正解　4

語彙チェック

03
- 1 throb　鼓動
- 2 jubilee　記念祭、祝祭
- 3 blunder　大失敗、不手際
- 4 morsel　（食べ物の）ひと口分、一片

04
- 1 propel　〜を推進する、前進させる
- 2 rebate　《代金の一部》を割り戻す
- 3 divulge　《秘密など》を漏らす
- 4 bewitch　〜をとりこにする

05
- 1 regime　政権、政治制度
- 2 foray　襲撃、急襲
- 3 liaison　連絡、連携
- 4 glitch　（計画の）狂い、突発事故

06 It is a (   ) race, over 50 miles through the hot desert. That is why so few runners are able to complete it.

   1 condescending   **2** compelling   **3** burgeoning   **4** grueling

   解説　grueling（へとへとに疲れさせる）は exhausting とほぼ同じ意味だ。grueling journey（過酷な旅）というフレーズで覚えておこう。ほかに punishing schedule（強行スケジュール）、arduous task（きつい仕事）、excruciating pain（耐えがたい痛み）という表現も覚えておきたい。

   訳　それは暑い砂漠を50マイル以上走る過酷なレースだ。だから完走できる選手はごくわずかしかいない。

   正解　**4**

07 The park was so big that it felt like a forest. There was even a stream that (   ) through its many trees and flowers.

   1 meandered   **2** dissipated   **3** pandered   **4** connived

   解説　meander は川や道路を主語にして「曲がりくねる」を意味する。また、「あてもなくぶらぶら歩く」のほか、「《人が》とりとめもなく話す、《話が》だらだら続く」の意味でも使われる。

   訳　その公園はとても広くて森のようだった。たくさんの木々や花々の間を曲がりくねって流れる小川もあった。

   正解　**1**

08 A: How was the marathon?
   B: It was horrible. I was wearing new shoes, and they started hurting after only a few minutes. Now I have giant (   ) on both of my feet.

   1 wisps   **2** verges   **3** nicks   **4** blisters

   解説　新しい靴で靴擦れを起こしたことがわかるので、足には大きな blister（水膨れ）ができたと考えられる。blister は「水膨れができる、〜に水膨れを作る」という意味の動詞としても用いられ、転じて「〜を激しく非難する」という意味もある。類義語は sore で「痛むところ」。

   訳　A: マラソンはどうだった？
   B: 散々だったよ。新しい靴を履いていたら、ほんの数分後に足が痛み出したんだ。今は両足に大きな水膨れがあるよ。

   正解　**4**

語彙チェック

06 1 condescending いばった、相手を見下すような	**2** compelling 説得力のある	**3** burgeoning 急成長する	**4** grueling へとへとに疲れさせる、厳しい
07 1 meander 《川・道路が》曲がりくねる	**2** dissipate 消えてなくなる	**3** pander 迎合する	**4** connive 共謀する
08 1 wisp 細い束	**2** verge ふち	**3** nick 刻み目	**4** blister 水膨れ

09 We are all very saddened by the loss of Mr. Farrell, our company president. Mr. White will act as the (　　) president of the company until a suitable replacement can be found.

　　1 defunct　　　2 lucrative　　　3 auxiliary　　　4 interim

> **解説** interimは「間」を意味する語根interを含む語で、「合間の、仮の、暫定的な」という意味を表す。類義語はtemporary、対義語はpermanent（永続する）。

> **訳** 弊社社長ファレルを失ったことに、社員一同深い悲しみを覚えております。適格な後任が見つかるまで、ホワイトが**暫定的に**社長を務めます。

正解　4

10 In the event of a fire, please stay low to the ground in order to avoid (　　) any of the smoke, as it can cause you to lose consciousness.

　　1 slanting　　　2 inhaling　　　3 invigorating　　　4 shackling

> **解説** inhale（〜を吸い込む）はbreathe inと同じ意味だ。名詞形はinhalation（吸入）。対義語のexhale（〜を吐き出す）、およびその名詞形のexhalation（吐き出すこと）と併せて覚えておこう。また、respire（呼吸する）という動詞も重要だ。

> **訳** 火災のときは身を低くして煙を**吸い込ま**ないようにしてください。煙を吸うと意識を失うおそれがあります。

正解　2

11 Reynold was (　　) when he didn't get the scholarship. Without it, he wouldn't be able to complete the doctoral degree that he'd spent years working for.

　　1 agnostic　　　2 distraught　　　3 austere　　　4 remedial

> **解説** distraughtは「（ひどく）取り乱した」、「気が狂った、錯乱状態の」という意味の形容詞。distractedもほぼ同じ意味になる。悲しみなどで取り乱すさまを指す形容詞はinconsolableで「慰められないほどの、悲しみに沈んだ」。反対に「正気の、気の確かな」はsane。

> **訳** レイノルドは奨学金が得られなかったときに**取り乱した**。奨学金がなければ、何年もかけて取り組んできた博士課程を修了することができないのだ。

正解　2

語彙チェック

09
1 defunct 現存しない
2 lucrative 利益の大きい、もうかる
3 auxiliary 補助の
4 interim 仮の、暫定的な

10
1 slant 〜を傾ける、歪曲する
2 inhale 〜を吸い込む
3 invigorate 〜を活気づける
4 shackle 〜を拘束する

11
1 agnostic 不可知論(者)の
2 distraught 取り乱した
3 austere 簡素な、飾り気のない
4 remedial 補習の

12 When someone is choking, you must act quickly to (　　) the food stuck in their throat. There are a number of emergency procedures that can help clear a person's airways.

　　1 insinuate　　2 decant　　3 deprecate　　4 dislodge

> 解説　動詞 lodge には「泊まる、〜を泊める」のほかに「《食べ物など》がつかえる、〜をつかえさせる」の意味がある。dislodge は lodge に「反対」を意味する接頭辞 dis- がついた語だ。dis- のついた動詞として displace（〜にとって代わる）や dislocate（〜を脱臼させる）も覚えておこう。

> 訳　窒息しそうな人がいたら、直ちにのどに詰まった食べ物**を取り除か**なければならない。気道を確保するための緊急措置はたくさんある。

正解　**4**

13 It was difficult for Robert to (　　) his responsibilities at home with the demands of his job, and he started to feel very stressed.

　　1 entrust　　2 verify　　3 churn　　4 juggle

> 解説　juggle は、複数の物をお手玉のように繰り返し空中に投げては取ること。曲芸の「ジャグリング」も juggling がカタカナ語になったもの。ここでは、「家事と仕事という2つのものをうまく調整する、やりくりする」という意味で使われている。juggler は「ジャグリングする人、やりくりの上手な人」のほかに「詐欺師」という意味もある。

> 訳　ロバートは、家庭での責任と仕事の要請**をうまく調整する**のが難しく、ひどいストレスを感じ始めた。

正解　**4**

14 The (　　) book is an exploration of family ties in times of war. Robson's editors say that he finished the book only days before passing away.

　　1 latent　　2 diffident　　3 perennial　　4 posthumous

> 解説　posthumous は post-（あとの）＋ humous（地）で、「地中に埋葬されたあとの」が原義。「子供が父の死後に生まれた、書籍が著者の死後に刊行された」の意味で使われる。inhume（〜を埋葬する）、exhume（〜を掘り出す）も語根 hume（地）を使った語。

> 訳　**死後に刊行された**本は戦時中の家族のきずなを探求したものだ。ロブソンの担当編集者によれば、彼はその本を亡くなるほんの数日前に完成させた。

正解　**4**

語彙チェック

12
1 insinuate　〜をほのめかす
2 decant　《ワインなど》を別の容器へ移す
3 deprecate　〜を非難する、批判する
4 dislodge　〜を(特定の場所から)取り除く

13
1 entrust　〜を委ねる、任せる
2 verify　〜を証明する
3 churn　〜をかくはんする
4 juggle　〜をうまく調整する

14
1 latent　潜在的な
2 diffident　気落ちした、絶望した
3 perennial　長く続く
4 posthumous　死後の

15 A: Was that really an (　　) speech? It was so well structured.
B: Thank you. I think that after you get enough experience, it's quite easy to give speeches without preparing.

　　1 abrasive　　**2** incongruous　　**3** omniscient　　**4** impromptu

> 解説　impromptu（即座の）はprompt（即座の、機敏な）と語源的に関連がある。impromptu speech（即興のスピーチ）というフレーズで覚えておこう。また、impromptuは「即興で」という副詞にもなる。improvise（〜を即興で作る）という動詞も重要だ。

> 訳　A: あれって本当に**即興の**スピーチだったの？　すごくうまくまとまっていたよ。
> B: ありがとう。十分に経験を積めば、準備なしでスピーチをするのは簡単なんだよ。

正解　**4**

16 In the last century, advances in medicine have led to greater (　　). The average lifespan of a modern-day human is much longer than it was only 100 years ago.

　　1 longevity　　**2** compliance　　**3** censure　　**4** prowess

> 解説　空欄に入る語がlifespan（命の長さ、寿命）と言い換えられているので、longevity（寿命）が適切。long（長い）＋age（年）＋-ity（名詞を作る接尾辞）＝longevityで「長寿、寿命」という意味になる。類義語にはlife expectancy（寿命）がある。

> 訳　前世紀、医学の発展は**寿命**の伸びにつながった。現代人の平均寿命はつい100年前よりもずっと長くなっている。

正解　**1**

17 Renee did not realize that her work visa was no longer valid after changing jobs, and she faced (　　) for overstaying her visa.

　　1 deportation　　**2** insurrection　　**3** elocution　　**4** disposition

> 解説　deportationは、「〜を強制送還する、国外追放する」という意味の他動詞deportの名詞形で「（外国人の）国外追放、強制送還」という意味。同じく外国人を本国に帰らせることという意味のrepatriationは「（亡命者・捕虜などの）本国送還」で、動詞形はrepatriate（《亡命者・捕虜など》を本国送還する）。

> 訳　レニーは仕事を変えたあとに就労ビザがもう無効になっていることに気がつかず、ビザが切れたあとの不法滞在で**強制送還**になった。

正解　**1**

語彙チェック

15
- **1** abrasive 《態度などが》とげのある
- **2** incongruous 不調和な、矛盾する
- **3** omniscient 全知の、博識の
- **4** impromptu 即座の、即興の

16
- **1** longevity 長寿、寿命
- **2** compliance 順守
- **3** censure （公式の）非難
- **4** prowess 優れた腕前

17
- **1** deportation 国外追放、強制送還
- **2** insurrection 暴動、反乱
- **3** elocution 演説法、発声法
- **4** disposition 気質、性質

18 After his father died, Clint felt (　　) for not spending more time with him. He had never considered that he might lose the chance to see him anytime he wanted.

    1 remorse　　　**2** propagation　　　**3** decoy　　　**4** remnant

> 解説　remorse は re-（何度も）＋ morse（噛む）からできた語で、繰り返し噛まれるように後悔の念を感じることを意味する。類義語の contrition も併せて覚えておこう。

> 訳　父親が亡くなったあと、クリントは彼ともっと長い時間を過ごさなかったことを**後悔**した。会いたいときにいつでも会えることがなくなるなどとは考えたこともなかった。

正解　**1**

19 After Rudy's son got into a fight with a bully at school, he told his son that, although he didn't (　　) violence, he sympathized with his desire to protect his classmate.

    1 invert　　　**2** condone　　　**3** mortify　　　**4** embroil

> 解説　condone（～を大目に見る）は tolerate の類義語だ。名詞形は condonation（容赦）。逆に「～をとがめる、非難する」を意味する condemn も併せて覚えておこう。

> 訳　ルディーの息子は学校でいじめっ子と取っ組み合いのけんかをした。ルディーは息子に、暴力は**許さ**ないが、クラスメートを守ってあげたいという気持ちには共感すると言った。

正解　**2**

20 The (　　) job offer was tempting, but in the end James decided that following his dream of becoming a writer was more important than making money.

    1 malleable　　　**2** lucrative　　　**3** derogatory　　　**4** bleak

> 解説　lucrative（もうかる）は profitable とほぼ同じ意味だ。lucrative business（もうかる商売）というフレーズで覚えておこう。bonanza（大もうけ）という名詞や make a killing（大もうけする）というフレーズも覚えておきたい。

> 訳　ジェームズが提供された仕事口は**もうかっ**て魅力的だったが、結局彼は、作家になるという夢を追い続けることのほうが金もうけよりも大切だと思った。

正解　**2**

語彙チェック

18 **1** remorse 後悔、良心の呵責	**2** propagation （動植物の）繁殖	**3** decoy おとり	**4** remnant 名残、面影
19 **1** invert ～を逆にする	**2** condone 《罪》を許す、 ～を大目に見る	**3** mortify ～に恥をかかせる	**4** embroil ～を巻き込む
20 **1** malleable 可鍛性の、打ち延ばしできる	**2** lucrative 利益の大きい、もうかる	**3** derogatory 軽蔑的な	**4** bleak 《見通しが》暗い

21 The rich investment banker likes to (　　) his wealth. He drives a rare sports car, wears watches that cost thousands of dollars, and only wears brand-name clothing.

　　1 espouse　　　2 flaunt　　　3 gratify　　　4 distend

解説 flaunt（〜を見せびらかす）は show off とほぼ同じ意味だ。flaunt my wealth（富を見せびらかす）というフレーズで覚えておこう。なお、語形が似ている flout（《規則など》を無視する）と混同しないように注意しよう。

訳 その金持ちの投資銀行家は好んで自分の富を見せびらかす。レア物のスポーツカーに乗り、何千ドルもする腕時計を着け、ブランド物の服しか着ない。

正解　2

22 After winning a record number of medals at the Olympics, the swimmer (　　) his sudden fame by appearing in television commercials and magazine ads.

　　1 crept up on　　　　　　　2 chipped away at
　　3 cashed in on　　　　　　　4 put in for

解説 cash in は「換金する」という意味で、これに on がついた cash in on は「〜から利益を得る、〜を利用する」という意味になる。類義表現に capitalize on（〜から利益を得る）、take advantage of（〜を利用する）がある。反対に let ... go to waste だと「〜を無駄にする」。

訳 オリンピックで記録的な数のメダルを勝ち取ったあと、その水泳選手は、テレビCMと雑誌の広告に登場して、突然手にした名声から利益を得た。

正解　3

23 A: I never expected Sasha to quit like that.
　　B: Me neither. She never (　　) that she didn't like working here.

　　1 let on　　　2 put by　　　3 clamped down　　　4 glanced off

解説 let on は熟語で「〜を口外する、漏らす」という意味。類義語の give away は「《秘密など》をばらす、《抑えている感情など》を表に出す」、reveal は「〜を明らかにする」。対義語は conceal（〜を隠す）。let の熟語は多く、ほかにも let out（《声など》を出す、《秘密など》を漏らす）、let go（解放する、手放す）などがある。

訳 A: サーシャがあんなふうに辞めるとは思わなかったな。
　　B: 私も。一度もここで働くのが嫌だなんて漏らしたことがなかったもの。

正解　1

語彙チェック

21
1 espouse 《主義・説など》を支持する
2 flaunt 〜を見せびらかす
3 gratify 〜を喜ばせる、満足させる
4 distend 〜を膨張させる

22
1 creep up on 〜に忍び寄る
2 chip away at 〜を徐々に削る
3 cash in on 〜から利益を得る
4 put in for 〜を申請する

23
1 let on 〜を口外する、漏らす
2 put by 〜をとっておく
3 clamp down 〜を取り締まる
4 glance off (〜を)かすめる

24 "This marketing plan sounds very promising," her manager said. "However, I'd like you to (   ) the details a bit more. It should have a clear budget, schedule, and list of team members."

 1 cart off   **2** play down   **3** haul off   **4** flesh out

> 解説   flesh outは「〜に肉づけする、情報を加える」という意味で、名詞のfleshを使ったput flesh onも同じ意味だ。flesh out the report（報告書に情報を加える）というフレーズで覚えておこう。

> 訳   「このマーケティングのプランは期待できそうだ」と部長は言った。「でも、もう少し詳しいことを**具体的にして**ほしい。明確な予算とスケジュール、チームメンバーのリストが必要だ。」

正解 **4**

25 Eugene was hoping to make a lot of money with his new business, but instead all he did was (   ) a lot of debt trying to get it started.

 1 shrug off   **2** gain on   **3** flip through   **4** rack up

> 解説   空欄の前にinstead（そうではなくて、代わりに）とあるので、大もうけするという望みとは逆の状況になったことがわかる。rack upは「《得点・利益など》を得る、重ねる（＝accumulate）、《損失など》をこうむる」という意味の熟語。

> 訳   ユージーンは新しいビジネスで大金を稼ぎたいと思っていたが、それどころか、ビジネスを始めようとして多くの借金**を重ねた**だけだった。

正解 **4**

語彙チェック

24
- **1** cart off 〜をどかす、運び去る
- **2** play down 〜を(実際より)軽く扱う
- **3** haul off 〜を連行する、逮捕する
- **4** flesh out 《構想など》に肉づけする

25
- **1** shrug off 〜を無視する、受け流す
- **2** gain on 〜に追いつく、近づく
- **3** flip through 〜を素早くめくる
- **4** rack up 《利益など》を得る、重ねる

Test 2

01 A: Jane bought another purse?
B: I'm not surprised. She is always so (   ) with her parents' money.

1 intrinsic   2 cavalier   3 fiendish   4 retentive

02 A: It seems that Dr. Rogers isn't very popular among the other researchers.
B: That's because he often shows (   ) in his remarks about what we do here. Our research is supposed to be top-secret.

1 compunction   2 calibration
3 annotation   4 indiscretion

03 It is safe to say that smartphones have become firmly (   ) in modern day society. Many people can't imagine life without them.

1 extradited   2 fortified   3 entrenched   4 rectified

04 After it was revealed that Janet had been cheating on her husband, many of their mutual friends began to (   ) her. It was clear that they were on his side, not hers.

1 nurture   2 exasperate   3 shun   4 enchant

05 Sam tried to give a (   ) at his aunt's funeral. There were many great things that he wanted to share about her, but he was so upset that he couldn't speak clearly.

1 eulogy   2 conviviality   3 levy   4 severance

06 Mark was extremely stressed at work, and he was doing a lot of overtime. His only (　　) was knowing that his summer vacation was only two weeks away.

1 pest　　**2** symmetry　　**3** solace　　**4** poise

07 A new (　　) of bacteria caused a large number of people to get sick, as their bodies were not prepared to deal with the unfamiliar infection.

1 strain　　**2** sanctity　　**3** genealogy　　**4** debacle

08 Marcus has a (　　) eye for artistic talent. He has bought paintings from a number of young artists who later went on to become famous.

1 scant　　**2** prolific　　**3** reprehensible　　**4** discerning

09 When Jimmy's parents told him that he wasn't responsible enough to have his own car, he (　　) their claims by pointing out his good grades and perfect attendance.

1 rigged　　**2** rebutted　　**3** pilfered　　**4** accosted

10 The city council has (　　) efforts by many citizens to allow alcohol on public beaches. It seems that there won't be any beer on the beaches this summer, after all.

1 evicted　　**2** rebuffed　　**3** slackened　　**4** convulsed

11 Experts say that the rare bird is (   ) on the edge of extinction. They warn that if something isn't done soon, then the species could be gone from the earth in only a few years.

    1 teetering   **2** twitching   **3** matriculating   **4** sheering

12 There was a lot of excitement in regard to Dr. Wilkes' new theory on time travel, but it was soon (   ) by the research of other scientists.

    1 precipitated   **2** debunked   **3** excavated   **4** downplayed

13 When the social worker went to remove the children from the home, she was (   ) at the condition in which they'd been living. Their house was extremely dirty, and there was no running water.

    1 spurned   **2** appalled   **3** recanted   **4** provoked

14 The idea that standardized testing improves the quality of education is a (   ), said the professor. If anything, well-trained teachers should be given more freedom in developing course content.

    1 surge   **2** mortality   **3** fallacy   **4** viability

15 Even if citizens of the country are against these strict regulations, most of them are too afraid of the (   ) of the government to do or say anything, because people that speak up are often punished.

    1 disposition   **2** redolence   **3** wrath   **4** prophecy

16 Poverty is (　　) to that region, where the average salary is far below the amount required for a comfortable standard of living.

　　1 buoyant　　**2** opulent　　**3** endemic　　**4** definitive

17 When the principal found the students writing graffiti on the school walls, they immediately (　　) and ran into different directions so that he couldn't catch them all.

　　1 reverberated　　　　**2** dispersed
　　3 sniped　　　　　　　**4** reeled

18 Cindy tried to make her son's medicine more (　　) by mixing it with other drinks, but he said that it still tasted horrible.

　　1 menial　　**2** sullen　　**3** palatable　　**4** onerous

19 Experts say that the merging of these two huge companies is the (　　) of years of negotiating and planning.

　　1 perforation　　　　**2** culmination
　　3 adulation　　　　　**4** abomination

20 Bella grew up in the desert, so she was not at all accustomed to the climate of the tropical island, where it rained every day. It was quite different than her (　　) hometown.

　　1 gallant　　**2** erratic　　**3** resilient　　**4** arid

21 The old professor had a (　　) amount of books in his office, a testimony to his many years of study.

1 bucolic　　**2** gaudy　　**3** copious　　**4** rancid

22 During a job interview, you should avoid talking about your weaknesses too much. Instead, try to (　　) your strengths and talk about your skills and accomplishments.

1 bawl out　　**2** run up　　**3** factor in　　**4** play up

23 Michelle had a bad habit of oversleeping, and most mornings she only had enough time to (　　) a piece of toast before running out the door.

1 weed out　　**2** wolf down　　**3** follow through　　**4** cast back

24 The detective was finally able to solve the case after (　　) the large amount of clues that he had uncovered in his investigation.

1 glossing over　　**2** piecing together
3 punching out　　**4** stirring up

25 Joseph only had two minutes left to catch the train. He didn't want to miss it, so he (　　) the line of people waiting to buy tickets.

1 barged through　　**2** flailed around
3 rigged up　　**4** kicked up

Test 2　解答・解説

Part 2 —— 実践模試

解答

1	2	3	4	5	6	7	8	9	10	11	12	13	14	15
2	4	3	3	1	3	1	4	2	2	1	2	2	3	3

16	17	18	19	20	21	22	23	24	25
3	2	3	2	4	3	4	2	1	1

正解数

1回目	2回目	3回目
/25	/25	/25

01　A: Jane bought another purse?
　　　B: I'm not surprised. She is always so (　　) with her parents' money.

　　　1 intrinsic　　**2** cavalier　　**3** fiendish　　**4** retentive

解説　cavalierはもともと「騎士道、騎士道精神」という意味で、そこから「騎士気取りの」→「尊大な」→「軽率な、無頓着な」という意味が生じた。類義語はreckless、inconsiderate。

訳　A: ジェーンはまた新しいハンドバッグを買ったの?
　　　B: 別に驚くことじゃないよ。彼女はいつも親のお金を使うことにまるで**無頓着**なんだから。

　　　　　　　　　　　　　　　　　　　　　　　　　　　　　　正解　**2**

02　A: It seems that Dr. Rogers isn't very popular among the other researchers.
　　　B: That's because he often shows (　　) in his remarks about what we do here. Our research is supposed to be top-secret.

　　　1 compunction　　**2** calibration　　**3** annotation　　**4** indiscretion

解説　indiscretion（軽率）はdiscretion（思慮分別、慎重さ）に「反対」を意味するin-がついた語だ。youthful indiscretion（若者の無分別、若気の至り）は決まり文句。形容詞形のindiscreet（軽率な）およびdiscreet（思慮深い）も併せて覚えておこう。

訳　A: ロジャーズ博士はほかの研究者からあまり評判がよくないみたいですね。
　　　B: 私たちがここでやっていることをよく**軽率**に口にするからですよ。私たちの研究は最高機密なのです。

　　　　　　　　　　　　　　　　　　　　　　　　　　　　　　正解　**4**

語彙チェック

01　
1 intrinsic　固有の　
2 cavalier　軽率な、無頓着な　
3 fiendish　悪魔のような、残酷で不快な　
4 retentive　保持力のある

02　
1 compunction　良心の呵責、悔恨　
2 calibration　目盛り測定、較正　
3 annotation　注釈　
4 indiscretion　軽率な言動、軽率さ

03 It is safe to say that smartphones have become firmly (　　) in modern day society. Many people can't imagine life without them.

　1 extradited　　2 fortified　　3 entrenched　　4 rectified

> 解説　entrench は「《習慣・理念など》を根づかせる、定着させる」という意味の他動詞。類義語の ingrain（〜を深く染み込ませる、定着させる）も併せて覚えたい。

> 訳　スマートフォンは現代社会にしっかりと**根づいた**と言ってよい。スマートフォンなしでの生活を想像することができない人も多い。

正解　3

04 After it was revealed that Janet had been cheating on her husband, many of their mutual friends began to (　　) her. It was clear that they were on his side, not hers.

　1 nurture　　2 exasperate　　3 shun　　4 enchant

> 解説　後半に、they＝many of their mutual friends（共通の友人の多く）がジャネットではなく夫の味方についたとある。shun は、「〜を避ける（＝avoid）、遠ざける（＝keep clear of）」という意味の他動詞。類義語には ostracize（〜を排斥する）、have nothing to do with（〜と関係がない、〜を相手にしない）がある。

> 訳　ジャネットが夫を裏切って浮気していたことがわかったあと、共通の友人の多くがジャネット**を避ける**ようになった。彼らが彼女ではなく夫の味方についていることは明らかだった。

正解　3

05 Sam tried to give a (　　) at his aunt's funeral. There were many great things that he wanted to share about her, but he was so upset that he couldn't speak clearly.

　1 eulogy　　2 conviviality　　3 levy　　4 severance

> 解説　funeral（葬儀）という状況から、正解は eulogy（追悼の言葉）とわかる。eulogy は「追悼、賛辞」（＝eulogium）という意味で、give/deliver a eulogy は「弔辞［賛辞］を述べる」。動詞形は eulogize で「（〜に）賛辞を述べる、ほめたたえる」、形容詞形は eulogistic で「賛美の」。

> 訳　サムはおばの葬儀で**追悼の言葉**を述べようとした。おばについて話したい素晴らしいことがたくさんあったが、とても動揺していてはっきりと話すことができなかった。

正解　1

語彙チェック

03
1 extradite　《逃亡犯・罪人など》を引き渡す
2 fortify　〜を強化する
3 entrench　《習慣・理念など》を根づかせる
4 rectify　〜を正す

04
1 nurture　〜を養育する
2 exasperate　〜を憤慨させる
3 shun　〜を避ける
4 enchant　〜を魅惑する、魅了する

05
1 eulogy　追悼の言葉、賛辞
2 conviviality　陽気さ、にぎやかさ
3 levy　徴税、課税
4 severance　切断、断絶

06 Mark was extremely stressed at work, and he was doing a lot of overtime. His only (　　) was knowing that his summer vacation was only two weeks away.

　　1 pest　　　**2** symmetry　　　**3** solace　　　**4** poise

> **解説**　solace は「慰め、慰めになるもの、(痛みや不愉快の)緩和」という意味の名詞で、類義語は comfort。「〜を慰める、元気づける」という他動詞の意味もある。find [take] solace in は「〜を慰めとする」。

> **訳**　マークは仕事で極度のストレスを感じていて、残業も多かった。彼の唯一の**慰め**は夏休みであとわずか2週間だとわかっていることだった。

正解　3

07 A new (　　) of bacteria caused a large number of people to get sick, as their bodies were not prepared to deal with the unfamiliar infection.

　　1 strain　　　**2** sanctity　　　**3** genealogy　　　**4** debacle

> **解説**　strain は「(動植物の)品種、変種」のこと。a new strain of virus(新種のウイルス)というフレーズで覚えておこう。関連する語として名詞 mutation(突然変異)、動詞 mutate(突然変異する)、形容詞 mutant(突然変異の)も知っておきたい。

> **訳**　新**種**のバクテリアのため多くの人が病気になった。人の体はこの新しい感染症に対応できていなかったからだ。

正解　1

08 Marcus has a (　　) eye for artistic talent. He has bought paintings from a number of young artists who later went on to become famous.

　　1 scant　　　**2** prolific　　　**3** reprehensible　　　**4** discerning

> **解説**　マーカスが絵を買った若手作家の多くがのちに有名になったという文脈から、正解は discerning(識別力のある、目の肥えた)。「(〜を)識別する」という意味の動詞 discern の現在分詞が形容詞化したものだ。類義語には discriminating(識別力のある)、keen(洞察力のある)、perceptive(知覚の鋭い)、shrewd(鋭敏な)がある。

> **訳**　マーカスは芸術的才能に**目が利く**。彼はのちに有名になった数多くの若い芸術家の絵を購入している。

正解　4

語彙チェック

06
1 pest　害虫、有害な動物
2 symmetry　左右対称
3 solace　慰め
4 poise　平衡、釣り合い

07
1 strain　(動植物の)品種
2 sanctity　神聖さ、尊厳
3 genealogy　家系、系譜
4 debacle　総崩れ、崩壊

08
1 scant　ごくわずかな、不十分な
2 prolific　多作な
3 reprehensible　非難されるべき
4 discerning　識別力のある、目の肥えた

09 When Jimmy's parents told him that he wasn't responsible enough to have his own car, he (　　) their claims by pointing out his good grades and perfect attendance.

　　1 rigged　　　2 rebutted　　　3 pilfered　　　4 accosted

> 解説　rebut は re (= back) + but (= butt 角で突く) でできた語で、「角で突き返す」→「～に反論する、反駁する」という意味。特に論拠や証拠などを挙げて反論することを意味する。名詞形の rebuttal (反論、反駁) も併せて覚えておこう。

> 訳　両親はジミーにはまだ自分の車を持つだけの責任能力はないと言ったが、彼は優秀な成績と皆勤だったことを挙げて、両親の主張に反論した。

正解　**2**

10 The city council has (　　) efforts by many citizens to allow alcohol on public beaches. It seems that there won't be any beer on the beaches this summer, after all.

　　1 evicted　　　2 rebuffed　　　3 slackened　　　4 convulsed

> 解説　2文目の「浜辺でビールを目にすることはない」という内容に自然につなげるには、空欄に「～を拒否する」に当たる語が入ると判断できる。正解は rebuffed (～を拒絶した) だ。類義語の snub (～をすげなく拒否する) も覚えておきたい。

> 訳　市議会は、公共の浜辺での飲酒を許可してほしいという多くの市民の運動を拒絶した。結局のところ、この夏、浜辺でビールを目にすることはなさそうだ。

正解　**2**

11 Experts say that the rare bird is (　　) on the edge of extinction. They warn that if something isn't done soon, then the species could be gone from the earth in only a few years.

　　1 teetering　　　2 twitching　　　3 matriculating　　　4 sheering

> 解説　teeter は「ぐらつく、よろめく」という意味の自動詞で、問題文のように teeter on the edge [brink] of の形では、「～の危機に瀕している」という意味になる。類義語は totter で「よろよろ歩く、《建物・組織などが》ぐらつく」。

> 訳　専門家は、その珍しい鳥は絶滅の危機に瀕していると述べている。彼らは、すぐに何かがなされなければ、この種はほんの数年以内に地球からいなくなってしまうかもしれないと警告している。

正解　**1**

語彙チェック

09	1 rig ～を不正に操作する	2 rebut ～に反論する	3 pilfer ～をくすねる	4 accost ～に近寄って声をかける
10	1 evict ～を立ち退かせる	2 rebuff 《申し出などを》拒絶する	3 slacken 《速度》を緩める	4 convulse ～を激しく揺する
11	1 teeter ぐらつく、よろめく	2 twitch ぴくぴく動く	3 matriculate 大学に入学する	4 sheer 急にそれる

12 There was a lot of excitement in regard to Dr. Wilkes' new theory on time travel, but it was soon (　　) by the research of other scientists.

　　1 precipitated　　**2** debunked　　**3** excavated　　**4** downplayed

解説　debunkは「～が誤りであることを証明する」という意味の他動詞で、文脈によっては「～の正体を暴露する、すっぱ抜く」という意味でも用いられる。類義語のdiscreditは「～の信用を落とす、～が信頼できないものであることを示す」、disproveは「～の誤りを立証する」。

訳　ウィルクス博士のタイムトラベルに関する新理論には大きな反響があったが、ほかの科学者の調査によってその理論はすぐに誤りであることが証明された。

正解　2

13 When the social worker went to remove the children from the home, she was (　　) at the condition in which they'd been living. Their house was extremely dirty, and there was no running water.

　　1 spurned　　**2** appalled　　**3** recanted　　**4** provoked

解説　appallはa-(～に)＋pall(＝pale 青い)からできた語で、「真っ青にする」→「～をぞっとさせる、がく然とさせる」という意味。appallingは「ぞっとさせる、驚がくの」という意味の形容詞になっている。類義語shock、horrifyも併せて覚えておこう。

訳　ソーシャルワーカーが子供たちを家から連れ出すために訪れたとき、彼らの生活状況にがく然とした。家は非常に不潔で、水道も通っていなかった。

正解　2

14 The idea that standardized testing improves the quality of education is a (　　), said the professor. If anything, well-trained teachers should be given more freedom in developing course content.

　　1 surge　　**2** mortality　　**3** fallacy　　**4** viability

解説　fallacy(誤った考え)はfalse(誤った)と語源的に関連がある。It's a common fallacy that ...(～だとよく言われるがそれは誤りだ)という形を覚えておこう。形容詞形はfallacious(誤った考えに基づく)。類義語にmisconception、delusion(いずれも「誤った考え、思い違い」)がある。

訳　統一テストは教育の質を高めるという考えは誤りだとその教授は言った。むしろ、十分な訓練を積んだ教員に授業内容を改良する裁量をもっと与えるべきである。

正解　3

語彙チェック

12
1 precipitate　～を(急に)引き起こす
2 debunk　～が誤りであることを証明する
3 excavate　～を掘る、発掘する
4 downplay　～を(実際より)軽く扱う

13
1 spurn　～を一蹴する、拒絶する
2 appall　～をぞっとさせる
3 recant　～を撤回する
4 provoke　～を引き起こす、誘発する

14
1 surge　高まり、(海の)うねり
2 mortality　死亡
3 fallacy　誤った考え
4 viability　実行可能性

15 Even if citizens of the country are against these strict regulations, most of them are too afraid of the (　　) of the government to do or say anything, because people that speak up are often punished.

 1 disposition   **2** redolence   **3** wrath   **4** prophecy

> 解説　wrath は「(強い)怒り、激怒」を意味する語。神の怒りを表す場合にも用いられ、その場合には「天罰」のニュアンスを持つ。incur the wrath of「〜の怒りを招く」はよく使われる表現。類義語 retribution (報復、天罰) も覚えておこう。

> 訳　たとえ国民がこれらの厳しい規制に反対だとしても、ほとんどの人は政府の**怒り**を恐れて何も行動したり発言したりしない。声を上げる人が処罰されることがよくあるからだ。
>
> **正解　3**

16 Poverty is (　　) to that region, where the average salary is far below the amount required for a comfortable standard of living.

 1 buoyant   **2** opulent   **3** endemic   **4** definitive

> 解説　endemic は「地域に固有の」の意味で、endemic disease は「地方病、風土病」。同じ -demic の形の形容詞 epidemic (伝染性の) と pandemic (《病気が》全国 [世界] 的な流行の) も併せて覚えておこう。

> 訳　その地域には貧困が**深く根づい**ている。そこでの平均賃金は、快適な生活水準に必要な額にほど遠いものだ。
>
> **正解　3**

17 When the principal found the students writing graffiti on the school walls, they immediately (　　) and ran into different directions so that he couldn't catch them all.

 1 reverberated   **2** dispersed   **3** sniped   **4** reeled

> 解説　「別々の方向に走った」を言い換えた dispersed が正解。disperse は自動詞で「散り散りになる」、他動詞で「《群衆など》を追い散らす」という意味。類義語の scatter は「散り散りになる、〜をまき散らす」という意味。対義語は converge (収束する、一点に集まる)。名詞形は dispersion で「分散」。

> 訳　生徒が学校の壁に落書きをしているのを校長が見つけたとき、生徒たちは一目散に**散らばって**、異なる方向に走ったので、校長は彼ら全員を捕まえることはできなかった。
>
> **正解　2**

語彙チェック

15
- **1** disposition 気質、性状
- **2** redolence 芳香
- **3** wrath 激怒
- **4** prophecy 預言、お告げ

16
- **1** buoyant 《価格・景気などが》上向きの
- **2** opulent 裕福な
- **3** endemic (地域に) 固有の、深く根づいた
- **4** definitive 決定的な、完成した

17
- **1** reverberate 反響する
- **2** disperse 散り散りになる
- **3** snipe 狙撃する
- **4** reel よろめく

18 Cindy tried to make her son's medicine more (　　) by mixing it with other drinks, but he said that it still tasted horrible.

　　1 menial　　**2** sullen　　**3** palatable　　**4** onerous

> 解説　名詞 palate には「味覚」の意味がある。この語から派生した形容詞 palatable は「口に合う、飲みやすい」の意味だ。関連のある語として delectable（おいしい）、insipid（風味のない、まずい）も覚えておこう。

> 訳　シンディーは息子に飲ませる薬をもっと**飲みやすく**しようとほかの飲み物と混ぜたが、それでも息子はひどい味だと言った。

正解　**3**

19 Experts say that the merging of these two huge companies is the (　　) of years of negotiating and planning.

　　1 perforation　　**2** culmination　　**3** adulation　　**4** abomination

> 解説　culmination（最高到達点、（努力した）結果）は動詞 culminate（頂点に達する）の名詞形だ。the culmination of ten years of research（10年にわたる研究の成果）のように使う。類義語として apex（頂点）、acme（絶頂）、zenith（絶頂）、consummation（完成、極致）も覚えておこう。

> 訳　専門家によれば、この巨大企業2社の合併は、何年にもおよぶ交渉と計画の**結果**だ。

正解　**2**

20 Bella grew up in the desert, so she was not at all accustomed to the climate of the tropical island, where it rained every day. It was quite different than her (　　) hometown.

　　1 gallant　　**2** erratic　　**3** resilient　　**4** arid

> 解説　冒頭にベラは砂漠で育ったとあるので、故郷の気候は乾燥していることがわかる。arid は「《土地・気候などが》乾燥した」（= dry）という意味の形容詞で、反対に「湿潤な」は wet、humid、moist。arid には「《話・思想などが》無味乾燥な」という意味もある。

> 訳　ベラは砂漠で育ったので、毎日雨が降る熱帯の島の気候にはまったく慣れていなかった。そこは**乾燥した**故郷とはかなり異なっていた。

正解　**4**

語彙チェック

18
- **1** menial 《仕事などが》つまらない
- **2** sullen 不機嫌な、すねた
- **3** palatable 口に合う、飲みやすい
- **4** onerous 面倒な

19
- **1** perforation ミシン目
- **2** culmination 最高到達点、（努力した）結果
- **3** adulation お世辞、へつらい
- **4** abomination 嫌悪

20
- **1** gallant 勇敢な、堂々とした
- **2** erratic 不安定な、むらのある
- **3** resilient 回復力がある、立ち直りが早い
- **4** arid 《土地・気候などが》乾燥した

21 The old professor had a (　　) amount of books in his office, a testimony to his many years of study.

　　1 bucolic　　　2 gaudy　　　3 copious　　　4 rancid

解説 後半のa testimony toは「〜の証明」。copiousは「多量の、豊富な」という意味の形容詞。類義語のabundant、対義語のmeager（乏しい）も一緒に覚えよう。副詞形はcopiouslyで「豊富に、おびただしく」。

訳 その年配の教授は、研究室に**大量**の本を持っており、それは彼の長年の研究を証明するものだった。

正解　**3**

22 During a job interview, you should avoid talking about your weaknesses too much. Instead, try to (　　) your strengths and talk about your skills and accomplishments.

　　1 bawl out　　　2 run up　　　3 factor in　　　4 play up

解説 「欠点を話さずに強み（　　）」という文脈にふさわしい選択肢は、play up（〜を（大げさに）強調する、重視する）に限定できる。類義の動詞highlight（〜を強調する）も覚えておこう。対義の熟語はplay down（〜を軽く扱う）。

訳 就職の面接では、自分の欠点はあまり話さないようにするべきだ。その代わり、自分の強み**を強調し**、技能や業績について努めて話すようにしなさい。

正解　**4**

23 Michelle had a bad habit of oversleeping, and most mornings she only had enough time to (　　) a piece of toast before running out the door.

　　1 weed out　　　2 wolf down　　　3 follow through　　　4 cast back

解説 朝寝坊とあるので、食事をまともにとる時間がないと考えられる。したがって、空欄にはwolf down（〜をがつがつ食べる、急いで食べる）が入る。類義語のgobble down、scarf downも併せて覚えよう。反対に「〜を少しずつ食べる」はpick at。

訳 ミシェルは、朝寝坊の悪い癖があり、朝はたいてい、走ってドアを出る前に、トースト**をがつがつ食べる**時間しかなかった。

正解　**2**

語彙チェック

21
1 bucolic　田舎の
2 gaudy　派手な、けばけばしい
3 copious　多量の、豊富な
4 rancid　悪臭のする、鼻をつく

22
1 bawl out　〜を怒鳴りつける
2 run up　《借金》をため込む
3 factor in　〜を計算に入れる
4 play up　〜を（大げさに）強調する

23
1 weed out　〜を一掃する
2 wolf down　〜をがつがつ食べる
3 follow through　〜をやり遂げる
4 cast back　〜を思い起こす

24 The detective was finally able to solve the case after (　　) the large amount of clues that he had uncovered in his investigation.

　　1 glossing over　　　　　　2 piecing together
　　3 punching out　　　　　　4 stirring up

解説 piece together は文字通り「断片をつなぎ合わせる」ことだが、この表現は物理的に「ばらばらの物をつなぎ合わせる」だけでなく、「情報をつなぎ合わせて理解する」場合にも使われる。

訳 刑事は捜査で見つけ出した多数の手がかりを総合して、ようやくその事件を解決することができた。

正解　**2**

25 Joseph only had two minutes left to catch the train. He didn't want to miss it, so he (　　) the line of people waiting to buy tickets.

　　1 barged through　　2 flailed around　　3 rigged up　　4 kicked up

解説 barge は「乱暴に突進する」という意味の自動詞で、barge through の形で「《人混みなど》の中をぶつかりながら進む」という意味の熟語になる。類義語の push through は「《人混みなど》をかきわけて進む」。

訳 ジョゼフは電車に乗るまであと2分しかなかった。彼は乗り遅れたくなかったので、切符を買おうと待っている人の列の中をぶつかりながら進んだ。

正解　**1**

語彙チェック

24
1 gloss over《都合の悪いこと》を取り繕う
2 piece together 〜をつなぎ合わせる
3 punch out 〜を叩きのめす
4 stir up 〜をかき立てる

25
1 barge through《人混みなど》の中をぶつかりながら進む
2 flail around《手足など》を激しく揺り動かす
3 rig up 〜を装備する
4 kick up《騒ぎなど》を起こす

Test 3

01 A: How did the managers decide who is going to get transferred to the new office?
B: Mr. Samson told me that it was just an ( ) decision and had nothing to do with employees' abilities.

1 inimical **2** enigmatic **3** exuberant **4** arbitrary

02 The students in Dick's language class were still at a low level, so he had to ( ) his words very clearly in order for them to understand what he was saying.

1 foist **2** muffle **3** enunciate **4** prod

03 Chelsea became ( ) when she couldn't find her daughter at the department store. She started crying and calling out for help. Luckily, her daughter was just hiding inside of a clothing rack.

1 lenient **2** frantic **3** ascetic **4** salient

04 A: Have you opened your clothing store yet, Jim?
B: It's opening on Friday, actually. We just got our first ( ) of clothes today, so I just need to set those up, and then we'll be all ready.

1 eminence **2** fray **3** spree **4** consignment

05 When Wyatt was 35, he quit his job to walk across the USA. It took him six months to ( ) the entire country on foot.

1 traverse **2** renounce **3** vilify **4** swab

06 Everyone had high expectations for Bryce's football career. However, a serious knee injury (   ) his chances of making it to the pros.

  1 mitigated   2 scuttled   3 purveyed   4 chided

07 This week, temperatures on the west coast have (   ). Experts say that this is the coldest weather the area has seen in over 80 years.

  1 wriggled   2 billowed   3 coalesced   4 plummeted

08 As part of the peace agreement, both countries will (   ) all prisoners of war, meaning that hundreds of citizens will now be able to return to their home country.

  1 intercept   2 repatriate   3 invoke   4 slash

09 Danny's reasons for volunteering at the retirement home were not entirely (   ). He was hoping that the volunteer work would look good on his college applications.

  1 emphatic   2 dogmatic   3 caustic   4 altruistic

10 Although the teacher suspected that his student had gotten someone to help her with the report, he had no evidence to (   ) her claims that she had done it all by herself.

  1 subjugate   2 squander   3 sidestep   4 refute

11 Wilson found a book buried under the bridge near his house. Unfortunately, it was badly damaged, and the writing was (   ).

    1 malleable   **2** illegible   **3** languid   **4** vehement

12 The police are searching for three men who escaped from prison yesterday evening. Authorities are advising caution, as the three (   ) are considered to be armed and dangerous.

    1 fugitives   **2** acolytes   **3** partisans   **4** pundits

13 A: Wow, you look so tired.
B: Yeah, I didn't sleep at all. My neighbors had a huge party last night, and the (   ) noise kept me up until four this morning.

    1 prudent   **2** staunch   **3** delectable   **4** unrelenting

14 After the famous actor mentioned their product during a TV interview, the small soap company received a (   ) of orders. It was hard for them to deal with so many customers all at once.

    1 backlash   **2** grain   **3** deluge   **4** dissonance

15 A: Don't you think it's a bit extreme to expel students from school for cheating?
B: It may seem harsh, but strict penalties are needed to (   ) students from cheating in the first place.

    1 deter   **2** ram   **3** supplant   **4** emulate

16 The (　　) from the surgery left a large scar on Tim's knee, but it was a small price to pay for being able to walk again.

　　1 oration　　**2** conjunction　　**3** infatuation　　**4** incision

17 During his award speech, the movie director paid (　　) to his production team, saying that they were really the ones to thank for making such a great film.

　　1 homage　　**2** caste　　**3** respite　　**4** premise

18 The players all have a high level of (　　). Their close relationship both on and off of the field improves their overall performance.

　　1 limb　　**2** ailment　　**3** camaraderie　　**4** temperance

19 When Chris had to borrow money from Scott, they didn't write out a contract or anything like that. There was a (　　) understanding that Chris would pay Scott back as soon as he could.

　　1 tacit　　**2** tangible　　**3** rueful　　**4** devout

20 There is a long-standing (　　) between Colleen and her husband about how they should educate their children. She thinks they should go to private school, but he wants them to go to public school.

　　1 gait　　**2** feud　　**3** whim　　**4** rig

21 The restaurant was closed down after a health inspector discovered that its basement was (　　) with rats and therefore far below required standards.

 1 infested **2** eluded **3** disavowed **4** straddled

22 Initially, Jamie was afraid to jump off of the high diving board, but she did it after being (　　) by her friends.

 1 caved in **2** ducked out **3** egged on **4** palmed off

23 When Danny's father got sick, he and his sisters (　　) by getting part-time jobs and helping out more around the house.

 1 spouted off **2** pitched in **3** choked up **4** trickled down

24 Critics say that although the chief of police vowed to (　　) corruption among his officers years ago, he still hasn't done anything to stop this problem.

 1 pull off **2** atone for **3** stamp out **4** tower over

25 A: Bill's not here, because he (　　) at the last minute.
B: Again?! He always promises to go out with us, then he backs out right before we meet up!

 1 brimmed over **2** copped out
 3 leveled off **4** played off

解答

1	2	3	4	5	6	7	8	9	10	11	12	13	14	15
4	3	2	4	1	2	4	2	4	4	2	1	4	3	1

16	17	18	19	20	21	22	23	24	25
4	1	3	1	2	1	3	2	3	2

正解数

1回目	2回目	3回目
／25	／25	／25

01 A: How did the managers decide who is going to get transferred to the new office?

B: Mr. Samson told me that it was just an (　　　) decision and had nothing to do with employees' abilities.

1 inimical　**2** enigmatic　**3** exuberant　**4** arbitrary

解説 have nothing to do withは「～と無関係である」という意味の熟語。社員の能力とは無関係に新オフィスへ移る人を選んだという文脈から、正解はarbitrary。「恣意的な、任意の、無作為の」という意味の形容詞で、「独断的な、専断の」という意味もある。

訳 A: 新オフィスへ異動になる人を部長たちはどうやって決めたの？

B: サムソンさんは私に、それは単に**無作為に**決定したもので、社員の能力とは関係がないと言っていたよ。

正解 4

02 The students in Dick's language class were still at a low level, so he had to (　　　) his words very clearly in order for them to understand what he was saying.

1 foist　**2** muffle　**3** enunciate　**4** prod

解説 enunciate（～を明確に発音する）とほぼ同じ意味の語にarticulateがある。対義語のslur（～を不明瞭に発音する）、mumble（～をぶつぶつつぶやく）も覚えておきたい。名詞形はenunciation（明確な発音）。

訳 ディックの語学の授業の学生はまだレベルが低かったので、言っていることが学生にわかるよう言葉を非常に**明確に発音し**なければならなかった。

正解 3

語彙チェック

01 1 inimical 有害な、反する　2 enigmatic 不思議な、謎めいた　3 exuberant 熱狂的な　4 arbitrary 恣意的な

02 1 foist 《偽物など》をつかませる　2 muffle ～を包む　3 enunciate 《言葉》を明確に発音する　4 prod ～の注意を喚起する

03 Chelsea became (　　) when she couldn't find her daughter at the department store. She started crying and calling out for help. Luckily, her daughter was just hiding inside of a clothing rack.

 1 lenient   **2** frantic   **3** ascetic   **4** salient

> 解説 　frantic（取り乱した）は frantic with worry（心配で気も狂わんばかりで）というフレーズで覚えておこう。「取り乱した」を意味する語にはほかに distracted、distraught などがある。また、go berserk（狂暴になる、興奮する）という表現も重要だ。

> 訳 　チェルシーはデパートで娘がいなくなって半狂乱になった。彼女は泣き出して大声で助けを求めた。幸い、娘はハンガーラックの間に隠れていただけだった。

正解　2

04 A: Have you opened your clothing store yet, Jim?
B: It's opening on Friday, actually. We just got our first (　　) of clothes today, so I just need to set those up, and then we'll be all ready.

 1 eminence   **2** fray   **3** spree   **4** consignment

> 解説 　動詞 consign には「《商品》を委託する」の意味がある。consignment はその名詞形で、「委託品」を表す。consignment store は「（古着などの）委託販売店」のこと。「委託する人、委託者」は consignor、「委託を受けた人、受託人」は consignee という。

> 訳 　A: 衣料品店はもう開店したかい、ジム？
> B: 金曜日に開店するよ。今日、服の委託品の第一弾が届いたところなんだ。それを並べたらすべて準備完了だよ。

正解　4

05 When Wyatt was 35, he quit his job to walk across the USA. It took him six months to (　　) the entire country on foot.

 1 traverse   **2** renounce   **3** vilify   **4** swab

> 解説 　1文目の walk across the USA が、2文目で（　　）the entire country on foot（徒歩で国全体〜する）と言い換えられている。traverse は「〜を横断する」（＝cross、travel across）という意味の他動詞。「横断（旅行）」という名詞の意味もある。

> 訳 　ワイアットは35歳のとき、アメリカを歩いて横断するために仕事を辞めた。徒歩で国全体を横断するのに6か月かかった。

正解　1

語彙チェック

03 1 lenient 寛大な、甘い	**2** frantic 取り乱した	**3** ascetic 苦行の、禁欲的な	**4** salient 顕著な、目立った
04 1 eminence 名声、卓越	**2** fray 争い、いさかい	**3** spree 浮かれ騒ぎ	**4** consignment 委託品、積み荷
05 1 traverse 〜を横断する	**2** renounce 〜を放棄する	**3** vilify 〜を悪く言う、けなす	**4** swab （モップで）〜を掃除する

06 Everyone had high expectations for Bryce's football career. However, a serious knee injury (　　) his chances of making it to the pros.

　　1 mitigated　　2 scuttled　　3 purveyed　　4 chided

解説　a serious knee injuryという主語とhis chances of ...という目的語を意味的にうまくつなげるには、空欄にはscuttledが適切だ。scuttleは「《計画など》を破棄する、《試みなど》を断念する」の意味。

訳　ブライスはフットボール選手として成功すると誰もが期待していた。ところがひざに重傷を負い、プロ選手になる道は**断た**れた。

正解　**2**

07 This week, temperatures on the west coast have (　　). Experts say that this is the coldest weather the area has seen in over 80 years.

　　1 wriggled　　2 billowed　　3 coalesced　　4 plummeted

解説　the coldest weatherから気温は下がったと考えられる。plummetには名詞で「重り」の意味があり、真っすぐに重りが落ちていく様子から「急落する」という意味の自動詞としても用いられる。株価や景気など経済の文脈でも頻出。類義語はplunge、dive、対義語はsoar、shoot up（急増する）。

訳　今週、西海岸の気温は**急落した**。専門家によれば、この地域において過去80年以上の間で一番の寒さだ。

正解　**4**

08 As part of the peace agreement, both countries will (　　) all prisoners of war, meaning that hundreds of citizens will now be able to return to their home country.

　　1 intercept　　2 repatriate　　3 invoke　　4 slash

解説　repatriateは他動詞で「《亡命者・捕虜など》を本国へ送還する」、「《利益や資産など》を本国へ送る」。「本国送還者」という名詞の意味もある。名詞形はrepatriationで「（亡命者・捕虜などの）本国送還」。類義語のdeportは少し意味が異なり、「《外国人》を国外追放する、強制送還する」。反対に「《自国の人間》を国外追放する」はexpatriate。

訳　和平協定の一環として、両国は戦争での捕虜全員**を本国へ送還する**こととなり、つまり、何百人もの市民が祖国へ戻れることになった。

正解　**2**

語彙チェック

06
- 1 mitigate　〜を緩和する
- 2 scuttle　〜を破棄する、断念する
- 3 purvey　《食料・サービスなど》を提供する
- 4 chide　〜を叱る、非難する

07
- 1 wriggle　うまく切り抜ける
- 2 billow　（帆のように）膨らむ
- 3 coalesce　《グループなどが》連合する
- 4 plummet　急落する

08
- 1 intercept　〜を途中で捕らえる、傍受する
- 2 repatriate　〜を本国へ送還する
- 3 invoke　《法・権力など》を行使する
- 4 slash　〜を削減する

09 Danny's reasons for volunteering at the retirement home were not entirely ( ). He was hoping that the volunteer work would look good on his college applications.

    1 emphatic   **2** dogmatic   **3** caustic   **4** altruistic

> **解説** hoping that 以下に動機が説明されている。完全に他者のためではなかったことがわかるので、正解は altruistic。「利他的な、愛他主義の」という意味の形容詞で、名詞形は altruism（利他主義）。類義語の selfless は「私心のない、無欲の」、対義語の self-serving、selfish、egoistic は「利己的な」。
>
> **訳** ダニーが高齢者福祉施設でボランティアをする理由は完全に利他的というわけではなかった。ボランティア活動は大学への出願で有利になるだろうと思っていたのだ。
>
> 正解 **4**

10 Although the teacher suspected that his student had gotten someone to help her with the report, he had no evidence to ( ) her claims that she had done it all by herself.

    1 subjugate   **2** squander   **3** sidestep   **4** refute

> **解説** evidence（証拠）を修飾する to 不定詞の部分が空欄になっている。refute は「〜の誤りを証明する」。類義語には、disprove（〜が誤りであることを証明する）、rebut（〜に反論する、反駁する）、contradict（〜を否定する、〜と矛盾する）、repudiate（《非難・疑いなど》を否認する、《申し立て・支払いなど》を拒絶する）がある。
>
> **訳** その教師は自分の学生がレポートを誰かに手伝ってもらったのではないかと疑ったが、すべて自分でやったという学生の主張を誤りだと証明する証拠を持っていなかった。
>
> 正解 **4**

11 Wilson found a book buried under the bridge near his house. Unfortunately, it was badly damaged, and the writing was ( ).

    1 malleable   **2** illegible   **3** languid   **4** vehement

> **解説** 橋の下に埋められた本の損傷が激しかったとあるので、illegible（読みにくい、判読できない）が正解だ。類義語は indecipherable、対義語は decipherable、legible（判読できる）。
>
> **訳** ウィルソンは家の近くの橋の下に本が埋められているのを見つけた。残念ながらそれは損傷が激しく、書かれたものは判読できなかった。
>
> 正解 **2**

語彙チェック

09
1 emphatic 強調された
2 dogmatic 独断的な、独善的な
3 caustic 辛らつな
4 altruistic 利他的な

10
1 subjugate 〜を征服する
2 squander 〜を浪費する
3 sidestep 《問題など》を避ける
4 refute 〜の誤りを証明する

11
1 malleable 可鍛性の、打ち延ばしできる
2 illegible 《文字などが》読みにくい、判読できない
3 languid 元気がない、気だるい
4 vehement 熱心な、激しい

12 The police are searching for three men who escaped from prison yesterday evening. Authorities are advising caution, as the three (   ) are considered to be armed and dangerous.

  1 fugitives   **2** acolytes   **3** partisans   **4** pundits

> 解説　空欄に入るのは1文目にあるmen who escaped from prisonを言い換えた語だ。fugitive（逃亡者）は語源的に「走り去る」の意味があり、音楽用語のfugue（フーガ、遁走曲）とも関連がある語だ。

> 訳　警察は昨晩脱獄した3人の男の行方を追っている。当局は注意を呼びかけている。3人の逃亡犯は武器を所持していて危険だと思われるからだ。

正解　1

13 A: Wow, you look so tired.
B: Yeah, I didn't sleep at all. My neighbors had a huge party last night, and the (   ) noise kept me up until four this morning.

  1 prudent   **2** staunch   **3** delectable   **4** unrelenting

> 解説　朝の4時まで隣家の騒音で眠れなかったという文脈から、unrelenting（弱まることのない、容赦のない）が正解。relentは「《厳しい天気などが》和らぐ、弱まる」という意味の動詞で、unrelentingはその派生語。relentlessもほぼ同じ意味。

> 訳　A: わあ、ずいぶん疲れているみたいだね。
> B: うん、全然寝ていないんだ。ゆうべ隣の家で大きなパーティーがあって、今朝の4時まで騒音がずっと続いて眠れなかったんだ。

正解　4

14 After the famous actor mentioned their product during a TV interview, the small soap company received a (   ) of orders. It was hard for them to deal with so many customers all at once.

  1 backlash   **2** grain   **3** deluge   **4** dissonance

> 解説　delugeは「大洪水」のことだが、a deluge ofの形で「〜の殺到、大量の〜」の意味になる。barrage（集中砲火）を使ったa barrage of questions（矢継ぎ早の質問）という言い方も覚えておこう。

> 訳　その有名な俳優がテレビのインタビューである小さな石けん会社の製品について話題にすると、その会社に注文が殺到した。その会社は、それほど多くの客に一度に対応するのは困難だった。

正解　3

語彙チェック

12　1 fugitive　逃亡犯　　2 acolyte　部下、助手、信奉者　　3 partisan　（党派などの）熱心な支持者　　4 pundit　識者、（マスコミに出る）専門家

13　1 prudent　慎重な　　2 staunch　ゆるぎない、確固たる　　3 delectable　おいしい　　4 unrelenting　弱まることのない、容赦のない

14　1 backlash　（社会的）反発　　2 grain　少量　　3 deluge　大洪水　　4 dissonance　不協和音

15 A: Don't you think it's a bit extreme to expel students from school for cheating?
B: It may seem harsh, but strict penalties are needed to (　　) students from cheating in the first place.

1 deter　　　2 ram　　　3 supplant　　　4 emulate

解説 deter はしばしば deter＋〈人〉＋from doing（〈人〉に～するのを思いとどまらせる）の構文をとる。discourage も同じ構文でほぼ同じ意味。名詞形は deterrence（抑止、制止）。deterrent は形容詞として「抑止となる」のほか、名詞で「妨害物、抑止力」も意味する。

訳 A: カンニングで退学処分にするのは、ちょっと厳しすぎると思わない？
B: 厳しいようだけれど、そもそも生徒にカンニングをやめさせるには厳しい罰則が必要だよ。

正解　1

16 The (　　) from the surgery left a large scar on Tim's knee, but it was a small price to pay for being able to walk again.

1 oration　　　2 conjunction　　　3 infatuation　　　4 incision

解説 incision は、「～を切開する、切り込む」という意味の動詞 incise の名詞形で、外科手術での「切開」を指す。メスで切った跡が大きな scar（傷跡）を残したとわかる。形容詞形は incisive で「《刃物などが》よく切れる」、「《言葉などが》鋭い、痛烈な」。

訳 手術での切開はティムのヒザに大きな傷跡を残したが、その傷はもう一度歩けるようになるために払わなければならないわずかな犠牲だった。

正解　4

17 During his award speech, the movie director paid (　　) to his production team, saying that they were really the ones to thank for making such a great film.

1 homage　　　2 caste　　　3 respite　　　4 premise

解説 homage（敬意）は pay homage to（～に敬意を表する）というフレーズで覚えておこう。homage の類義語に reverence（崇敬）がある。reverence for tradition は「伝統を重んじること」を意味する。

訳 その映画監督は授賞式のスピーチで制作チームに敬意を表し、このような素晴らしい映画ができたのは彼らのおかげだと述べた。

正解　1

語彙チェック

15 1 deter 〜に思いとどまらせる	2 ram 〜に激突する	3 supplant 〜に取って代わる	4 emulate 〜に負けまいと努力する
16 1 oration 演説、講演	2 conjunction 結合すること、連帯	3 infatuation 夢中になること、心酔	4 incision 切開
17 1 homage 敬意	2 caste （身分制度の）カースト	3 respite （困難などの）一時的休止	4 premise 根拠、前提

18 The players all have a high level of (　　). Their close relationship both on and off of the field improves their overall performance.

  1 limb   **2** ailment   **3** camaraderie   **4** temperance

> 解説　camaraderie は「友愛、仲間意識」を意味し、語源的に comrade（仲間）と関連がある。類義語に intimacy（親密さ）があり、これは形容詞 intimate（親密な）の名詞形だ。
>
> 訳　その選手たちはみな**仲間意識**が強い。フィールドでも、またフィールドを離れても彼らは強いきずなで結ばれており、それで彼ら全体のパフォーマンスが向上している。

正解　3

19 When Chris had to borrow money from Scott, they didn't write out a contract or anything like that. There was a (　　) understanding that Chris would pay Scott back as soon as he could.

  1 tacit   **2** tangible   **3** rueful   **4** devout

> 解説　契約書などの書面を取り交わさなかったことを言い換えているのは tacit understanding（暗黙の了解）。tacit（暗黙の）の類義語は unspoken、implicit、対義語は explicit（明示的な）。taciturn（無口な）も同語源語。
>
> 訳　クリスがスコットからお金を借りなければならなくなったとき、彼らは契約書やそれに類するものを書面にすることはなかった。クリスはできるだけ早くスコットに返済するという**暗黙の**了解があった。

正解　1

20 There is a long-standing (　　) between Colleen and her husband about how they should educate their children. She thinks they should go to private school, but he wants them to go to public school.

  1 gait   **2** feud   **3** whim   **4** rig

> 解説　feud（確執）は語源的に foe（敵）と関連がある。また、語源的には feud と無関係だが、feudal という形容詞があり、「封建制の、封建的な」を意味する。併せて覚えておこう。
>
> 訳　コリーンと夫には子供たちの教育方針について長年の**確執**がある。コリーンは子供たちを私立学校に行かせようとしているのだが、夫は公立学校に行かせたがっている。

正解　2

語彙チェック

18 1 limb 手足	2 ailment （軽い）病気	3 camaraderie 仲間意識	4 temperance 節度、節制
19 1 tacit 暗黙の	2 tangible 触れられる、有形の	3 rueful 悲しそうな	4 devout 信心深い、敬虔な
20 1 gait 歩行、足取り	2 feud 確執、不和	3 whim 気まぐれ	4 rig 装備、用具

21 The restaurant was closed down after a health inspector discovered that its basement was (　　) with rats and therefore far below required standards.

　　1 infested　　2 eluded　　3 disavowed　　4 straddled

> 解説　infestは「《虫・動物などが》〜にはびこる」の意味。be infested with ants（ありがうようよたかっている）というフレーズで覚えよう。名詞形はinfestation「（虫などが）はびこること」。また、類義語にswarmがある。これは自動詞で「群がる、群れをなして動く」を表し、また名詞として「群れ、大群」の意味にもなる。

> 訳　その飲食店は閉鎖された。地階にねずみが**うようよいて**、衛生基準をはるかに下回っていることを衛生指導員が見つけ出したからだ。

正解　**1**

22 Initially, Jamie was afraid to jump off of the high diving board, but she did it after being (　　) by her friends.

　　1 caved in　　2 ducked out　　3 egged on　　4 palmed off

> 解説　egg ... on は「…に（悪いことを）けしかける」の意味だ。egg ... on to do は「…をけしかけて〜させる」ということ。類義の語にincite、instigate（いずれも「《人》を扇動する」）があるので、併せて覚えておこう。

> 訳　最初のうちジェイミーはその高い飛び込み板から飛び降りるのを怖がっていたが、友人たちに**けしかけ**られて飛び降りた。

正解　**3**

23 When Danny's father got sick, he and his sisters (　　) by getting part-time jobs and helping out more around the house.

　　1 spouted off　　2 pitched in　　3 choked up　　4 trickled down

> 解説　父親が病気になると、子供たちがアルバイトをしたり家事をしたりして（　　）という文脈。正解はpitched in（協力した）だ。「支援金を出す」という意味もある。

> 訳　父親が病気になると、ダニーと彼の姉妹たちはアルバイトを見つけたり、それまでより家事を手伝ったりして**協力した**。

正解　**2**

語彙チェック

21
1 infest 《虫や動物が》〜にはびこる
2 elude 〜から逃れる
3 disavow 〜を否認する、否定する
4 straddle 〜にまたがる

22
1 cave in 〜を陥没させる
2 duck out 逃げ出す
3 egg A on Aをけしかける
4 palm A off （だまして）Aをつかませる

23
1 spout off とうとうとまくしたてる
2 pitch in 協力する
3 choke up （感情に）むせぶ
4 trickle down 《汗・雨などが》したたり落ちる

24 Critics say that although the chief of police vowed to (　　) corruption among his officers years ago, he still hasn't done anything to stop this problem.

　　1 pull off　　**2** atone for　　**3** stamp out　　**4** tower over

> 解説　(　　) corruption（汚職〜する）が後半では stop this problem と言い換えられている。stamp out は「〜を根絶する、撲滅する」。類義語には wipe out、eradicate、do away with、abolish がある。やや意味の似ている extinguish は「〜を絶滅させる」、exterminate は「〜を（殺して）根絶する」。

> 訳　批判する人々は、警察署の署長が何年も前に署員の間での汚職**を撲滅する**と誓ったが、この問題を解決するためにまだ何もしていないと言っている。

正解　**3**

25 A: Bill's not here, because he (　　) at the last minute.
　　B: Again? He always promises to go out with us, then he backs out right before we meet up!

　　1 brimmed over　　**2** copped out　　**3** leveled off　　**4** played off

> 解説　cop out は「手を引く、約束を破る」の意味で、B の発言にある back out もほぼ同じ意味だ。対義的な follow through（〜をやり遂げる）という表現も併せて覚えておこう。

> 訳　A: ビルはいないよ。どたん場になって**逃げた**んだ。
> 　　B: また？　あいつ、いつだって僕たちと一緒に出かけるって約束するのに、集合する直前に逃げるんだよな。

正解　**2**

語彙チェック

24
1 pull off　《困難なこと》に成功する
2 atone for　〜の償いをする
3 stamp out　〜を根絶する、撲滅する
4 tower over　〜の上に高くそびえる

25
1 brim over　満ちあふれる
2 cop out　（責任・約束などから）逃げる
3 level off　水平飛行に移る
4 play off　プレーオフをする

Test 4

01 Jonah's doctors were (　　) when his cancer suddenly disappeared. They couldn't think of any scientific explanation for it.

　　1 rigorous　　**2** perplexed　　**3** insurgent　　**4** sedate

02 Although critics (　　) the film for its weak story and poor directing, it was still very popular among the general public, and theaters were sold out all across the country.

　　1 improvised　　**2** elucidated　　**3** inducted　　**4** lambasted

03 The archaeologist was thrilled when they found evidence that ancient people had lived in the remote mountains, because it (　　) his theory that the mountains were once populated.

　　1 vindicated　　**2** foiled　　**3** antagonized　　**4** relinquished

04 The manager praised Kenta for his (　　) work, saying that his performance served as a good model for all of the other employees to follow.

　　1 exemplary　　**2** haggard　　**3** insipid　　**4** petulant

05 The philosophy professor had his students participate in (　　) arguments. After each argument, the class discussed the strong points and weak points of each speaker.

　　1 mock　　**2** cursory　　**3** momentous　　**4** decrepit

06 Ashley couldn't believe it when the doctor told her that she'd only been taking a (   ), not a weight-loss pill. She had lost ten pounds, and she had done it without the help of any medicine.

    1 placebo　　**2** rebound　　**3** diatribe　　**4** transgression

07 Vinny's grandfather was a (   ). He lived in a cabin far up in the mountains, and he often went months without talking to a single human being.

    1 heretic　　**2** recluse　　**3** mob　　**4** courier

08 After he managed to land the malfunctioning plane, the pilot was immediately (   ). They wanted to know exactly what had gone wrong during the flight.

    1 filtered　　**2** wrenched　　**3** tethered　　**4** debriefed

09 Timothy is a somewhat (   ) student. It's clear that he is intelligent, but he often ignores homework assignments, and he doesn't seem to care about his grades at all.

    1 wayward　　**2** plausible　　**3** cranky　　**4** intrepid

10 A: Do you mind if I use your phone?
　　B: You can try, but up here in the mountains I've only been getting service (   ). So I'm not sure if you'll be able to make a call.

    1 intermittently　　**2** anonymously
    3 menacingly　　**4** exponentially

11 Molly (　　) her teeth when the doctor gave her the injection. She was clearly very anxious about getting a shot.

 1 curtailed   **2** emblazoned
 3 postulated   **4** clenched

12 Clint has a long list of (　　) against his former employer, including unfair pay and managers that pressure employees to work unpaid overtime and avoid taking holidays.

 1 fissures   **2** tiers   **3** bunkers   **4** grievances

13 In an interview following the championship game, the coach (　　) his players, saying that they deserved to win because of all of the hard work they'd done.

 1 ousted   **2** extolled   **3** dissembled   **4** remitted

14 The sales manager warned the CEO that laying off salespeople would only (　　) the company's difficult situation, as it would cause sales to drop even further.

 1 exacerbate   **2** exude   **3** impeach   **4** absolve

15 A: Brandi said that she and Timothy have been fighting a lot lately. Maybe you could talk to him to see what the problem is.
 B: I don't think we should (　　) in their affairs. Their relationship is a private matter.

 1 linger   **2** slump   **3** meddle   **4** crave

16 George's doctors warned him that the medicine was likely to cause drowsiness, nausea, and a general feeling of (　　). He was not looking forward to taking it.

　　1 matrimony　　**2** malaise　　**3** splinter　　**4** turnstile

17 Last night's debate took on an increasingly (　　) tone, as the two candidates continued to throw insults at one another.

　　1 illustrious　　**2** frivolous　　**3** superfluous　　**4** acrimonious

18 Those supplements can be used as an (　　) to your treatment. However, they are not a replacement for this medicine.

　　1 accolade　　**2** epitaph　　**3** insinuation　　**4** adjunct

19 After the factory closed down, the (　　) of jobs in the small town forced many families to move.

　　1 outage　　**2** conveyance　　**3** dearth　　**4** contraband

20 A: I was kind of disappointed by Carol Queen's latest novel.
　　B: I was too. However, I think that all of the (　　) about it caused me to have unrealistic expectations.

　　1 hype　　**2** crest　　**3** charlatan　　**4** progeny

21 A: Did you try (   ) at the markets while you were in Peru?
B: No, I didn't. I feel uncomfortable asking for lower prices.

1 foraging   **2** sprouting   **3** haggling   **4** mingling

22 A: Drew and Ryan still don't speak to one another?
B: No, they don't. I thought they'd (   ) their differences after that argument they had last year, but both of them still seem quite upset about it.

1 roll over   **2** push back   **3** patch up   **4** ratchet up

23 Even though it was only two in the afternoon, it was dark outside, because the smoke from the forest fire had (   ) the sun.

1 blotted out   **2** strung along   **3** struck up   **4** waited on

24 Every morning, the nurse (   ) pills to each of the patients. She has to be careful to give each patient the correct medicine.

1 punches in   **2** polishes up   **3** doles out   **4** chokes back

25 Nancy told her son to make his bed every day, but he never listened to her. One day, her anger finally (   ), and she threw his sheets into the trash.

1 squared off   **2** boiled over   **3** froze up   **4** crept in

Test 4　解答・解説

解答

1	2	3	4	5	6	7	8	9	10	11	12	13	14	15
2	4	1	1	1	1	2	4	1	4	4	4	2	1	3

16	17	18	19	20	21	22	23	24	25
2	4	4	3	1	3	3	1	3	2

正解数

1回目	2回目	3回目
/25	/25	/25

01 Jonah's doctors were (　　) when his cancer suddenly disappeared. They couldn't think of any scientific explanation for it.

　　1 rigorous　　2 perplexed　　3 insurgent　　4 sedate

　解説　perplexedはpuzzledと同じく「困惑した」を意味する。bewilderedもほぼ同じ意味だ。また、～ing形の形容詞perplexingは「当惑させる」で、perplexing problem（ややこしい問題）のように使う。名詞形はperplexity（困惑）だ。

　訳　ジョーナのがんが急になくなって医師団は**当惑した**。どうにも科学的に説明できなかったからだ。

正解　2

02 Although critics (　　) the film for its weak story and poor directing, it was still very popular among the general public, and theaters were sold out all across the country.

　　1 improvised　　2 elucidated　　3 inducted　　4 lambasted

　解説　lambaste（～を酷評する）の類義の表現には次のようなものがある。まとめて覚えておこう。denounce（～を非難する）、disparage（～をけなす）、castigate（～を酷評する）、lay into（～を非難する）、run down（～をけなす）。

　訳　その映画は批評家たちにストーリーが貧弱で演出も下手だと**酷評**されたが、それでも大いに大衆受けして、全国の映画館でチケットが売り切れた。

正解　4

語彙チェック

01
1 rigorous　厳しい
2 perplexed　困惑した
3 insurgent　反乱を起こした
4 sedate　落ち着いた、物静かな

02
1 improvise　～を即興で作る
2 elucidate　～を解明する
3 induct　《人》を就任させる、任命する
4 lambaste　～を酷評する

03 The archaeologist was thrilled when they found evidence that ancient people had lived in the remote mountains, because it (　　) his theory that the mountains were once populated.

　　1 vindicated　　2 foiled　　3 antagonized　　4 relinquished

解説　evidence（証拠）が見つかったとあるので、正解はvindicate（〜の正しさを立証する）。前半のpeople ... mountainsが、後半ではthe mountains ... populatedと言い換えられている。反対に「〜の誤りを証明する」は、refute, confute, debunk。名詞形はvindicationで「正しいことの証明」。

訳　その考古学者は古代の人々がその山深くに住んでいた証拠が見つかって興奮した。その山にかつて人が住んでいたという彼の理論の正しさを立証するものだったからだ。　　**正解　1**

04 The manager praised Kenta for his (　　) work, saying that his performance served as a good model for all of the other employees to follow.

　　1 exemplary　　2 haggard　　3 insipid　　4 petulant

解説　名詞exemplarは「模範、手本」を意味する。その形容詞形のexemplaryは「模範となる、立派な」だ。また、動詞のexemplifyは「〜の典型例となる、〜を例示する」という意味。これらをセットで覚えておこう。

訳　部長はケンタの立派な仕事をほめて、彼の実績はほかの従業員すべてが見習うべき素晴らしい模範になると言った。　　**正解　1**

05 The philosophy professor had his students participate in (　　) arguments. After each argument, the class discussed the strong points and weak points of each speaker.

　　1 mock　　2 cursory　　3 momentous　　4 decrepit

解説　動詞mockは「〜をあざける」の意味だが、この語は形容詞として「偽の、模擬の」の意味にもなる。mock gunは「偽物の銃」、mock surpriseは「驚いたふり」、mock interviewは「模擬面接」だ。

訳　その哲学の教授は学生たちを模擬討論に参加させた。各討論のあと、学生たちは発言者それぞれの長所と弱点について話し合った。　　**正解　1**

語彙チェック

	1	2	3	4
03	vindicate 〜の正しさを立証する	foil 《計略など》を妨げる	antagonize 〜の反感を買う	relinquish 《権力など》を放棄する
04	exemplary 模範となる	haggard やつれた	insipid 無味乾燥な、面白くない	petulant いらいらした、短気な
05	mock 偽の、模擬の	cursory 大ざっぱな、ぞんざいな	momentous 極めて重大な	decrepit 老衰した、老朽化した

06 Ashley couldn't believe it when the doctor told her that she'd only been taking a (　　), not a weight-loss pill. She had lost ten pounds, and she had done it without the help of any medicine.

　　1 placebo　　　**2** rebound　　　**3** diatribe　　　**4** transgression

> **解説**　2文目に「薬の助けを借りずに減量した」とあるので、彼女が飲んでいたのは本物の薬ではなかったことがわかる。正解は placebo（偽薬）。

> **訳**　アシュレーは、自分が飲んだのは減量薬ではなくただの**偽薬**だと医者から言われたとき、信じられなかった。彼女は10ポンド体重が減ったが、それは薬の助けによるものではなかったのだ。

正解　1

07 Vinny's grandfather was a (　　). He lived in a cabin far up in the mountains, and he often went months without talking to a single human being.

　　1 heretic　　　**2** recluse　　　**3** mob　　　**4** courier

> **解説**　recluse は「世捨て人、隠遁者」という意味で、類義語には hermit がある。対義語の extrovert は「外向型の人」という意味で、「外向的な」という形容詞の意味もある。形容詞形の reclusive は「世間から離れた、（主に宗教的理由で）隠遁した」。

> **訳**　ヴィニーの祖父は**隠遁者**だった。山の奥深くの小屋に住み、一人の人間とも話さずに何か月も過ごすことがよくあった。

正解　2

08 After he managed to land the malfunctioning plane, the pilot was immediately (　　). They wanted to know exactly what had gone wrong during the flight.

　　1 filtered　　　**2** wrenched　　　**3** tethered　　　**4** debriefed

> **解説**　debrief は「《任務を終えた人》から報告を聞く、~を事情聴取する」という意味の他動詞で、「（任務を終えた人から）報告［感想］を聞くこと」という名詞の意味もある。類義語は interrogate で「~に質問する、尋問する」。

> **訳**　そのパイロットは故障した飛行機をどうにか着陸させたあと、すぐに**事情を聞か**れた。彼らは飛行中に何が故障したのかを明確に知りたかったのだ。

正解　4

語彙チェック

06
1 placebo 偽薬
2 rebound はね返り、反動
3 diatribe 痛烈な非難
4 transgression 違反、犯罪

07
1 heretic 異端者、異教徒
2 recluse 世捨て人、隠遁者
3 mob 群衆、暴徒
4 courier 配達人、配達業者

08
1 filter ~をろ過する
2 wrench ~をもぎ取る
3 tether 《動物》をつなぐ
4 debrief 《任務を終えた人》から報告を聞く

09 Timothy is a somewhat (　　) student. It's clear that he is intelligent, but he often ignores homework assignments, and he doesn't seem to care about his grades at all.

　　1 wayward　　**2** plausible　　**3** cranky　　**4** intrepid

解説　-ward は方向を表す接尾辞で、backward（後方へ）、eastward（東へ）のように使う。way には「やり方、癖」の意味があり、wayward（way ＋ -ward）で「自分のやり方を通す」→「わがままな」の意味になる。類義語は rogue。

訳　ティモシーは幾分**わがままな**生徒だ。頭がいいのは間違いないが、彼はよく宿題をやってこないし、成績を気にかけている様子もまったくない。

正解　1

10 A: Do you mind if I use your phone?
　　B: You can try, but up here in the mountains I've only been getting service (　　). So I'm not sure if you'll be able to make a call.

　　1 intermittently　　**2** anonymously　　**3** menacingly　　**4** exponentially

解説　形容詞 intermittent は「断続的な」の意味。intermittent rain は「降ったりやんだりの雨」を意味する。これに副詞の接尾辞 -ly をつけた語が intermittently（断続的に）だ。名詞の intermission は「中断、（芝居などの）休憩時間」。

訳　A: 電話を借りてもいい？
　　B: いいけど、山の上にいるから電波は**とぎれとぎれ**にしか届かないんだ。だから通話できるかわからないよ。

正解　1

11 Molly (　　) her teeth when the doctor gave her the injection. She was clearly very anxious about getting a shot.

　　1 curtailed　　**2** emblazoned　　**3** postulated　　**4** clenched

解説　clench は「《歯》を食いしばる、《手》をぎゅっと握り締める、〜をぎゅっと締める」という意味の他動詞。「《手・歯・腹などが》ぎゅっと締まる」という自動詞の意味もある。clench one's teeth で「歯を食いしばる」という意味になる。

訳　モリーは医者が注射を打ったとき、**歯を食いしばった**。彼女は明らかに注射を打たれるのをとても不安に思っていた。

正解　4

語彙チェック

09	**1** wayward わがままな、勝手気ままな	**2** plausible もっともらしい	**3** cranky いらいらした、機嫌の悪い	**4** intrepid 勇敢な
10	**1** intermittently 断続的に	**2** anonymously 匿名で	**3** menacingly 威嚇するように	**4** exponentially 急激に、幾何級数的に
11	**1** curtail 〜を削減する	**2** emblazon 〜を(紋章で)飾る	**3** postulate 〜を前提とする、仮定する	**4** clench 《歯》を食いしばる

12 Clint has a long list of (　　) against his former employer, including unfair pay and managers that pressure employees to work unpaid overtime and avoid taking holidays.

　　1 fissures　　**2** tiers　　**3** bunkers　　**4** grievances

解説 including以降の具体的な内容から、クリントは不満を抱えていると考えられる。grievanceは、「深く悲しむ」という意味の動詞grieveから派生した名詞で、特に不当な扱いに対する「苦情、不満」を指す。類義語はcomplaint(不平、不服)。grieveから派生した名詞にはほかにgrief(深い悲しみ)がある。

訳 クリントは、不当な賃金や、従業員に無給で残業をし、休暇を取らないように圧力をかける管理職など、以前の雇用主に対して**不満**がたくさんある。

正解　4

13 In an interview following the championship game, the coach (　　) his players, saying that they deserved to win because of all of the hard work they'd done.

　　1 ousted　　**2** extolled　　**3** dissembled　　**4** remitted

解説 saying以下の具体的な発言にあるthey deserved to win(彼らは勝つ資格があった)から、監督は選手たちを誇りに思っていることがうかがえる。extolは「〜を絶賛する」という意味の他動詞で、類義語はglorify(《人・行動など》を称賛する、《神など》を賛美する)。

訳 決勝戦のあとのインタビューで、監督は選手たち**を絶賛し**、これまで彼らはあらゆる努力をしてきたので当然の勝利だと述べた。

正解　2

14 The sales manager warned the CEO that laying off salespeople would only (　　) the company's difficult situation, as it would cause sales to drop even further.

　　1 exacerbate　　**2** exude　　**3** impeach　　**4** absolve

解説 販売員を解雇すれば、it would cause sales to drop even further(さらに売上が落ち込む)とあることから、状況は悪くなると考えられる。exacerbateは「〜を悪化させる」。類義語にはaggravate(〜を一層悪化させる)、worsenがある。名詞形はexacerbation(悪化)。

訳 販売部長はCEOに、販売員の解雇は、売上をさらに落ち込ませるため、会社の困難な状況**を悪化させる**だけだと警告した。

正解　1

語彙チェック

12 **1** fissure 亀裂、割れ目	**2** tier 段階、階層	**3** bunker (兵士などの)避難所、燃料庫	**4** grievance 苦情、不満
13 **1** oust 〜を追い出す、失脚させる	**2** extol 〜を絶賛する	**3** dissemble 《本心など》を隠す	**4** remit 《代金など》を送る
14 **1** exacerbate 〜を悪化させる	**2** replenish 〜を補充する	**3** impeach 〜を弾劾する	**4** absolve 〜を赦免する

15 A: Brandi said that she and Timothy have been fighting a lot lately. Maybe you could talk to him to see what the problem is.
B: I don't think we should (　　　) in their affairs. Their relationship is a private matter.

　　1 linger　　　**2** slump　　　**3** meddle　　　**4** crave

> **解説** their affairsとは、最近けんかが多いというティモシーとブランディの状況を指す。Aのyou could talk to himという提案は、meddle（干渉する、口出しする）と言い換えることができる。類義語はinterfere。反対に「～に関わらない、手出ししない」はstay out of。

> **訳** A: ブランディは最近、ティモシーとけんかが多いと言っていたよ。君なら、ティモシーと話して何が問題なのかを見つけられるんじゃないかな。
> B: 私たちは2人のことに干渉するべきではないと思うわ。彼らの関係はプライベートな問題なのだから。

正解　3

16 George's doctors warned him that the medicine was likely to cause drowsiness, nausea, and a general feeling of (　　　). He was not looking forward to taking it.

　　1 matrimony　　**2** malaise　　**3** splinter　　**4** turnstile

> **解説** malaise（不快感）のmal-は「悪い」を意味する。次のような語にこのmal-が見られる。malice（悪意）、malady（弊害）、maladroit（不器用な）、malodorous（悪臭のある）、maltreat（～を虐待する）。

> **訳** 医師たちはジョージに、その薬は眠気、吐き気、全身的な不調をもたらすおそれがあると注意した。彼はその薬を飲みたくなかった。

正解　2

17 Last night's debate took on an increasingly (　　　) tone, as the two candidates continued to throw insults at one another.

　　1 illustrious　　**2** frivolous　　**3** superfluous　　**4** acrimonious

> **解説** 空欄の前のtake onは多義だが、ここでは「《ある様相》を呈する、帯びる」という意味。後半にinsults（侮辱）し合ったとあるので、空欄にacrimonious（辛らつな）を入れると文意が通る。類義語はbitter（手厳しい、ひどい）、belligerent（戦闘中の、けんか腰の）。

> **訳** 昨夜の討論はますます辛らつな調子を帯び、2人の候補者は侮辱するような言葉をお互いに投げ合い続けた。

正解　4

語彙チェック

15
- **1** linger 残存する、長引く
- **2** slump 《価格などが》急落する
- **3** meddle 干渉する
- **4** crave 切望する

16
- **1** matrimony 結婚
- **2** malaise （病気の前の）不快感、倦怠
- **3** splinter 破片
- **4** turnstile 回転ドア

17
- **1** illustrious 著名な、傑出した
- **2** frivolous 軽薄な、浮ついた
- **3** superfluous 余分な
- **4** acrimonious 辛らつな、厳しい

18 Those supplements can be used as an (　　) to your treatment. However, they are not a replacement for this medicine.

　　1 accolade　　　2 epitaph　　　3 insinuation　　　4 adjunct

> **解説**　文の後半のreplacementは「代替品」という意味。サプリメントは医薬品の代わりにはならないとあるので、正解はadjunct（補助剤、付加物）。as an adjunct toの形で「〜の補助として」という意味になる。形容詞形はadjunctiveで「付属的な」。
>
> **訳**　それらのサプリメントは治療の**補助剤**として使用できます。しかし、サプリメントはこの医薬品に代わるものではありません。

正解　4

19 After the factory closed down, the (　　) of jobs in the small town forced many families to move.

　　1 outage　　　2 conveyance　　　3 dearth　　　4 contraband

> **解説**　工場が閉鎖になり、多くの家族が引っ越さなければならなかったということは、jobs（仕事）がなくなったと考えられる。dearthは「不足、欠如」という意味の名詞。類義語のpaucityは「少量、不足」、対義語のprofusionは「多量、豊富」。
>
> **訳**　その工場が閉鎖され、小さな町での仕事**不足**のために多くの家族が引っ越しを余儀なくされた。

正解　3

20 A: I was kind of disappointed by Carol Queen's latest novel.
　　B: I was too. However, I think that all of the (　　) about it caused me to have unrealistic expectations.

　　1 hype　　　2 crest　　　3 charlatan　　　4 progeny

> **解説**　小説についての（　　）が非現実的な期待（unrealistic expectations）を持たせたとあるので、正解はhype（誇大広告）。hypeには「〜を誇大に宣伝する」という他動詞の意味もある。hype upは口語で「〜をあおり立てる、誇大に宣伝する、見せかけだけよくする」という意味になる。
>
> **訳**　A: キャロル・クイーンの最新作には少しがっかりしたわ。
> 　　B: 僕も。でも、あの**誇大広告**のせいで非現実的な期待を持ってしまったんだと思う。

正解　1

語彙チェック

18　1 accolade　称賛　　　2 epitaph　墓碑銘、碑文　　　3 insinuation　ほのめかし、あてこすり　　　4 adjunct　補助剤、付加物
19　1 outage　（電力・水道などの）供給停止　　　2 conveyance　輸送　　　3 dearth　不足、欠如　　　4 contraband　密輸（品）
20　1 hype　誇大広告　　　2 crest　頂上、山頂　　　3 charlatan　ペテン師、大ぼら吹き　　　4 progeny　結果、成果

21 A: Did you try (　　) at the markets while you were in Peru?
　　B: No, I didn't. I feel uncomfortable asking for lower prices.

 1 foraging   **2** sprouting   **3** haggling   **4** mingling

> **解説** 空欄に入るのは、Bの発言にある asking for lower prices に相当する語だ。haggle は「値切る、値段をかけ合う」という意味。同義語に bargain がある。bargain for a hat は「帽子の値引き交渉をする」。

> **訳** A: ペルーでは市場で**値切**ってみたかい？
> B: いや、しなかった。値段を下げてもらうよう頼むのは気詰まりなんだ。

正解 3

22 A: Drew and Ryan still don't speak to one another?
　　B: No, they don't. I thought they'd (　　) their differences after that argument they had last year, but both of them still seem quite upset about it.

 1 roll over   **2** push back   **3** patch up   **4** ratchet up

> **解説** 名詞 patch は「継ぎ当て、当て布」の意味。patch up は「～を応急修理する」のほか、「《関係など》を修復する」の意味になる。patch together（（間に合わせのもので）～を急ごしらえする）も覚えておこう。

> **訳** A: ドルーとライアンは今でも口をきかないの？
> B: うん、そうなんだ。去年のあの言い争いのあと、2人は**よりを戻す**と思っていたのだけれど、2人ともまだかなり腹が立っているようなんだ。

正解 3

23 Even though it was only two in the afternoon, it was dark outside, because the smoke from the forest fire had (　　) the sun.

 1 blotted out   **2** strung along   **3** struck up   **4** waited on

> **解説** blot out は、「～を完全に覆い隠す」（＝cover）。blot は「（紙や布などで）《汚れなど》をふき取る」という意味の他動詞で、blot out にはほかに「《記述・記憶など》をぬぐい去る、抹消する」という意味もある。後者の意味では black out（～を真っ黒にする→抹消する）が類義表現。blot には「汚点」という名詞の意味もある。

> **訳** まだ午後2時というのに、外は暗かった。山火事の煙が太陽**を完全に覆い隠**していたからだ。

正解 1

語彙チェック

21	1 forage （食糧を）あさる	2 sprout 発芽する	3 haggle 値切る	4 mingle （多くの人と）談笑する
22	1 roll over ～を転がす	2 push back ～を押し返す	3 patch up 《関係など》を修復する	4 ratchet up 《調子など》を徐々に上げる
23	1 blot out ～を完全に覆い隠す	2 string along 《人》をだます	3 strike up 《会話・親交など》を始める	4 wait on 《人》に仕える

24 Every morning, the nurse (　　) pills to each of the patients. She has to be careful to give each patient the correct medicine.

　　1 punches in　　**2** polishes up　　**3** doles out　　**4** chokes back

解説　空欄には2文目の give に近い意味の語が入ると考えられる。dole out には「《施しものなど》を与える、配る」という意味があり、これが正解となる。類義表現は give out、administer。

訳　毎朝、看護師はそれぞれの患者に錠剤を配る。彼女は患者一人ひとりに正しい薬を渡すよう、気をつけなければならない。

正解　**3**

25 Nancy told her son to make his bed every day, but he never listened to her. One day, her anger finally (　　), and she threw his sheets into the trash.

　　1 squared off　　**2** boiled over　　**3** froze up　　**4** crept in

解説　boil over は文字通りには「吹きこぼれる」という意味。her anger が主語なので「怒りが吹きこぼれた→爆発した」という意味。反対に怒りが「静まる」は calm down、「薄れる」は fade。自動詞で「《人が》カンカンに怒る、《状況などが》悪化する」という意味もあり、boil over into では「（状況などが）激化して～に至る」。

訳　ナンシーは、息子に毎日自分のベッドを整えるように言っていたが、彼は彼女の言うことを一度も聞こうとしなかった。ある日、彼女の怒りはついに爆発し、彼のシーツをゴミ箱に捨ててしまった。

正解　**2**

語彙チェック

24　**1** punch in ～に入力する　　**2** polish up ～のつやを出す　　**3** dole out ～を分け与える　　**4** choke back 《涙・怒りなど》を抑える

25　**1** square off 身構える　　**2** boil over 爆発する、抑えられなくなる　　**3** freeze up 凍結する、固くなる　　**4** creep in 忍び込む

Test 5

01 The math teacher ( ) Isaiah in front of the whole class for not doing his homework for the second week in a row.

    1 jumbled   **2** discerned   **3** rebuked   **4** deformed

02 During his news interview, the CEO did not consider the possible ( ) of making such careless comments about the company's situation, and it caused the stock price to fall considerably.

    1 demolitions   **2** ascensions
    3 commutations   **4** repercussions

03 The teacher explained that children are ( ) curious, and that it's easy to teach them if you just present information in a way that will interest them.

    1 bluntly   **2** innately   **3** astutely   **4** devoutly

04 Michael hated school, so every morning he ( ) illness. His mother was not fooled, however, and she always made him go.

    1 feigned   **2** subsidized   **3** obliterated   **4** hampered

05 As expected, the challenging team was no match for the defending champions, and the game was a complete ( ). They couldn't even score a single goal against the champions.

    1 marrow   **2** penchant   **3** implant   **4** rout

06 Although Moby Dick is read in many high school literature classes, most students only read an (　　) version. There is simply not enough time to look at the full novel, which is over 500 pages in length.

 1 attuned **2** abridged **3** enamored **4** astounded

07 Melanie was (　　) of mice, and she wouldn't go over to her brother's house after seeing one in his garage.

 1 deduced **2** glossed **3** adjudicated **4** petrified

08 Gregory used to have a high-paying job at a big marketing firm, but he didn't like the (　　) pace of the office, so he got a more relaxed job at a local design company.

 1 murky **2** desolate **3** fallible **4** frenetic

09 Mandy was worried, because her father had been getting increasingly (　　) with age. He almost never left the house or spoke to anyone.

 1 quaint **2** reclusive **3** cavernous **4** dank

10 Theresa's grandfather showed remarkable (　　) after having heart surgery, and he made a full recovery within only a few months.

 1 scarcity **2** resilience **3** drone **4** resonance

11 The doctor warned Cathy that her neck was going to be very sore for at least a few days, and he gave her some drugs to help (   ) the pain.

1 vilify   **2** incriminate   **3** alleviate   **4** persecute

12 After 25 years, the trade (   ) has finally been lifted, and a number of products have started moving between the two countries once more.

1 culpability   **2** avarice   **3** embargo   **4** ebullience

13 The navy's ships conducted a (   ) of the seaside town, and its residents had no choice but to flee inland in order to escape the attack.

1 drawl   **2** frenzy
3 hunch   **4** bombardment

14 You will notice that this apartment is a bit more expensive, because of its (   ) to the train station, which is only a two-minute walk from here.

1 proximity   **2** paternity   **3** amity   **4** alacrity

15 A: What flavor ice cream are you going to get?
B: Usually I have chocolate, but I think that this time I'm going to (   ) for strawberry.

1 recoil   **2** percolate   **3** opt   **4** attenuate

16 Good writers must be (　　) to criticism. It shouldn't bother you when someone says bad things about your work.

　　1 ingenious　　**2** litigious　　**3** precarious　　**4** impervious

17 The science teacher (　　) Jeremy's smartphone after she caught him using it in class. She told him that he'd get it back at the end of the day.

　　1 confiscated　　　　**2** inaugurated
　　3 enchanted　　　　　**4** embittered

18 Jimmy met his wife in his college biology class. They sat next to each other all semester, and it took him months to finally (　　) the courage to ask her on a date.

　　1 contrive　　**2** muster　　**3** curtail　　**4** defer

19 A: Oliver's son is such a (　　) child.
　　B: I know, right? He can already build websites, and he's only nine years old!

　　1 precocious　　**2** capricious　　**3** scrupulous　　**4** treacherous

20 This is going to be a busy week. That TV promotion generated a lot more sales than we'd been expecting. We have a huge (　　) of orders to fill before the weekend.

　　1 spasm　　**2** clout　　**3** backlog　　**4** veracity

21 The government eventually discovered that Randall had been (　　) taxes for years, and he was forced to pay a considerable amount of fines.

1 baffling　　**2** evading　　**3** incinerating　　**4** smearing

22 The company decided to (　　) the marketing work for their new product, deciding that it would be more time-efficient than trying to do it themselves.

1 dabble in　　**2** let down　　**3** force into　　**4** farm out

23 A: What's the matter?
B: My computer is (　　) again. Why does it always have problems when I'm working on something important?

1 chugging along　　**2** shoving off
3 acting up　　**4** spurring on

24 A: We're all going to the beach on Saturday. You should come.
B: I'd love to, but my biology final is on Monday, and I'm not ready for it at all. I'm planning to (　　) and study for it all weekend.

1 black out　　**2** wash out　　**3** mouth off　　**4** buckle down

25 Ken didn't understand why Makiko wouldn't talk to him. It wasn't until later that afternoon when it finally (　　) him that it was her birthday. He'd completely forgotten.

1 dawned on　　**2** plucked up
3 shelled out　　**4** ironed out

Test 5　解答・解説

解答

1	2	3	4	5	6	7	8	9	10	11	12	13	14	15
3	4	2	1	4	2	4	4	2	2	3	3	4	1	3

16	17	18	19	20	21	22	23	24	25
4	1	2	1	3	2	4	3	4	1

正解数

1回目	2回目	3回目
/25	/25	/25

---

01 The math teacher (　　) Isaiah in front of the whole class for not doing his homework for the second week in a row.

　1 jumbled　　**2** discerned　　**3** rebuked　　**4** deformed

解説　教師が宿題をやってこなかった生徒(　　)という文脈から、「〜を叱る」に類する語が入ると考えられる。正解はrebuke(〜を厳しく叱る)。類義語reprimand、admonishなども併せて覚えておこう。

訳　数学の教師は、アイゼアが2週続けて宿題をやってこなかったので、クラス全員の前で彼を厳しく叱った。

　　　　正解　3

02 During his news interview, the CEO did not consider the possible (　　) of making such careless comments about the company's situation, and it caused the stock price to fall considerably.

　1 demolitions　　**2** ascensions　　**3** commutations　　**4** repercussions

解説　careless comments(不注意な発言)が株価の大幅な下落につながったという文脈から、空欄に入るのはrepercussions。「(悪い)影響、波紋、余波」という意味の名詞で、「反撃、巻き返し」、「(衝突などの)跳ね返り、反動(＝rebound、recoil)」、「(音の)反響(＝resonance)、(光の)反射」という意味もある。

訳　ニュースのインタビュー中に、そのCEOは、起こりうる影響を考えずに会社の状況について不注意な発言をしたため、株価が大幅に下落した。

　　　　正解　4

語彙チェック

01　**1** jumble　〜をごちゃ混ぜにする　　**2** discern　〜を識別する、判別する　　**3** rebuke　〜を厳しく叱る、非難する　　**4** deform　〜を変形させる

02　**1** demolition　解体、取り壊し　　**2** ascension　のぼること、上昇　　**3** commutation　減刑　　**4** repercussion　(悪い)影響

03 The teacher explained that children are ( ) curious, and that it's easy to teach them if you just present information in a way that will interest them.

1 bluntly　　2 innately　　3 astutely　　4 devoutly

解説 形容詞 innate は「生まれつきの」という意味。それに接尾辞 -ly がついた副詞が innately だ。innate の同義語として inherent がある。また、congenital は「《病気などが》先天的な」の意味だ。「後天的な」は acquired。

訳 その教師は、子供というのは生来好奇心旺盛なので、子供の興味を引くように情報を示せば教えるのは簡単なことだと説明した。

正解　**2**

04 Michael hated school, so every morning he ( ) illness. His mother was not fooled, however, and she always made him go.

1 feigned　　2 subsidized　　3 obliterated　　4 hampered

解説 動詞 feign（〜を装う、〜のふりをする）は名詞の feint（見せかけ、フェイント）と関連させて覚えよう。feign illness（仮病をつかう）や feign indifference（無関心を装う）というフレーズでよく使う。

訳 マイケルは学校が大嫌いで、毎朝病気のふりをした。しかし母親はだまされず、いつも無理やり彼を学校に行かせた。

正解　**1**

05 As expected, the challenging team was no match for the defending champions, and the game was a complete ( ). They couldn't even score a single goal against the champions.

1 marrow　　2 penchant　　3 implant　　4 rout

解説 前回優勝チームに対して1ゴールも奪えなかった試合を表すのは rout（完敗）。動詞として使う場合は「〜に圧勝する」と逆の意味になるので注意が必要だ。debacle（大敗）もほとんど同じ意味で使われる。

訳 予想通り、挑戦者チームは前回優勝チームの相手にはならず、試合は完敗だった。彼らは優勝チームから1ゴールすら奪うことができなかった。

正解　**4**

語彙チェック

03
1 bluntly 無遠慮に、ぶっきらぼうに
2 innately 生まれつき、生来
3 astutely 鋭敏に
4 devoutly 熱心に

04
1 feign 〜を装う、〜のふりをする
2 subsidize 〜に補助金を与える
3 obliterate 〜を消し去る
4 hamper 〜を阻止する

05
1 marrow 骨髄、脊髄
2 penchant 傾向、趣味、好み
3 implant 移植
4 rout 完敗

06 Although Moby Dick is read in many high school literature classes, most students only read an (　　) version. There is simply not enough time to look at the full novel, which is over 500 pages in length.

1 attuned　　**2** abridged　　**3** enamored　　**4** astounded

> **解説**　動詞 abridge は「〜を要約する」の意味で、語源的に abbreviate(〜を短縮する)と関連がある。その過去分詞形からきた形容詞 abridged は、しばしば abridged version、abridged edition（簡約版）という形で用いられる。

> **訳**　『白鯨』は多くの高校の文学の授業で取り上げられるが、ほとんどの生徒は簡約版を読むのみだ。というのもその小説全体を読む時間がないからだ。なにしろ500ページ以上の長さなのだから。

正解　2

07 Melanie was (　　) of mice, and she wouldn't go over to her brother's house after seeing one in his garage.

1 deduced　　**2** glossed　　**3** adjudicated　　**4** petrified

> **解説**　petrify の petr- の部分は「石」を意味し、「石化する」がこの語の第一義だ。そこから「〜を立ちすくませる」の意味を持つようになった。同じ語源を持つ petroleum（石油）と関連させて覚えよう。

> **訳**　メラニーはねずみを見るとすくみあがってしまうのだった。だから弟の家の車庫にねずみがいるのを見てからというもの、弟の家に寄りつかなくなった。

正解　4

08 Gregory used to have a high-paying job at a big marketing firm, but he didn't like the (　　) pace of the office, so he got a more relaxed job at a local design company.

1 murky　　**2** desolate　　**3** fallible　　**4** frenetic

> **解説**　frenetic（狂乱の）は名詞 frenzy（熱狂、逆上）、および形容詞 frenzied（狂乱した）とセットで覚えておこう。work up（〜を興奮させる）を使った get worked up（興奮する）という表現も重要だ。

> **訳**　グレゴリーは、以前は大手のマーケティング会社の高給取りだったが、会社の猛烈なペースが気に入らなかった。そこで彼は地元のデザイン会社で、それまでよりもゆったりした仕事に就いた。

正解　4

語彙チェック

06
1 attuned　順応した、調和した
2 abridged　短縮された
3 enamored　魅了された
4 astounded　驚いた

07
1 deduce　《結論など》を推定する
2 gloss　〜のつやを出す
3 adjudicate　《事件など》を裁く
4 petrify　《人》をすくませる

08
1 murky　《闇・霧などが》濃い、暗い
2 desolate　人けのない、荒涼とした
3 fallible　誤りを免れない
4 frenetic　狂ったような、狂乱の

09 Mandy was worried, because her father had been getting increasingly (　　) with age. He almost never left the house or spoke to anyone.

　　1 quaint　　　　2 reclusive　　　　3 cavernous　　　　4 dank

解説　家から出ず、誰とも口をきかない状態は、reclusive（引きこもりがちな）といえる。clu は「閉じる」を意味する語根で、exclude（〜を排除する）、secluded（引退した）なども同語源語。名詞形はrecluse（隠遁者、世捨て人）。

訳　マンディーは、父が歳をとるにつれて**引きこもりがち**になっていくのを心配していた。彼はほとんど家から出ず、誰とも口をきかなかった。

正解　**2**

10 Theresa's grandfather showed remarkable (　　) after having heart surgery, and he made a full recovery within only a few months.

　　1 scarcity　　　　2 resilience　　　　3 drone　　　　4 resonance

解説　and以下に、短期間で回復したことが書かれている。それに見合うように空欄の語を考えよう。正解はresilience（回復力）だ。形容詞形のresilient（回復の早い、立ち直りの早い）も併せて覚えておこう。

訳　テレサの祖父は心臓の手術を受けたあと、驚異的な**回復力**を見せ、ほんの数か月で完全に回復した。

正解　**2**

11 The doctor warned Cathy that her neck was going to be very sore for at least a few days, and he gave her some drugs to help (　　) the pain.

　　1 vilify　　　　2 incriminate　　　　3 alleviate　　　　4 persecute

解説　空欄はdrugsを修飾する不定詞句の中にあり、医師は首の痛みが続くことを警告して薬を与えている。「《苦痛など》を軽減する、和らげる」という意味のalleviateを入れると文意が通る。名詞形はalleviationで「緩和、軽減」、可算名詞の用法では「軽減するもの」という意味になる。

訳　医師はキャシーに、最低でも数日間は首がとても痛むだろうと注意して、痛み**を軽減する**のに役立つ薬を出した。

正解　**3**

語彙チェック

09
1 quaint　趣のある、古風で面白い
2 reclusive　引きこもりがちな、世を捨てた
3 cavernous　洞穴のような
4 dank　じめじめした、湿っぽくて寒い

10
1 scarcity　不足、欠乏
2 resilience　回復力
3 drone　ブーンという音
4 resonance　反響、響き

11
1 vilify　〜を悪く言う、けなす
2 incriminate　〜を有罪にする
3 alleviate　《苦痛など》を軽減する
4 persecute　〜を迫害する

12 After 25 years, the trade ( ) has finally been lifted, and a number of products have started moving between the two countries once more.

　　1 culpability　　**2** avarice　　**3** embargo　　**4** ebullience

解説　この lift は「《禁止令など》を解除する」という意味。解除されたあと、製品が行き来し始めたとあるので、解除されたのは trade embargo（通商禁止）だ。embargo は「～の出入港を禁止する」という他動詞としても使われる。

訳　25年後になってやっと通商**禁止**が解除された。そして多くの製品が再び二国間を行き来し始めた。

　　　　　　　　　　　　　　　　　　　　　　　　　　　　　正解　3

13 The navy's ships conducted a ( ) of the seaside town, and its residents had no choice but to flee inland in order to escape the attack.

　　1 drawl　　　　　　　　　　　**2** frenzy
　　3 hunch　　　　　　　　　　　**4** bombardment

解説　空欄に入る名詞は、後半で the attack（攻撃）に言い換えられている。bombardment は「爆撃、砲撃」（＝bombing）という意味で、動詞の bombard（～を爆撃する）に名詞を作る接尾辞の -ment がついたもの。

訳　海軍の船舶は海岸の町へ**爆撃**を実施し、町の住民は攻撃から逃れるために内陸へ逃げるよりほかなかった。

　　　　　　　　　　　　　　　　　　　　　　　　　　　　　正解　4

14 You will notice that this apartment is a bit more expensive, because of its ( ) to the train station, which is only a two-minute walk from here.

　　1 proximity　　**2** paternity　　**3** amity　　**4** alacrity

解説　アパートから駅まで徒歩2分とあることから、正解は proximity（（距離・時間・関係などが）近いこと）。「～の近くの」という意味の in the proximity of の形でもよく使われる。形容詞形の proximate（最も近い）に接頭辞 ap- がついた approximate は「およそ、約、近似の」。その名詞形 approximation は「概算、近似」という意味。

訳　このアパートは駅に**近いこと**から、少し値段が高めです。駅まで歩いてたったの2分です。

　　　　　　　　　　　　　　　　　　　　　　　　　　　　　正解　1

語彙チェック

12
　1 culpability　責任、罪
　2 avarice　（金銭に対する）貪欲、強欲
　3 embargo　通商禁止
　4 ebullience　（あふれんばかりの）情熱、元気

13
　1 drawl　ゆっくりした話し方
　2 frenzy　逆上、激高
　3 hunch　直感、予感
　4 bombardment　爆撃、砲撃

14
　1 proximity　近いこと
　2 paternity　父であること、父性
　3 amity　友好、親善
　4 alacrity　気軽、乗り気

15 A: What flavor ice cream are you going to get?
B: Usually I have chocolate, but I think that this time I'm going to (　　) for strawberry.

　　1 recoil　　　　**2** percolate　　　　**3** opt　　　　**4** attenuate

解説　opt（選ぶ）はoption（選択）の動詞形だ。opt for（〜を選ぶ）やopt to do（〜することに決める）のように使う。opt out（（活動などから）手を引く、脱退する）という表現も覚えておこう。

訳　A: 何味のアイスクリームにするの？
　　　B: いつもはチョコレートなんだけど、今回はストロベリーにするよ。

正解　3

16 Good writers must be (　　) to criticism. It shouldn't bother you when someone says bad things about your work.

　　1 ingenious　　　　**2** litigious　　　　**3** precarious　　　　**4** impervious

解説　impervious は、否定を表す接頭辞 im- に、「透過させる」という意味の形容詞 pervious がついて「浸透させない」という意味。転じて、「鈍感な、（批判などに）影響されない（＝ immune）、傷つかない（＝ invulnerable）、抵抗力のある（＝ resistant）」という意味も派生した。対義語は susceptible（影響を受けやすい）、vulnerable（脆弱な）。

訳　優れた書き手は批判に鈍感でなければならない。そうすれば作品について悪口を言われても、気にならないはずだ。

正解　4

17 The science teacher (　　) Jeremy's smartphone after she caught him using it in class. She told him that he'd get it back at the end of the day.

　　1 confiscated　　　　**2** inaugurated　　　　**3** enchanted　　　　**4** embittered

解説　ジェレミーは授業中にスマートフォンを使っていたのが先生に見つかり、返却は放課後になるとあるので、スマートフォンを取り上げられたことがわかる。confiscate は「（職権・罰などで）〜を押収する、没収する」、「《財産など》を差し押さえる」という意味。名詞形は confiscation（押収、没収）。

訳　科学の教師は、ジェレミーが授業中にスマートフォンを使っているところを見つけると、それを没収した。教師は、一日の終わりにそれを返すと彼に言った。

正解　1

語彙チェック

15
1 recoil ひるむ、尻込みする
2 percolate しみ通る、ろ過される
3 opt 選ぶ
4 attenuate 弱まる、衰える

16
1 ingenious 巧妙な、創意工夫に富んだ
2 litigious 訴訟の
3 precarious 不安定な
4 impervious 無感覚な、鈍感な

17
1 confiscate 〜を押収する
2 inaugurate 《人》を就任させる
3 enchant 〜を魅惑する、魅了する
4 embitter 〜につらい思いをさせる

18 Jimmy met his wife in his college biology class. They sat next to each other all semester, and it took him months to finally (　　) the courage to ask her on a date.

  1 contrive **2** muster **3** curtail **4** defer

> **解説**　muster は「《勇気など》を奮い起こす」を表し、summon とほぼ同じ意味だ。muster the courage to *do*（勇気を振り絞って〜する）や push with all the strength I can muster（ありったけの力で押す）という表現を覚えておこう。

> **訳**　ジミーは妻と大学の生物の講義で出会った。2人はその学期の間ずっと隣同士の席に座り、何か月もしてようやくジミーは勇気を振り絞って彼女をデートに誘った。

正解　2

19 A: Oliver's son is such a (　　) child.
B: I know, right? He can already build websites, and he's only nine years old!

  1 precocious **2** capricious **3** scrupulous **4** treacherous

> **解説**　B はオリヴァーの息子の天才ぶりを語っている。その内容に沿うように A の空欄に入るものを考えると、precocious（早熟な）が適切だ。precocious の接頭辞 pre- は「前に、（時期的に）早く」の意味だ。名詞形は precocity（早熟）。

> **訳**　A: オリヴァーの息子は本当に早熟だよ。
B: そうだよね。あの子はもうウェブサイトを作れるんだ。まだ9歳だっていうのに。

正解　1

20 This is going to be a busy week. That TV promotion generated a lot more sales than we'd been expecting. We have a huge (　　) of orders to fill before the weekend.

  1 spasm **2** clout **3** backlog **4** veracity

> **解説**　backlog は「未処理の仕事（の山）、残務」という意味で、問題文の a huge backlog of orders で「処理しなければならない膨大な注文の山」という意味を表す。

> **訳**　今週は忙しくなりそうだよ。あのテレビでの宣伝が功を奏して、予想していたよりもずっと売上が伸びているんだ。週末までに対応しなければならない未処理の注文が大量にあるよ。

正解　3

語彙チェック

18 1 contrive 〜を考案する	2 muster 《勇気など》を奮い起こす	3 curtail 〜を削減する	4 defer 〜を延期する
19 1 precocious 早熟な	2 capricious 気まぐれな	3 scrupulous 良心的な	4 treacherous 危険な
20 1 spasm けいれん	2 clout 影響力、政治力	3 backlog 未処理の仕事（の山）	4 veracity 正直さ、真実性

21 The government eventually discovered that Randall had been (　　　) taxes for years, and he was forced to pay a considerable amount of fines.

　　　1 baffling　　　2 evading　　　3 incinerating　　　4 smearing

> 解説　evade（《義務・責任など》を逃れる）の類義語には circumvent や elude がある。名詞形 evasion と形容詞形 evasive は tax evasion（脱税）、evasive answer（あいまいな返事）というフレーズで覚えておこう。

> 訳　政府はついにランダルが長年にわたり税金**逃れをし**ていたことを突き止めた。それで彼は多額の罰金を支払う羽目になった。

正解　**2**

22 The company decided to (　　　) the marketing work for their new product, deciding that it would be more time-efficient than trying to do it themselves.

　　　1 dabble in　　　2 let down　　　3 force into　　　4 farm out

> 解説　空欄に入る語句は文末の do it themselves と対比される語だと推測できる。farm out は「《仕事など》を委託する、外注する」を表し、outsource（～を外部委託する）とほぼ同じ意味だ。関連のある語 subcontract（下請け契約；～を下請けに出す）も覚えておこう。

> 訳　その会社は新製品のマーケティングの仕事**を外注する**ことにした。そのほうが社内で行うよりも時間的に効率がいいと判断したからだ。

正解　**4**

23 A: What's the matter?
　　B: My computer is (　　　) again. Why does it always have problems when I'm working on something important?

　　　1 chugging along　　　2 shoving off　　　3 acting up　　　4 spurring on

> 解説　act up（正常に動かない）は、機械などのほか、身体部位についても「調子が狂う」の意味で用いる。malfunction（正常に機能しない）も機械、身体部位の両方に使える。また、malfunction は「不調、機能不全」の意味の名詞にもなる。

> 訳　A: どうしたの？
> 　　B: またパソコンの**調子がおかしい**のよ。どうしていつも大事な仕事をしているときに調子が悪くなるのかしら。

正解　**3**

語彙チェック

21	1 baffle ～を困惑させる	2 evade ～を逃れる	3 incinerate ～を焼却する	4 smear ～を塗りつける
22	1 dabble in ～に手を出す	2 let down 《人》を失望させる	3 force into ～を強いる	4 farm out 《仕事など》を委託する
23	1 chug along 順調に進む	2 shove off 立ち去る	3 act up 《機械などが》正常に動かない	4 spur on 拍車をかける

24 A: We're all going to the beach on Saturday. You should come.
B: I'd love to, but my biology final is on Monday, and I'm not ready for it at all. I'm planning to (　　) and study for it all weekend.

　　1 black out　　**2** wash out　　**3** mouth off　　**4** buckle down

解説　Aからのビーチへの誘いを、Bは試験勉強があるからと断っている。buckle down は「真剣に取り組む、専念する」という意味の熟語で、「〜に」と目的語をとる場合は、to/for＋名詞や to 不定詞を伴う。

訳　A: 土曜日にみんなでビーチに行くんだ。君も来ない？
B: 行きたいけど、生物の期末試験が月曜日にあって、まったく準備ができていないの。この週末はずっと試験のために身を入れて勉強するつもりなの。

正解　4

25 Ken didn't understand why Makiko wouldn't talk to him. It wasn't until later that afternoon when it finally (　　) him that it was her birthday. He'd completely forgotten.

　　1 dawned on　　**2** plucked up　　**3** shelled out　　**4** ironed out

解説　dawn on は「〈事が〉〈人〉にわかり始める」という意味で、問題文の it dawn on〈人〉that ... は、「〈人〉が〜だとわかり始める」の意味になる。dawn は名詞で「夜明け」。自動詞としては「夜が開ける」という意味から「見え出す」、「〈真相などが〉理解され始める」という意味でも用いられる。

訳　ケンはマキコが彼に話しかけないのがなぜかわからなかった。午後遅くになってようやく、その日は彼女の誕生日だったことが彼にわかってきた。彼はすっかり忘れていたのだった。

正解　1

語彙チェック

24
- **1** black out　真っ暗になる、気を失う
- **2** wash out　《汚れなどが》洗って落ちる
- **3** mouth off　生意気な口をきく
- **4** buckle down　真剣に取り組む

25
- **1** dawn on　《人》にわかり始める
- **2** pluck up　《勇気など》を奮い起こす
- **3** shell out　《大金》を(しぶしぶ)払う
- **4** iron out　《問題など》を決着させる

編者紹介

ロゴポート
語学書を中心に企画・製作を行っている編集者ネットワーク。編集者、翻訳者、ネイティブスピーカーなどから成る。主な編集協力書に『英会話ぴったりフレーズ3000』（ジャパンタイムズ）がある。

出る順で最短合格！ 英検1級 語彙問題完全制覇

2015年5月5日　初版発行

編者	ジャパンタイムズ & ロゴポート
	©The Japan Times, Ltd. & Logoport, 2015
発行者	小笠原敏晶
発行所	株式会社 ジャパンタイムズ
	〒108-0023 東京都港区芝浦4丁目5番4号
	電話　（03) 3453-2013（出版営業部）
	振替口座　00190-6-64848
	ウェブサイト　http://bookclub.japantimes.co.jp
印刷所	日経印刷株式会社

本書の内容に関するお問い合わせは、上記ウェブサイトまたは郵便でお受けいたします。
定価はカバーに表示してあります。
万一、乱丁落丁のある場合は、送料当社負担でお取り替えいたします。ジャパンタイムズ出版営業部あてにお送りください。

Printed in Japan　ISBN 978-4-7890-1600-1